ライブラリ 今日の経済学 ❖13

金 融 論

櫻川 昌哉・櫻川 幸恵
Masaya Sakuragawa　Yukie Sakuragawa

Monetary Theory

新世社

ライブラリ編者のことば

　世界ではグローバル化の進展に伴い，貿易をめぐる多国間の交渉や金融をめぐる主導権争いが激化を極めている。各地域における分離独立運動や宗教に関わる対立・紛争も，世界経済に及ぼす影響が懸念されている。日本国内ではデフレから脱却するための施策が一定の効果をあげているものの，少子高齢社会の先行きについては楽観できない。

　大学教育では，少子化の中，各大学において目的をより明確にするため一層の改革が求められている。経済学の分野では経済の理論，歴史，経済情勢，経済政策，データの分析と統計的処理，といった様々な方面でより明確な学力の習得が具体的に求められるようになっている。そして大学を卒業した後のビジネスパーソンにとっても，現実の経済活動において役立てることができる，実践的な経済学の知見がより一層必要とされている。

　新世社では，斯学における第一級のすぐれた著者陣の力強い支援により，1990 年代に「新経済学ライブラリ」を刊行して，大きな支持を得てきた。本ライブラリは，さらに上のような今日の社会の情勢変化に鑑み，新しい時代に即した経済学のテキストライブラリを目指すものである。

　本ライブラリにおいては，各領域の気鋭の研究者が，当該テーマについて，入門者から読めるような筆致により，基礎から最新の理論まで平明に説き明かしていく。大学の基本科目・専門科目の履修者にとり最良の導きの書であり，また，社会の第一線で活躍するビジネスパーソンにとっても経済学の最先端を平易にマスターできる，すぐれた教養書となっている。

　本ライブラリ「今日の経済学」が経済学テキストの決定版として広く受け入れられることを期待している。

　2018 年 2 月

井堀　利宏

はじめに

　この教科書は，金融をはじめて学ぶ人を念頭に置いている。では，どのように学んでほしいのか。金融は専門用語が多いから覚えながら学ぶものだと思うかもしれないが，「覚える」のではなくて，「考える」ことに力点を置いている。この教科書は，「金融を考えながら学ぶ」癖を読者につけてもらうことを狙いとしている。

　大事なのは，金融の基本的な考え方や概念について理解することである。考えてばかりいても，必要なことを覚えることはできないのではないかと懸念を抱くかもしれない。だとしたら，無理に覚えようとしなくてもよい。心配しなくても，考えながら学んでいけば，知らず知らずのうちに必要なことは覚えてしまうものである。つまり，この教科書は，暗記しようとしなくても，考えながら学んでいくうちに，「なんか，金融ってわかったような気がする」という実感を読者が抱けるように工夫して書いたつもりである。

　なぜ，考えることが大事なのか。理由は2つある。まず，大学受験のときの勉強の仕方は「考えるより覚える」であったことを思い出してみよう。で，楽しかっただろうか？ 受験だから楽しいわけがないと答えるかもしれない。そうかもしれないが，実のところ，楽しくなかったのは受験のせいばかりとはいえない。勉強の仕方に問題があったのである。「とにかく覚える」「まず暗記から」という勉強の仕方では楽しくない。そして，いやいややっているから身に付かない。実際に，受験で覚えた知識はほとんど覚えていないだろう。そして，「勉強で覚えたことなんて役に立たない」と開き直ったようなことを言い出すのである。これは誤っている。勉強の仕方が誤っていたのである。逆に，基本に忠実に，"なるほど，こういう意味なのか"と自分が理解できるペースで納得しながら進めていくとけっこう楽しい，そして身に付く。

もう一つの理由は，金融の変化は早いということである。金融の世界はどんどん変わりつつある。そして今後もさらに変化していくだろう。かつては，銀行が金融の中心にでんと座っていたものだが，銀行の存在感は日に日に小さくなりつつある。そして金融市場の存在感はますます大きくなっている。この傾向は今後も加速するであろう。すると，暗記中心の勉強では変化についていけない。基本を押さえつつ，大きな流れの本質を考えながら理解してはじめて変化に対応できる力がつく。

　では，「考えながら学ぶ」とはどうやって進めたらよいのであろうか。要するに，基本的な考え方を深く理解しようとすることである。"深く"とはどういうことであろう。例えば，企業が外部から資金を調達する仕方には，銀行から借り入れる方法と，株式や債券を発行して市場から調達する方法とがある。あるがままの事実を受け入れて覚えるのが"普通"の学び方だが，少しばかり深く考えてみようと思うのであれば，疑問を持つことである。「なぜ，銀行借り入れと市場からの調達と2つのやり方があるのだろうか？」と。教科書を読み続けていくと，れっきとした理由があることにそのうち出くわす。すると，「なるほど，そういうことだったのか！」と納得できる。そして，企業の資金調達の将来について，自分の頭であれこれ考えることができるようになる。「日本経済の将来を考えたら，市場調達を増やすべきだよな」とか「銀行借り入れを維持するためには，何が必要なのだろう？」という感じで。ここまでくれば，深く考えることが十分にできているといえるであろう。

　少しばかり禅問答のように聞こえるかもしれないが，基本的な用語や概念を一つ一つ丁寧に理解していくことが大事なのである。すると，別々の章で学んだ概念と概念がつながっていることに気がつく。この教科書は全体で15章から成り立っているが，それぞれの章が独立しているわけではない。各章は"つながっている"のである。「なるほど，前半の第○章で学んだことが，後半の第△章とつながっているのか，おもしろい」なんて思うようになればしめたものである。そのつながりを学んでいくうちに，「金融って，なんとなくこんなふうに捉えればいいのかな」という漠としたイメージが湧いてくるかもしれない。ぜひ，つながりを楽しみに学んでいただきたい。

この教科書は大きく，第1章から第10章までの基本編と，第11章から第15章までの応用編から成り立っている。基本編では，金融の基礎知識を学ぶ。

　第1章「貨幣と決済」では，貨幣について基本的なことを学ぶ。貨幣の機能から始まって，決済手段としての貨幣について学ぶ。大事なことは，貨幣が流通するために，貨幣に信用があることが欠かせないということである。信用という概念は，金融を学ぶにあたって中心的な概念である。

　第2章「金融取引の基礎的概念」では，金融取引の基本的な構造と用語を説明し，それをふまえて，金融取引を行うことの意義について学ぶ。そして金融の世界で最も重要な指標である「利子率」について説明する。

　第2章で金融取引の基本を学んだが，実のところ，牛肉やパソコンなど財の取引とは違って，金融の取引はそれほど簡単ではない。現実の社会には，金融取引を妨げるさまざまな要因が存在する。金融を学ぶにあたって，ここのところが出発点となる。第3章「金融取引の阻害要因と対策」では，まず，金融取引を妨げる要因のなかにはどのようなものがあるのかを学ぶ。そのうえで，これらの阻害要因を取り除くために，どのような対応策が考えられるのかを説明する。

　「金融システム」とは何かと問われれば，こうした金融取引を妨げる要因を取り除く仕組みの総体であると捉えることができる。次の第4章と第5章では，どのような主体や仕組みが金融システムを担っているのかをみていくことにする。

　銀行とは，決済，預金，貸出の3つの業務を担っている金融機関である。第4章「銀行」では，銀行がどのような役割を果たしているのかを学ぶ。そして銀行とは，金融取引を妨げる要因を取り除くための主体であり，金融システムのなかで重要な役割を担っていることを理解できるであろう。

　銀行が金融のすべての問題を解決できるわけではない。第5章「市場システム」では，市場を通じた金融取引について説明する。まず，市場を通じた代表的な金融商品である債券と株式について述べる。そのうえで，金融取引を妨げる要因を取り除くために，市場はどのような工夫をしているのかを説明する。市場は，金融システムのなかで重要な役割を担っている仕組みであることを理解できるであろう。

市場で取引される金融商品は価格で評価される。債券や株式など証券の価格はどのように決まるのだろうか。第6章「証券の価格」では，証券価格がどのように決まるのかを説明する。価格を決めるのは，将来の収益に関する期待である。そして市場が，将来収益の予想を価格に結びつけるために重要な役割を果たす。はたして市場はこれらの情報をどのように織り込んでいくのだろうか。

　現代の金融市場においては，投資家のニーズに応えるために，金融の技術や知識を利用して，さまざまな金融商品が設計されている。第7章「証券の工夫」では，新たな金融商品が生み出されるに至る工夫について述べる。投資信託商品はその代表的なものである。

　金融取引にはリスクはつきものである。第8章「リスクの取引」では，リスクの取引について学ぶ。まず，リスクマネジメントの方法について学ぶ。次に，これまでどのようなリスクの取引手法が開発されてきたのかを説明する。代表例は保険とデリバティブである。

　これまで，銀行を中心とした取引，市場を通じた取引など，多様な金融取引を説明してきた。第9章「金融取引の分類」では，直接金融と間接金融，相対型取引と市場型取引，金融取引の機能別分類などいくつかの視点から金融取引を整理する。そのうえで，現実の金融を概観する。

　ここまでは，国内の金融を暗黙の前提として話を進めてきた。第10章「国際金融」では，国際金融について学ぶ。国内金融と区別すべき大きな特徴は，取引のなかで複数の通貨が利用されることである。すると，異なる通貨の交換比率を決める必要がある。それが為替レートである。為替レートはどのように決まるのか，そして"円が安い"とはどのような意味なのかを学ぶ。

　第11章から第15章は，基本編で学んだことを使って，応用編を展開している。この教科書の応用編では，基本のうえにさらに知識を積み上げるようなことはしていない。基本編で学んだ知識と理解をふまえて，少しばかり考える力が身に付くように意図してテーマを選択している。実のところ，第11章以降は，他の教科書にはあまりお目にかかったことはないようなテーマがいくつかあるかもしれない。しかし，読めばすぐわかるように，いずれも金融にとって興味深いテーマである。第15章まで読み終えた頃には，思った以上に金融と

いうものが経済全体とかかわりを持っていることに気づくであろう。そして，なんとなく，金融というものはこんな感じで考えていけばいいのかなという手ごたえをつかめるはずである。

　基本編で，債券と株式の収益パターンは違うという前提で話を進めてきた。第 11 章「金融市場の制度設計」では，その違いは“はじめから決められていた”わけではなく，なぜタイプの異なる 2 種類の証券が生み出されるに至ったかを説明する。すると，違いは，当事者を取り巻く情報構造と深く関係していることがわかる。そして，金融市場の制度設計とは，情報の歪みを是正する仕組みを“創る”ことであると学ぶ。具体的な例として，株式市場の構築や企業統治を取り上げる。

　金融は経済成長と結びついている。第 12 章「経済成長と金融」では，これまで学んできた金融の仕組みが一国の経済成長とどのように結びついているのかを考える。まず，経済成長の基本的な考え方を説明する。そのうえで，銀行の金融仲介が経済を成長させる仕組みについて説明し，次に，株式市場が経済を成長させる仕組みについて説明する。

　証券価格は本質的価値に等しくなるように調整されると第 6 章では説明しているが，常にそうなるわけではない。資産価格にはバブルはつきものである。第 13 章「資産価格バブル」では，まずは，身近なバブルとして貨幣を取り上げ，なぜそれがバブルといえるのかを述べる。そのうえで，資産価格にバブルが生じる可能性について考える。バブルを考えようとすれば，合理的ではない投資家の行動が浮き彫りになる。さらに話を進めると，投資家がたとえ合理的であっても，バブルが生じる可能性があることを考えることができる。

　金融は経済を不安定にするときがある。第 14 章「バブルの発生から崩壊へ」では，前章で学んだバブルの理論をふまえて，バブルがどのように発生して，そして崩壊するのかを考える。1980 年代の日本のバブルを例にとって，発生から膨張を経て崩壊に至った経緯を説明する。人々はなぜ非合理的な期待を抱くのか，そしてなぜ銀行はリスクを顧みずに貸出を拡大させてしまうのかを考えていきたい。

　金融の重要な機能の一つは，金融の仕組みを通じて投資家の資産形成を促す

ことである。第 15 章「資産形成と金融：預金から株式へ」では，ここまで学んできた知識と理解を使って，投資家の資産形成をどのように進めるべきかを考えていきたい。

そして，これまで学んだ知識と理解がさまざまなかたちで"つながり"を持っていることに気づくであろう。

本書の執筆にあたり多くの方々からご助言，ご協力をいただいた。ここに記して感謝申し上げる。本書の基本編の多くは，跡見学園女子大学マネジメント学部での講義やゼミでの内容に基づいている。櫻川幸恵ゼミの学生には，学生目線でのさまざまなコメントをいただいた。特に，2022 年度卒業生の石島紗也果さんには，数値例を含めて丁寧に確認していただいた。

また，私たち筆者が，金融についての問題意識や理解を深めるにあたって，多くの先生方にお世話になった。本書の執筆にあたっては，特に，浅子和美先生，花崎正晴先生，福田慎一先生，宮川努先生，村瀬英彰先生，山崎福寿先生に感謝を申し上げたい。

最後に，執筆が予定よりも大幅に遅れたにもかかわらず，忍耐強くご対応くださった新世社編集部の御園生晴彦氏，丁寧な編集作業をしてくださった菅野翔太氏に御礼申し上げる。

2024 年 4 月

櫻川昌哉・櫻川幸恵

目　次

■ 応 用 編

基本編

第 1 章

貨幣と決済

　この章では，貨幣について基本的なことを学ぶ。貨幣の機能から始まって，決済手段としての貨幣，物価と貨幣価値について説明する。

■ 1.1　貨幣の機能

　"貨幣とは何か"と問われれば，経済の話というよりも哲学の話か禅問答のように難解な問題のようにみえるが，ここでは明快に答えよう。端的にいえば，ある財が「価値尺度」「交換手段」「価値貯蔵」の 3 つの機能を兼ね備えているとき，我々はそれを貨幣と呼ぶ。

● 1.1.1　価値尺度

　まず価値尺度について考えてみよう。貨幣の持つ価値尺度の機能とは，貨幣の単位を共通尺度として，財やサービスの価値を測るという機能である。日本国内では財の取引を行うとき，その決済は円表示でなされる。具体的には，リンゴ 1 個は 200 円，美容院でのカットサービスは 1 回あたり 5000 円，旅行のパックツアーは 30000 円といったように，その価値は円で表示される。この機

図 1-1　交換比率の数

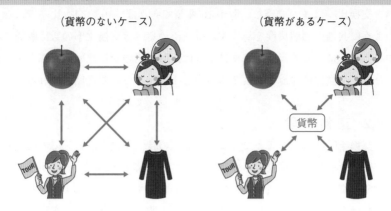

（貨幣のないケース）　　　　　（貨幣があるケース）

能がいかに便利であるかを知るためには，もし貨幣がなかったら，どのような不便が起きるかを想像することである。

　共通の価値尺度となる貨幣がなければ，財を交換するときに，財相互間の交換比率を計算しなければならない。リンゴ業者がたまにはおしゃれでもしようと美容院に出かけたとき，1 回のカットサービスに対してリンゴを何個支払う必要があるのかを計算しなければならない。また，美容師が旅行に行きたいと思って，旅行会社に出向いてパックツアーに申し込もうとするとき，代わりに旅行会社の従業員のカットサービスを何回してあげればよいかを計算しなければならない。そしてリンゴ業者がやはりパックツアーに申し込もうとするとき，リンゴを何個持っていけばよいかを計算しなければならない。

　世の中に財が 3 種類であれば，リンゴと美容院のサービスの交換比率，リンゴと旅行代金の交換比率，旅行代金と美容院のサービスの交換比率と，決める必要がある交換比率の数は 3 つである。これだけでも面倒なのだが，財の種類が増えると決めなければならない交換比率の数はさらに増える。例えば，洋服を加えて，財が 4 種類の場合，図 1-1 のように，6 つの交換比率が必要になる。財が 10 種類の場合，なんと 45 の交換比率が必要となる。財の数が増えるにつれて，交換比率の数は財の数以上のペースで増え，交換比率の計算に要する労力は莫大なものになってくる。すると，価値の共通尺度を決めたほうが便利であるということになる。

そこで，貨幣という共通の価値尺度を導入してみよう。貨幣があれば，決めるべき交換比率は4つで済む。財が10種類であれば，10の交換比率で済む。このように共通の価値尺度を導入すれば，決めるべき交換比率の数は劇的に減少する。さらに，この尺度を基準にすれば，財同士の交換比率の計算もまた容易になり，交換比率の計算に要する労力もまたかなりの程度節約される。

● 1.1.2　交換手段

次に交換手段について考えてみよう。貨幣の持つ交換手段としての機能とは，貨幣を財やサービスと交換できる機能である，貨幣があれば，自らが生産した財を貨幣と交換し，その貨幣を支払って自分の欲する財を購入することができる。支払いを済ませて取引を完了させることを決済というので，交換手段は決済手段とも呼ばれる。

貨幣の持つ交換手段としての機能がいかに便利であるかを知るためには，やはりここでも，仮に貨幣がなければ，どのような不便が起きるかを想像することである。貨幣がなければ，財の取引は物々交換となる。そして交換が発生するのは，お互いが相手の欲しがっている財をたまたま持っている場合に限られる。このような状態を欲望の二重の一致が成り立っているという。

リンゴ業者が美容院に出かけてカットサービスを受けたいと思うとき，リンゴで代金を支払うことになる。もし美容師がリンゴが好きならば，リンゴとカットサービスの交換は成立する。しかし美容師がリンゴが嫌いだったら，この交換は成立しない。リンゴ業者はカットサービスを受けることができず，永遠に髪型のおしゃれをする機会を失ってしまう。しかし貨幣があれば，たとえ欲望の二重の一致が成立しなくても，交換が成立する。リンゴ業者は貨幣で代金を支払って，カットサービスを受けることができ，たとえ美容師がリンゴが嫌いであっても，髪型のおしゃれをする機会を享受することができる。美容師もまた受け取った貨幣で自分の欲するものを手に入れることができる。

貨幣があれば，貨幣と財の交換が進み，貨幣を媒介として広く多くの種類の財やサービスが取引されるという長所がある。このように，貨幣が一般に広く受け入れられるという性質を持つとき，貨幣は一般受容性を備えていると表現される。

● 1.1.3 価 値 貯 蔵

　最後に，貨幣の持つ価値貯蔵機能について考えてみよう。人々は今日の消費をするだけでなく，将来の消費のために財を貯蔵しようとする。しかし，自らが生産した財が貯蔵に向かないかもしれない。リンゴ業者は生産された大量のリンゴを貯蔵することはできない。リンゴは，日がたつにつれて腐敗してしまう。こうしたとき，貨幣があれば便利である。リンゴ業者は新鮮なうちにリンゴを売却して貨幣に変え，入手した貨幣の一部で財を購入して消費に充て，そして残りを貯蔵して価値を保蔵することができる。よって，貨幣の3つ目の機能として，時間がたってもその価値が低下しないという性質を持っていることが重要であるということになる。

　貨幣を保有することで価値を保持できるようになることは，自分の欲する財といつでも交換できることを意味する。つまり，貨幣を手に入れるタイミングと使用するタイミングが異なることが可能となる。そして，富の蓄積が可能となる。

■ 1.2　貨幣と信用

● 1.2.1　貨幣の条件

　このように「価値尺度」「交換手段」「価値貯蔵」の3つの機能を兼ね備えている貨幣のような財があると日々の生活はとても便利になるのである。では，どの財が貨幣として選ばれてきたのであろうか。ある時期，塩，鉄，貝殻，布，米などが貨幣として使われてきたが，長い歴史を経て貨幣の地位をめぐる競争に勝利したのは金や銀などの貴金属であった。鋳造技術の発達で分割が可能となったこと，同質性を兼ね備えていたために重さを基準に価値尺度として便利であったこと，量に限りがあったことから希少性があり価値が安定していたこと，持ち運びに便利で交換手段として使いやすかったこと，価値を貯蔵しやすかったこと，そしてなんといってその美しさが人々を魅了し，宝飾品としても人気があったことなど，金や銀は，貨幣の機能をとてもよく備えていたのである。そして，金や銀から鋳造された金属硬貨が，貨幣として使われてきた。

硬貨の価値は，原材料である金や銀などの貴金属の価値と等しかった。裏を返せば，硬貨は，貨幣として特別な価値が付け加わっていたわけではなかったのである。しかし，硬貨を用いた決済は，取引額がかさばると重く，遠隔地の取引ともなると持ち運びに負担がかかり，かつ交通の安全が保障されない中世において盗難のリスクがあった。時代を経て，硬貨は紙幣に取って代わられるようになる。

　硬貨が紙幣に取って代わっても，紙幣の価値は，交換される金や銀の価値に裏付けられており，紙幣を銀行に持ち込めば，その紙幣に記載されている額面の価値に等しい金や銀と交換される約束となっていた。人々は，いつでも金や銀と交換できるという安心感から紙幣を貨幣として利用するようになった[1]。紙幣の価値も，かつては裏付けとなる金や銀と結びついていたのである。しかしながら，時代を経るにつれて，紙幣は金や銀から切り離されるようになり，金や銀の裏付けがなくとも，紙幣が貨幣として信用されるようになって現代に至っている[2]。

● 1.2.2　信用の連鎖の重要性

　私たちが現在使用している紙幣は，日本の中央銀行である日本銀行（紙幣には，日本銀行券と記載されている）によって発行されている。日本銀行に持ち込んでも金や銀と交換してもらえない。にもかかわらず，日本銀行券の貨幣価値（正確には，貨幣の額面価値）は，その素材である紙などの原材料の価値をはるかに上回る。例えば，一万円札はただの紙切れにすぎず，製造原価はせいぜい 20 円程度であろう。しかし，お店で一万円札を店員に渡せば，喜んで 1 万円相当の財を交換してくれる。では，なぜ人々は，ただの紙切れでしかない紙幣に特別な価値を見出すのであろうか[3]。

1　このような紙幣を兌換紙幣と呼ぶ。

2　歴史的には，1971 年 8 月 15 日，米国大統領のリチャード・ニクソンが，米ドルと金の交換停止を公表したことをもって，いかなる通貨も金とつながりを持たなくなった。それ以前は，米ドルは，金 1 オンスあたり 35 ドルの交換比率でいつでも金と交換できた。日本円は 1 ドルが 360 円の交換比率で米ドルと結びついていたため，日本円の価値は，米ドルを介して金と結びついていたことになる。

3　この場合，貨幣発行者が，貨幣の額面価値と素材の価値の差額を儲けていることになる。

この疑問に答えるために，為替手形（Bills of Exchange）という決済手段について触れておくのが役に立つかもしれない[4]。商売における決済では今も昔も，じつは現金はあまり使われない。商売の発達の歴史は，決済技術の発達の歴史であるといっても過言ではない。商品の売買をするとき，商品の買い手はしばしば即金で売り手に対して支払いができない。こうした場合，商品の納入から通常 90 日から 120 日以内に代金を支払うことを約束し，そこで売り手宛てに借用証書（つまり借金の契約書）を発行する。そこで振り出された借用証書が為替手形である。

　為替手形を受け取った商品の売り手は，この為替手形をどうするであろうか。3 つの選択肢がある。まず，為替手形を支払期日まで保有して，期日が来たら，約束通りに商品の買い手から代金の支払いを受ける。次に，期日前にこの手形を銀行に持ち込んで現金化する。期日前に現金化するため，手形の額面通りに支払いを受けることはできず，少しだけ減額される。手形を持ち込まれた銀行は期日が来ると為替手形の発行者から代金分の金額を受け取る。

　さらに 3 つ目の選択肢として，その手形を第三者への支払いに使うことはできないかと考えたくもなる。その場合，その手形を受け取った第三者が，商品の買い手に手形を持ち込んで支払いを受け取ることになる。この 3 つ目の選択肢を可能としたのが「手形の裏書」という工夫である。

　為替手形は，その発達の過程で，受け取り期日前であれば，裏書されながら，第三者に譲渡されるようになった。裏書譲渡とは，手形の裏面に氏名などの必要事項を記入して，別の人に譲渡することであり，裏書譲渡することで，その手形に記載された額面に等しい金額を受け取る権利が，その手形が裏書された別の人に譲渡される。つまり，手形は，裏書譲渡というかたちで，他者への決済手段として使用することができる。図 1-2 に，手形が譲渡される様子が描かれている。

この儲けを通貨発行益（貨幣発行益，シニョレッジ）と呼ぶ。

4　手形の始まりは，12 世紀頃のイタリアであったといわれるが，『資本主義の歴史 − 起源・拡大・現在 −』(ユルゲン・コッカ，山井敏章訳，人文書院，2018 年)によれば，9 世紀頃，中国やアラビア地域において，小切手や為替がいずれも遠隔地交易にすでに利用されていた。日本においては，江戸時代に手形が発達するが，12 世紀頃の鎌倉時代に，「替銭（かえせん）」と呼ばれる方法がすでにあったことが知られている。

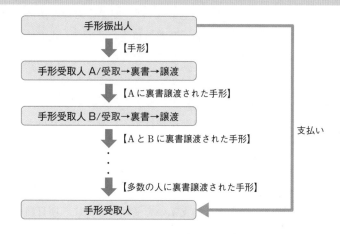

図 1-2　手形の譲渡

　はじめに手形を振り出した手形振出人や裏書譲渡した人が，裏書譲渡された手形受取人に対して，資金の支払いの義務を負う。譲渡性が認められるということは，手形そのものが決済手段として一般受容性を持つようになったということである。一般受容性を持つための条件は，まずは手形の振出人に信用があることであり，そして手形の裏書人に信用があることである。このように，信用の連鎖が成り立ってはじめて手形は決済手段として利用され，まさしく貨幣の機能を担うことになる。

● 1.2.3　信用と預金通貨

　上記の為替手形の発達の歴史は，貨幣に関するインプリケーション（示唆）を 2 つ教えてくれる。1 つ目は，貨幣が，その貨幣の原材料の価値以上の価値で流通するのは，信用されているからである。日本において，紙幣と硬貨の 2 種類の現金は，法律によって通用力が保証された通貨である。しかし，日本銀行によって発行された紙幣を人々が利用するのは，法律による強制力というよりも，日本銀行への信用があるからである。人々は皆，日本銀行が発行しているから，日本銀行券は信用してもよいだろうと思っているため安心して利用するのである。

　もう一つのインプリケーションは，政府部門（中央銀行や政府）によって発

行された貨幣だけが，世の中に流通する貨幣ではないということである。手形は，民間部門によって発行された決済手段であり，これもまた貨幣といえる。政府部門によって発行された貨幣を外部貨幣 (Outside Money) と呼ばれるのに対して，民間部門によって発行された貨幣は内部貨幣 (Inside Money) と呼ばれる。

　現在の内部貨幣の大きな部分を占めるのは，要求払預金と呼ばれる銀行預金である。要求払預金は，普通預金や当座預金など，預金者が銀行に払い戻しを要求したタイミングで引き出しを行うことができる[5]。要求払預金口座の預金は，銀行振り込みや口座引き落とし，またクレジットカードでの支払指定先といったかたちで，現金を必要とすることなしに決済を完了させることができる。

　銀行振り込みを使った支払いの場合，支払額が振込人の口座から引き落とされ，相手方の口座に振り込まれる。クレジットカードの場合，後日，その代金が支払人の預金口座から引き落とされる。このように，要求払預金は，決済に使えるため，貨幣としての機能を有している。預金は，現金のように法律によって通用力を持っているわけではないが，銀行でいつでも現金と交換してくれるという信頼，つまり「社会的に一般受容性があり，あたかも現金のように使える」という社会的信認によって通用力を保持している。要求払預金は貨幣の機能を備えているため，預金通貨とも呼ばれる。ちなみに「通貨」とは，該当する社会において通用力を持つ貨幣のことである。

　預金通貨はさらに，経済活動が活発になると拡大するという性質を持つ。その仕組みについて考えてみよう。銀行は家計や企業から預金を集め，その集めた資金で貸出を行う。貸し出された資金は，家計であれば住宅を，企業であれば機械や原材料を購入するために使われる。そして，その支払いを受け取った家計や企業は，一部を現金で保有し，その他の資金の多くを銀行に預ける。預金を受け入れた銀行は，その資金を使って再び貸出を行う。貸し出された資金は，さらに誰かへの支払いに充てられ，その支払いを受け取る家計や企業は，…といったかたちで，"預金 → 貸出 → 預金 →…" の連鎖はいつまでも続くことになる。このように銀行の預金の受け入れと貸出という行為の繰り返しに

5　預金の種類については，第4章において改めて説明する。

よって預金という内部貨幣が増えるプロセスを「信用創造」と呼ぶ。つまり，預金通貨は，経済活動は活発になると，信用創造を通じて拡大していくのである。

■ 1.3 　預金のネットワークによる決済

　預金を使った決済が実現するためには，銀行間でネットワークが構築されていなければならない。

　日本において大量の決済を円滑に処理するために，2段階の決済の仕組みが構築されている。まず1段階目で清算（クリアリング）を行い，次の2段階目で，1段階目の清算に基づいて決済を行う。

　清算は，個々の支払いと受け取りを整理することである。とくに，個々の支払いと受け取りを集計してその差額を計算することをネッティングという[6]。ネッティングを行うことで決済の効率化を図ることができる。日本では，清算を行うためのネットワークとして「全銀システム」が構築されており，ほとんどすべての民間の金融機関が参加している。

　図1-3のように，顧客Aが銀行Xに振り込みの依頼をすると，銀行Xは振り込みを依頼する情報を全銀システムに送付する。全銀システムは，銀行Xからの振り込みの情報を銀行Yに送付する。なお，比較的少額の取引に関してはネッティングをして差額の情報を送付し，多額の取引に関しては差額を計算せずにそのままの額の情報を送付する。

　全銀システムによって通知された情報をもとに決済を行うネットワークとして，日本銀行が運営する「日銀ネット」が整備されている。各銀行は日本銀行内に当座預金口座を開設する制度があり，日銀ネットは，この制度を利用して，各銀行の預金口座間で資金を移動させることができる[7]。 全銀システムで清算

6　例えば，ある一定の時間内に，A銀行からB銀行へ支払いの指示（振込情報の送付）が70万円，50万円，30万円と3件あり，一方，B銀行からA銀行へ支払いの指示が50万円，70万円，20万円と3件あった場合，集計して差し引くネッティングを利用すれば，A銀行からB銀行に対しての支払いがネット（正味額）で10万円となる。

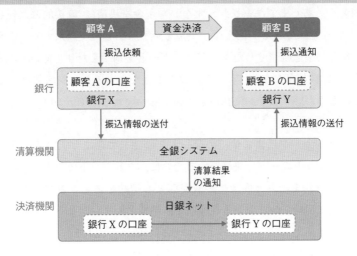

図 1-3　銀行間の資金決済の仕組み（全銀システム，日銀ネット）

処理された情報が日銀ネットに通知されると，日銀ネットは当座預金口座を使って各銀行の入出金を行う。この仕組みを通じて，現金を使用することなく銀行間の決済が完了する[8]。

■ 1.4　キャッシュレス決済

　現代において，決済に現金を使用しないキャッシュレス化が進んでいる。キャッシュレス決済は，クレジットカードや IC カードなどカードを利用するもののほか，携帯端末から QR コードやバーコードなどコードを利用するものまでさまざまである。

7　日本国内の各銀行は，『準備預金制度に関する法律』に基づいて，日本銀行内に預金口座を設けなければならない。
8　国際間の取引の場合，国際銀行間通信協会 (Society for Worldwide Interbank Financial Telecommunication; SWIFT) という金融ネットワークシステムが整備されている。金融機関間で国際金融取引についての情報をやり取りするためのプラットフォームであり，国際取引の決済に欠かせないシステムとなっている。国際取引の決済の詳細については第 10 章を参照されたい。

キャッシュレス化といっても，現金や預金の裏付けをもとにした決済である場合が多く，あくまでキャッシュすなわち現金を決済に"直接的には使っていない"という意味である。例えば，現金をチャージした交通系カードを利用したり，預金口座を紐づけしたクレジットカードを利用したりしている場合，現金を決済に"間接的に使っている"。このようなキャッシュレス決済の手段は，貨幣そのものというより，支払いを指図する手段として位置づけることができる。

　クレジットカードによる決済の仕組みを確認してみよう。図 1-4 が示すように，クレジットカードで決済をするために，クレジットカード会社は，事前に消費者と契約を結ぶと同時に，販売店とも契約を結ぶ。さて，クレジットカード会社と契約を結んでいる販売店で，消費者がクレジットカードを利用して買い物をするとしよう。このときの取引と決済の流れを，図 1-5 を参照しながら，追ってみよう。まず，商品は消費者の手元に渡るが，消費者による決済は終了していない（ステップ①）。代金は，クレジットカード会社が消費者に代わって支払っている（ステップ②）。この段階では，消費者はクレジットカード会社に債務を負っていることになる。クレジットカード会社は，後日，消費者に対して金額の確認を行い（ステップ③），支払期日にこの消費者の口座から預金を引き落とす（ステップ④）。これをもって，商品の決済が完了する。クレジットカード会社は，支払期日までの期間，消費者に資金を貸し出すことで，消費者が貨幣を保有していなくても買い物ができるサービスを提供し

図 1-4　事前の契約の状況

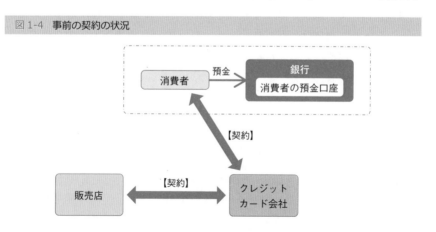

図 1-5　商品の取引と決済の流れ

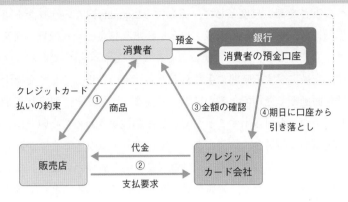

ているのである。

　一方，中央銀行デジタル通貨（Central Bank Digital Currency; CBDC）は，政府の発行する現金をデジタル化することによってキャッシュレス化を進めることを想定している。

　いずれにしろ，キャッシュレス化を推し進める場合，決済手段の信用をどのように確保するかが課題である。

■ 1.5　流動性と通貨量

　では，どれだけの貨幣が世の中に流通しているのだろうか。今までの説明から，現金だけでなく要求払預金もまた，貨幣としての機能を果たしている。では，要求払預金以外の預金をどのように考えたらよいのであろうか。

　預金のうち，定期預金のような定期性預金は払い戻しまでの期間が定まっており，決済には使えない。しかしながら，期限に達すれば定期預金から要求払預金や現金に換えることは容易にできるし，また銀行の多くが，定期預金に預け入れていれば，その金額の一定割合を貸し付けてくれるサービスを提供しており，定期預金に預け入れていても，決済にはそれほど困らない。つまり，定期預金は，現金や要求払預金に比べて決済の便宜という点では見劣りするが，

貨幣に近い性質を備えているということになる。

　貨幣への近さを測る尺度として，流動性（Liquidity）という概念を紹介しておく。流動性は，対象となる資産を現金や要求払預金という通貨へ交換するときの交換のしやすさ，つまり，"換金のしやすさ"を表す指標である。交換のしやすさは，交換に要する時間や手数料などの諸々の費用，そして交換するときどれだけ額面価額で売却できるかによって決まる。すると，要求払預金は，手数料なしにいつでも引き出すことができる流動性がきわめて高い資産といえる。

　一方，定期預金の場合，決済にあたっては借り入れをする必要があり，借入利子率を負担しなければならず，流動性でやや劣る資産といえる。なお，流動性は，金融資産だけでなく，資産全般に対して当てはめることができる。すると，土地は流動性が低い資産といえる。土地を売却しようとすると，その土地の価値評価に時間がかかるし費用もかかる，また適当な売却相手を見つけるのにも時間がかかるのが一般的である。流動性は，その意味から転じて，貨幣そのものを表現するときもある。

　どれくらいの通貨が一国全体で流通しているのかを測ろうとすれば，通貨の定義をどのように考えるかによって変わってくる。日本銀行は，通貨量を捕捉するためにいくつかの指標を設けている。日本銀行が供給している通貨の総量はマネタリーベースと定義される[9]。また，日本銀行を含む金融機関全体が供給している通貨量はマネーストックと定義され，ここには内部貨幣も含まれている。マネーストックは，その流動性に応じて，M1，M2，M3，広義流動性といくつかの指標に区別される。

　M1は，最も容易に決済手段として用いることができる現金と要求払預金から構成される。続いて，M1に定義される通貨に定期性預金，外貨預金と譲渡性預金を加えたものは，M2ないしM3と呼ばれる。対象とする預金取扱金融機関の範囲の違いによってM2とM3は区別される[10]。M3がすべての預金取扱金融機関を対象としているのに対し，M2はゆうちょ銀行など一部の預金取扱金融機関を除いている。最も広義の貨幣が，広義流動性である。これはM3に定義される貨幣に，投資信託や国債など流動性が高い金融資産を加えた値で

9　具体的には，現金と市中銀行が日本銀行に預け入れている当座預金額からなる。

10　預金取扱金融機関については，第4章で改めて説明する。

図 1-6　通貨の定義

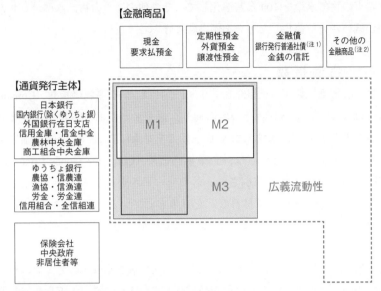

注 1：国内銀行を主たる子会社とする持株会社による発行分を含む。
注 2：金融機関発行 CP，投資信託（公募・私募），国債，外債
出所：日本銀行調査統計局「マネーストック統計の解説」（2023 年）https://www.boj.or.jp/statistics/outline/
　　　exp/data/exms01.pdf

ある。例えば，投資信託を解約して銀行預金に振り替えるときのように，保有
のかたちが金融商品のなかで変わったとしても，広義流動性は，統計上その額
に影響が生じないという特徴がある。概念図を図 1-6 に示しておく。

■ 1.6　物価と貨幣価値

　貨幣の機能の一つに価値尺度があることは述べた。貨幣は，通貨単位を提供
して財やサービスの価値を価格として測っている。世の中には多種多様な財や
サービスが存在しており，それぞれの価格は時間を通じて変化する。そこで，
経済全体の傾向としての価格がどのような動きを示すのかを把握するために，
物価あるいは物価水準という概念がある。物価は，個々の財やサービスの価格

ではなく，それらの価格のある種の平均値として計算される。さらに，ある時点の物価水準を100と基準化して，その他の時点の物価水準がどれだけ高いか低いかを数値化した値を物価指数と呼ぶ。

● 1.6.1 物価指数

　代表的な物価指数3つを紹介しよう。1つ目は，消費者物価指数（Consumer Price Index; CPI）であり，その名の通り，消費者が直面する物価，つまり，消費者である家計が購入する財やサービスを対象に，その総合的な価格を計算したものである[11]。2つ目は，企業物価指数（Corporate Goods Price Index; CGPI）であり，企業間で取引される財やサービスを対象にした物価指数である。工場の設備や機械，原材料などを対象としている。3つ目は，GDPデフレーターであり，国内で生産されるすべての財やサービスを対象としている[12]。

　物価指数は，先に説明したように，基準年次の値を100として，その他の時点の物価がどれだけ高いか低いかを数値化している。ここでt年を基準年とすると，次の年の$t+1$年に105になれば，物価水準は前年に比べて上昇していることになる。$t+2$年に115になれば，物価水準がさらに上昇していることになる[13]。

　この物価指数の変化率を物価上昇率あるいはインフレ率と呼ぶ。変化率の計算の仕方を押さえておこう。いま，$t+1$年から$t+2$年への物価上昇率を求める。$t+2$年の物価水準が$t+1$年の物価水準に比べどれだけ変わったのか，その差を分子におく。そして，比べる年，ここでは$t+1$年の物価水準を分母として割る。具体的には，

11　消費者物価指数においても，天候の影響を受けやすい食料品を除いた物価指数，食料品に加えエネルギー価格を除いた物価指数なども計算されている。

12　総務省が消費者物価指数を，日本銀行が企業物価指数を，内閣府がGDPデフレーターを作成して公表している。

13　「ある年の値を100に設定して」という考え方に違和感を覚えるかもしれない。これは，比較のために何らかの基準化をする必要があるという考え方に拠っている。例えば，温度を測る場合，摂氏という尺度を使って，氷が水に変わる温度を0度，水が蒸気に変わる温度を100度と設定している。華氏というもう一つの尺度も存在する。温度の絶対水準に意味はなく，比較に意味がある場合に利用される手法である。

$$(115 - 105) \div 105 \fallingdotseq 0.095$$

と計算され，$t+1$ 年から $t+2$ 年へかけて，約 9.5％の物価上昇が生じたことがわかる。

物価水準が，1 年だけでなく数年間にわたって継続的に上昇する現象，言い換えれば，物価上昇率がプラスの状態がある一定の期間続く現象をインフレ (Inflation) と呼ぶ。逆に，物価が継続的に下落し続ける現象をデフレ (Deflation) と呼ぶ。

● 1.6.2 　貨幣の購買力

ここで，物価水準と貨幣価値の関係について考えてみよう。物価水準は，個々の財やサービスの価格ではなく，経済全体での一般的な財やサービスの価格の平均値を表す。しかし，平均値ではイメージするのが難しいので，まず個別の財の価格と貨幣価値の関係について考えよう。いま，1 個 100 円だったリンゴが物価上昇のせいで 200 円になったとしよう。このとき，貨幣の価値は上昇するのだろうか，それとも下落するのだろうか。図 1-7 に示すように，リンゴ 1 個が 200 円になったということは，以前は 100 円の現金があればリンゴ 1 個が手に入ったにもかかわらず，今や 100 円の現金ではリンゴ半分しか手に入らないということである。同じ金額の現金で買えるリンゴの量が減っているので，リンゴに比べて現金の価値が下がっているということになる。このように，物価水準が上昇しているときには現金の価値，つまり貨幣価値は下がり，逆に，物価水準が下落しているときには貨幣価値が上昇する。端的にいえば，貨幣価値は，物価水準とは逆の方向に動く。

ここで，物価水準と貨幣価値の関係をもう少し深く考えるために購買力という概念を導入してみよう。購買力とは，ある一定金額の貨幣で購入できる財やサービスの量である。物価水準が上昇すれば，同じ額の現金，例えば，20 万円で買える財の量は少なくなる，つまり貨幣価値が低下し，現金の購買力は低下することになる。

すこし直感的に考えてみよう。我々はしばしば，「物価が高い」と不満を漏らす。それは日々の消費生活を念頭に置いての発言であり，物価水準を 1 か月

図 1-7　物価上昇と貨幣価値の関係

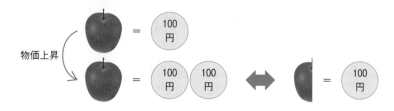

の生活に必要な財を購入するのに必要な金額が増えたことを意味するとざっくりと考えて差し支えないだろう。1か月の生活に必要な財を買うのに 20 万円必要だったのが，物価上昇のせいで 30 万円に上昇したとしよう。つまり物価水準が 20 万円から 30 万円に上昇したということだ。これは，円の貨幣価値の低下であり，現金の購買力が低下したということである。なぜなら同じ必需品を購入するのにかつては現金が 20 万円で済んだのに，今や 30 万円も必要とするようになったからである。物価水準の上昇は，貨幣価値の低下，そして貨幣の購買力の低下を意味している。

　物価水準の変化は私たちの生活水準に大きく影響することになる。日本の中央銀行である日本銀行は，政策目標として物価水準の安定を掲げているが，それは，貨幣価値の安定を目指していると言い換えても差し支えない[14]。日本銀行は唯一の発券銀行として，この目標を達成すべく，内部貨幣のみならず外部貨幣を含めた貨幣量を注視して行動している。

◆ ま と め

　この章では，貨幣について学んだ。貨幣の機能から始まって，決済手段としての貨幣，貨幣価値と物価水準について説明した。大事なことは，貨幣が流通

14　日本銀行法をここに示しておこう。
（目的）第一条　日本銀行は，我が国の中央銀行として，銀行券を発行するとともに，通貨及び金融の調節を行うことを目的とする。
2　日本銀行は，前項に規定するもののほか，銀行その他の金融機関の間で行われる資金決済の円滑の確保を図り，もって信用秩序の維持に資することを目的とする。
（通貨及び金融の調節の理念）第二条　日本銀行は，通貨及び金融の調節を行うに当たっては，物価の安定を図ることを通じて国民経済の健全な発展に資することをもって，その理念とする。

するために欠かせないことは，貨幣に信用があるということである。信用という概念は，金融を学ぶにあたって中心的な概念である。この点を頭の片隅に置いて，次章以降を読み続けてほしい。

第2章

金融取引の基礎的概念

　この章では，金融取引の基本的な構造と用語を説明し，それをふまえて，金融取引を行うことの意義について学ぶ。次に，金融取引から得られる収益を表す「収益率」について述べる。そして金融の世界で最も重要な役割を果たす指標である「利子率」について説明する。

2.1 金融取引の基本構造と基本的用語

　単純な資金の貸借を例に，金融取引の基本構造と基本的用語を学ぼう。ある人が他人から100万円を借りて，1年後に1万円の利息をつけて元本の100万円と合わせて合計101万円を返済する約束をするとしよう。

　まずは，取引の当事者について呼び方を決める。資金を供給しようとする人を資金提供者あるいは貸し手と呼び，資金を需要しようとする人を資金調達者もしくは借り手と呼ぶ（図2-1）。この例では，資金を貸そうとする人が資金提供者ないし貸し手，資金を借りようとする人が資金調達者ないし借り手である。

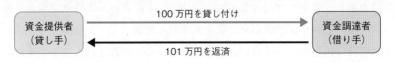

図 2-1　取引例と登場人物の呼び方

資金提供者（貸し手）　　100 万円を貸し付け　　→　資金調達者（借り手）

←　101 万円を返済

　さて，この取引では，両者の間に義務と権利が発生している。資金調達者である借り手は，資金提供者である貸し手に対して「1 年後に 101 万円を支払う義務」を負っている。貸し手は，借り手に対して「1 年後に 101 万円を受け取る権利」を保有している。

　ある人が他人に対して金銭の給付を請求できる権利を債権といい，その反対に，ある人が他人に対して金銭の給付の請求に応じる義務を債務という。請求できる側の人は債権者であり，請求される側の人は債務者である。借金をする場合が典型的な例であり，借り手は債務者であり，貸し手は債権者である。この両者の関係を債権債務関係と呼ぶ。債務者が債権者に対して，借金を返済した段階で債権債務関係は終了する[1]。

　この金融取引の例を，取引が発生する時点に焦点を当てて考えてみると，2 つの異なる時点で取引がなされていることに気がつく。まず 100 万円を借りる"現時点"であり，次に 101 万円を返済する"1 年後の時点"である。金融取引の大きな特徴は，現在の資金の取引と将来の資金の取引といったように，異なる時点にわたって取引が生じることである。

　金融取引において債権債務関係が生じる場合，将来において金銭の支払いと受け取りが発生するため，現時点で合意された約束が将来において履行されるように，その約束の内容，つまり契約内容を明記した証明書を発行する必要がある。こうして発行される証明書が証書あるいは証券と呼ばれるものであり，預金であれば，預金証書（つまり，預金通帳），借り入れであれば，借用証書（借入証書，つまり借金の契約書），株式や債券であれば，有価証券が該当する。

1　財やサービスを購入するという行為もまた債権債務関係をともなっている。販売者は購入者に代金を請求できる権利を持っている債権者であり，一方，購入者は販売者に代金を支払うという義務を負っている債務者である。この後，購入者が販売者に代金を支払うと，債務者は債務を履行したことになり，両者の債権債務関係は終了する。

この証書あるいは証券は，資金を需要する側からみれば，資金を調達するための手段であり，資金を供給する側からみれば，「将来のある時点で資金を受け取る請求権」という金融商品を，資金を支払って購入している資産である。

金融取引は異なる時点にわたる取引であるため，契約を結んでからその約束が履行されるまでに時間がかかる。そのため，約束が履行される時点までの間に，契約を結んだ時点では予想していなかった事態が生じて，契約内容が履行できなくなる状況が発生するかもしれない。

例えば，借り手である A さんが実施した事業の業績が振るわなくて，1 年後に 101 万円を支払うことができなくなるかもしれない。あるいは，貸し手である B さんの資金繰りが悪化して，1 年後の返済まで待てなくなるかもしれない。こうした不測の事態への不安があると，資金を貸す側は躊躇してしまい，金融取引が成立しなくなる恐れがある。よって，実際の金融取引では，契約が確実に履行されるように，あるいは契約が履行されなくても貸し手が困らなくても済むようにさまざまな工夫がなされている。この点については，第 3 章で丁寧にみていくことにする。

さて，資金の貸借は，第 1 章で説明をした決済と非常に密接な関係があることを述べておこう。商品の決済においても，商品を受け渡す時点と代金を支払う時点が異なる場合がある。例えば，ある人が 100 万円の商品を購入し，支払いを月末まで待ってもらっている状況を考えてみよう。これは，商品を販売した人が，この購入者に対して月末まで 100 万円を貸している状況と捉えることができ，購入者はその期間，債務者であり，販売者は債権者である。このように，財の受け渡しと決済のタイミングが異なるとき，財が売買されると同時に，金融取引，つまり資金の貸借が行われている。

こうしたタイプの債権債務関係は，商業信用とも呼ばれ，売掛金や買掛金がこれに該当する。資金の貸借は広く信用と呼ばれ，資金を貸すことを与信という。第 1 章で，貨幣は信用と非常に密接な関係にあると述べたが，資金の貸借においても信用がキーワードとなることはいうまでもない。

■ 2.2 金融取引の意義

　前節で，金融取引は，現在の資金と将来の資金を交換する異時点間取引という特徴を持つと説明してきた。ここでは，金融取引が行われることの意義についてみていこう。

　金融取引の意義は，大きく３つある。まず，交換の利益をもたらすことであり，次に，収益を生み出すことであり，そして，リスクシェアリングを実現することである。順にみていこう。

● 2.2.1　交換の利益

　まずは，交換の利益についてみていこう。金融取引における交換の利益を説明する前に，一般的な交換の利益について説明をしよう。経済学では，物事の本質をわかりやすく捉えるために，驚くほど単純な世界を例にして考える傾向がある。

　この社会には２人の人間が存在し，２種類の財が存在するとしよう。Ａさんは平地に住んで米を生産している。Ｂさんは海辺に住んで漁をして魚を捕っている。Ａさんは米をつくる能力はあるが魚を捕る能力はない。Ｂさんは魚を捕る能力はあるが米をつくる能力はない。しかし，ＡさんもＢさんも米と魚を同時に食べることを好むとする（味にバラエティがあるし栄養バランスも高まる）。

　仮に，米と魚の交換ができない世界であれば，Ａさんは米しか消費できないし，Ｂさんは魚しか消費できない。食事からの満足度もいまひとつである。一方，交換ができる世界であれば，Ａさんは自分の米の一部を提供し，Ｂさんは魚の一部を提供し，お互いに交換するであろう。すると，交換を通じて，ＡさんもＢさんも米と魚の両方の財を消費することができ，食事からの満足度は大いに高くなる。これが交換の利益である。自発的な交換が生じる世界では，交換によって少なくとも一方の満足度は高まるはずである。逆にいえば，もし交換することによって少なくともどちらか一方の満足度が下がるのであれば，そもそも交換をしないはずである。

この話を金融取引に当てはめてみよう。金融取引の基本構造は，前節で述べたように，異なる時点にわたる取引である。先ほどと同様に，AさんとBさんが存在する社会を考えよう。Aさんは現在，資金を持っているが，将来，資金が入ってくる予定はない。対照的に，Bさんは現在資金を持っていないが，将来，資金が入ってくる予定であるとしよう。AさんもBさんも，現在だけ消費するあるいは将来だけ消費するよりも，現在も将来も消費をするほうが満足度は高い。このとき，Aさんが現在の資金の一部をBさんの将来の資金の一部と交換する，つまりAさんが現在の資金を貸し，Bさんが将来の資金で返済することで，両者ともに現在も将来も消費することができるようになり，満足度は高まる。これが金融取引による交換の利益である。

● 2.2.2 収益の創出

次に，金融取引が収益を生み出す意義についてみていこう。経済活動のなかで付加価値（新たに価値を付け加えること）を生み出す活動は生産活動と呼ばれ，主に企業によって担われている。企業は，工場や機械を労働力に結びつけて付加価値のある財やサービスを産出する。

企業は，より大きな収益を手に入れるために，新しい機械を購入し，工場を建設しようとする。しかし，機械や工場への支出額がかなり大きな額に達するとき，企業は，自己資金だけでは賄えない。その場合，金融取引を通じて資金を調達できれば，事業を実施することができ，かつ収益を上げることができる（図2-2）。

例えば，Aさんは資金を持っているが事業のアイデアを持っていない。そしてBさんは収益を生み出す事業のアイデアを持っているが，資金を持っていないとしよう。2人の間で金融取引が生じなければ，アイデアを事業というかたちで具体化することはできず，収益は生まれない。逆に，AさんがBさんに対して資金を提供するという金融取引が生じれば，事業は実行され，収益が生まれる。生み出された収益は，2人の間で分配される。

なお，ここで生じる収益は，金融取引を行った両者に利益をもたらすだけにとどまらない。金融取引が行われることによって，事業が実施され，工場や設備，機械などが購入され，人が雇われるようになる。資金を調達して事業を実

図 2-2　金融が収益を生み出すまでの過程

施した主体は収入を得るが，それだけでなく，購入された工場や設備，機械など
を生産した生産主体も収入を得るし，雇用された人たちも賃金を得る。加えて，
この事業によって生み出された商品を手にする消費者も今までにない商品を手
に入れることができるようになって満足度が高まる。このように，金融取引は，
事業を実現させることで，結果として広く社会を豊かにする力を持っている。

　金融を「経済の血液」と比喩的に呼ぶことがある。実際に経済を活性化させ
るのは，実物資本や労働を用いた生産活動である。生産活動がより効率的に実
行され，社会的に価値のある生産活動へ資金が集まるように促すのが金融の役
割である。つまり，肉体を動かすためには酸素が必要であり，その酸素を運ぶ
のは血液であることをイメージした比喩なのである。

● 2.2.3　リスクシェアリング

　最後に，リスクシェアリングを実現する意義についてみていこう。リスク性
のある事業を行おうとしている A さんが，必要な 100 の資金をすべて自己資
金で賄っているとしよう。この事業が成功すれば，利益を独り占めできるが，
事業が失敗に終われば，100 の資金のすべては失われ，A さんが 100 の損失を
被ることになる。次に，A さんは 50 の自己資金を提供し，B さんから 50 の資
金を借りて事業を行うとしよう。事業が成功したとき，A さんは利益を独占す
ることはできなくなり，B さんとシェアすることになるが，事業は失敗したと
き，100 の損失をそれぞれ 50 ずつ，2 人の主体の間でシェアすることになる。

　事業を行う A さんに B さんが資金を提供するという金融取引を通じて，収
益は 2 人の間でシェアされると同時に，将来の不確実性によって生じるリスク
もまたシェアされる。事業にはリスクはつきものであり，成功するときもあれ
ば失敗するときもある。事業のもたらすリスクを企業家だけが負担するとなる
と，高収益を期待できる事業であっても二の足を踏むかもしれない。しかし，

金融取引を通じて，リスクが主体との間でシェアされるとき，高収益を期待できる事業が実施される可能性は高くなる。

■ 2.3 収益率

経済活動を行えば費用が発生し，費用を負担する見返りに収入が生まれる。収入から費用を引いた差額は「利益」あるいは「収益」と呼ばれる[2]。投下された資金に対して収益がどれくらいなのかその割合を示す指標を収益率と呼ぶ。収益率はパーセント（％）で表示される。

100万円で株式を購入したとしよう（1株あたり100万円の株式を1株購入したと考えればよい）。1年間，株式を保有したら，株価に変化はなかったものの5万円の配当を得た。この場合，投下された100万円に対して収益は5万円なので，株式から得られた収益率は5％である。

次に，銀行に預金したときの収益率を考えてみよう。普通預金に1年間100万円を預け入れ，1年後には利息が3万円ついて100万円の元本と合わせて103万円に増えたとしよう。預金された100万円の元本に対して収益である利息は3万円なので，銀行預金から得られた収益率は3％である。

銀行貸出や銀行預金のように，資金提供者が資金需要者に対して資金を"貸し付ける"とき，貸し付けから得られる収益は「利子」と呼ばれ，その収益率は利子率（Interest Rate）ないし金利と呼ばれる[3]。よって，貸出から得られる収益率を貸出利子率，預金から得られる収益率を預金利子率と呼ぶ。

経済活動の成果を測る指標として収益率はとても重要な概念である。利益の大きさを測る指標として，収益と収益率という2つの概念があり，意思決定を行う際にどちらの指標に従うべきであろうか。収益と収益率の関係は，収益が多ければ収益率が高く，収益が少なければ収益率は低いのでどちらでもいいよ

---

2 "儲け"を考える際には，収入からあらゆる費用を差し引いた「純収益」が重要である。このテキストでは，収益と表現する場合には純収益を表すことにし，収入から一部の費用だけ差し引いた「粗収益」とは区別することにする。

3 第4章で詳しく述べるように，預金は預金者から銀行への貸し付けにあたる。

うに思えるが，結論からいえば，収益率に着目することが正しく，収益に着目するのは正しくない。例えば，1万円の資金を投下すると100円が得られる投資機会Aと，10万円の資金を投下すると200円が得られる投資機会Bを比較してみよう。収益額でみれば，200円が得られる投資機会Bのほうが多い。しかし，投資機会Bは，投資機会Aに比べて10倍の資金を投下したにもかかわらず得られる収益は2倍にすぎない。収益率で考えると，投資機会Aが1%であるのに対して投資機会Bは0.2%でしかない。実際に，10万円を投資機会Aに資金を投下すれば，1000円を得ることができる。どの投資機会が"儲かる"かを判断するためには，収益率が正しい指標であることがわかる。

　収益を表すために"リターン"という表現もしばしば用いられるが，これは，収益を指している場合もあるし，収益率を指している場合もある。日本語のあいまいさを象徴する例であり，文脈で判断する必要がある。本書では，リターンというとき，収益率を指すと決めて進む。"利回り"という表現が使われるときもあるが，収益率と同義である。社債や国債などの債券の収益率は，一般に利回りと呼ばれる。

　ここで投資という用語が出てきたので少し説明を加える。投資とは，将来の不確実な利益を追求する行為全般をいう。家計が株式や投資信託などを購入するとき，"金融資産に投資をする"という言い方をする。一方，企業家などが事業を行うために機械や設備を購入するとき，"事業に投資をする"という言い方をする。前者は金融投資と呼ばれ，後者の実物投資と区別される。投資という表現はさまざまな意味で広範囲に用いられるので，注意されたい。

■ 2.4　機会費用としての利子率

　前節で述べたように，資金を貸借した場合の収益率が利子率である。利子率は，数多くある金融資産の収益率のなかで中心的な役割を果たす。利子率について少し掘り下げて考えてみよう。

　例として，事業のアイデアを持っている3人の主体を考えよう。いずれの事業も，資金を投資することによって収益を生み出す。企業家Aは，得られる

表 2-1　資金調達者あるいは資金提供者？

	企業家 A	企業家 B	企業家 C
資本収益率	12%	8%	5%
利子率	8%	8%	8%
調達者か 提供者か？	資金調達者	どちらでもない	資金提供者

収益率の見込みが 12% の事業を持っている。同じように，企業家 B と企業家 C は，収益率の見込みが 8% と 5% の事業をそれぞれ持っている。投資された資金は「資本」と呼ばれ，収益率は資本収益率と呼ばれる。

　いずれの企業家も 1000 万円の資金を保有している。企業家には 3 つの選択肢がある。まず，自己資金のみで事業を実施する，次に，自己資金だけでなく他人から資金を借りて事業を実施する，そして，事業を実施することはやめて自己資金を他人に貸し付けるかである。

　今，市場で決まっている利子率が 8% であるとしよう。企業家 A は，自己資金を使って事業を実施すると 12% の収益率を稼ぐことができる。一方，資金を他人に貸しても 8% しか稼げない。企業家 A は，自己資金を使って事業を実施することを選択する。さらに，他人から資金を借りても 8% の利子率を支払えばよいので，自己資金にさらに借りた資金を付け加えて自分の事業を実施しようとする。つまり企業家 A は資金調達者となる。

　企業家 B はどうだろうか。企業家 B の事業の収益率は 8% で，利子率の 8% と同じなので，やはり企業家 B も自らの事業を自己資金で実施するが，他人から借金をしてまで事業を拡大しようとはしない。企業家 B は，資金を他人に供給もしなければ，他人から需要することもない。

　企業家 C は，事業を実施すると 5% の収益率を稼ぐことができるが，資金を他者に貸すと 8% の利子率を稼ぐことができるので，事業をやめて資金を他人に貸すという選択をする。つまり，企業家 C は資金提供者となる。

　このように，資本収益率と利子率の大小関係が，各企業家が資金調達者になるのかそれとも資金提供者になるのかを決める（表 2-1）。資本収益率がプラスでありさえすれば，自己資金を使って事業を実施するかといえば，必ずしも

そうではない。収益率がプラスであっても事業を実施しない場合があるのは，事業を実施することで"目に見えない費用"が発生しているからである。

　この費用のことを機会費用（Opportunity Cost）と呼ぶ。ある選択をするということは，別の選択を放棄するということでもある。機会費用とは，別の選択をしていたならば，得られたであろう利得をいう[4]。

　企業家 A は，自分の事業を実施するという選択肢と資金を貸すという選択肢を持っている。自己資金を使って事業を実施すると 12％の収益率を稼ぐことができるが，自己資金を事業に使ってしまったら，その資金を他人に貸すことはできないので，資金を貸していたら得られたであろう 8％の利子率を失っていることになる。したがって，企業家 A にとっては，利子率の 8％は機会費用にあたる。企業家 A は，事業からの収益率が，事業をすることによって発生する機会費用，つまり利子率を上回るので，事業を実施するという選択をしていることになる。

　対照的に，企業家 C は，自己資金を使って事業を実施すると 5％の収益率を稼ぐことができるが，自己資金を事業に使ってしまったら，その資金を他人に貸すことはできず，そこで得られたであろう 8％の利子率を失うことになる。事業からの収益率が機会費用である利子率を下回るので，企業家 C は他人に資金を貸すという選択をする。企業家 A は資金調達者となり，企業家 C は資金提供者となる。

　企業家 B は需要者にも供給者にもならない。このとき市場では，企業家 C は 1000 万円を供給し，企業家 A はその 1000 万円を需要することになり，8％の利子率の下で資金の需要と供給は一致している。

　このように，事業のアイデアを持っている企業家は，事業からの資本収益率と機会費用となる利子率を比較しながら，自らが資金調達者になるのかそれとも資金提供者になるのかを決めようとする。

4　ここで，金融取引の例から離れて，機会費用という概念についてのイメージを共有しよう。今，あなたには，時給 1000 円のアルバイトをするか，それとも昼寝をするかという 2 つの選択肢があったとしよう。この場合，昼寝をしていることに全く費用がかかっていないかといえばそうとはいえない。アルバイトをせずに，その時間を昼寝して過ごしたとすると，時給 1000 円のアルバイト代を失っていることになり，昼寝をすることによって 1 時間あたり 1000 円の機会費用がかかっていることになる。

■ 2.5　利子率の決まり方

　前節では，利子率は与えられたものとして話を進めたが，利子率は本来，市場で決まってくる。市場で決まるとは，需要と供給の動きを通じて決まるということである。この節では，利子率の決定について説明をする。

　まず，前節の例を使って，資本収益率が変化したとき，利子率がどのように変化するかをみていこう。将来の楽観的な経済見通しによって，各企業家の事業の資本収益率の予想値が軒並み上昇したとしよう。企業家 A の資本収益率の予想値が 12％から 15％へ，企業家 B の予想値が 8％から 12％へ，企業家 C の予想値が 5％から 10％へと上昇したとしよう（表 2-2）。

　先ほどの資本収益率の予想のもとでは，企業家 A は資金調達者となり，企業家 C は資金提供者となり，企業家 B は，資金調達者でもなく資金提供者でもなかった。しかし，期待される資本収益率が上昇すると，いずれの企業家も資金調達者となることを選択するだろう。なぜなら，利子率が 8％のままであるとしたなら，いずれの企業家の収益率も機会費用である利子率を上回るからである。しかしながら，いずれの企業家も資金を需要したいと思ったとき，だれが資金を供給するのであろうか。8％の利子率では，資金の需要と供給は一致していない。すると，誰かに資金を供給させようという力が市場に働く。誰かに資金を供給させようとすれば，利子率が上昇しなければならない。

　では，利子率はどこまで上昇するのだろうか。資金供給がプラスになるところまで上昇する必要がある。この数値例では，最も資金提供者となる可能性があるのは，収益率の最も低い企業家 C である。利子率が企業家 C の収益率の

表 2-2　資本収益率の上昇の影響（利子率が変わらないとしたら）

	企業家 A	企業家 B	企業家 C
資本収益率	15％	12％	10％
利子率	8％	8％	8％
調達者か提供者か？	資金調達者？	資金調達者？	資金調達者？

表 2-3　資本収益率の上昇の影響（利子率が変わるとしたら）

	企業家 A	企業家 B	企業家 C
資本収益率	15%	12%	10%
利子率	12%	12%	12%
調達者か提供者か？	資金調達者	どちらでもない	資金提供者

10％を上回れば，企業家 C は事業をやめて他人に資金を貸し付けることを選ぶ。利子率が例えば，12％へと上昇すると，企業家 A は資金調達者となり，企業家 C は資金提供者となる。企業家 B は需要者にも供給者にもならない。このとき市場では，企業家 C は 1000 万円を供給し，企業家 A はその 1000 万円を需要することになり，12％の利子率の下で資金の需要と供給は一致している。すると，表 2-3 のようなかたちで市場は落ち着きを取り戻す。

　このように，将来の経済状況の見通しが明るくなって，全般的な資本収益率の予想が上昇してくると，利子率もまた上昇する傾向にある。逆に，将来の経済状況の見通しが暗くなると，利子率は低下する傾向にある。このように，資金市場の需要と供給の変化を通じて資本収益率と利子率は緩やかなかたちで連動して動く。

　では，利子率が決まるメカニズムをより一般的なかたちで考えていこう。まず，資金を調達して事業を拡大するかどうかを思案している人々の行動を考えよう。資本収益率の高い事業のアイデアを持っている企業家は，たとえ利子率が高くても，返済の負担はそれほど大きくないので，資金を借りてもよいと考えるだろう。一方，資本収益率の低い事業のアイデアを持っている企業家は，利子率が高ければ返済の負担が大きくなるので，資金を借りようとは思わない。しかし，利子率が低ければ，借りてもよいと考えるだろう。すると，利子率が低くなるにつれて，資金を調達したいと考える企業家は増えてくることになる。

　図 2-3 のように，横軸に借りてもよいと考える資金の総額，縦軸に利子率をとると，市場全体の資金需要曲線を右下がりのグラフとして描くことができる。ある利子率が与えられたとき，借りてもよいと考える額がグラフ上の 1 点で決まり，利子率の変化とともに市場全体の資金需要額がどう変化するかをこ

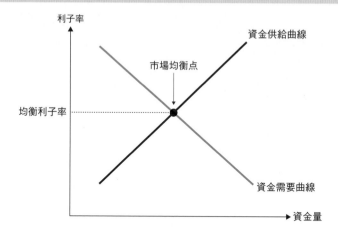

図2-3 資金市場の均衡と均衡利子率

利子率

資金供給曲線

市場均衡点

均衡利子率

資金需要曲線

資金量

のグラフは捉えている。

　次に，資金を提供するかどうかを思案している人々の行動を考えよう。資本収益率の低い事業のアイデアを持っている企業家は，利子率が高くなれば，事業をあきらめて資金を他人に貸すことを考えるだろう。また，そもそも事業のアイデアを持たない家計は，消費をするかあるいは貯蓄をするかを判断しており，もし利子率が低ければ，貯蓄するより消費をしたほうがいいと考えて，貸出に向ける資金は少なくなるだろう。しかし，利子率が高くなるにつれて，貸出による利子収入が増えてくるので，貸出に向ける資金を増やしていくだろう。すると，市場全体の資金供給曲線を右上がりのグラフとして描くことができる。ある利子率が与えられたとき，提供してもよいと考える額がグラフ上の1点で決まり，利子率の変化とともに市場全体の資金供給額がどう変化するかをこのグラフは捉えている。

　そして，資金需要曲線と資金供給曲線は1点で交わる。この点では，市場全体での資金の需要と供給が一致しており，市場均衡点と呼ばれる。この点に対応して利子率も決まり，均衡利子率と呼ばれる。

　競争的な市場では，多数の貸し手と多数の借り手が存在しており，特定の貸し手や借り手が利子率に影響を与えることはできない（利子率は財市場における財価格に対応する）。利子率は資金全体の需要額と供給額が等しくなるとこ

ろで決まる。そして市場で決まった利子率のもとで実際に取引がされる。

　ここで，利子率が資金の需要と供給を調整するプロセスを考えてみよう。仮に，資金の需要と供給が等しくないところに利子率が決まったとしたら，どうなるかを考えてみよう。仮に，現実の利子率が均衡利子率よりも高かったとしよう。そこでは，資金の供給額が需要額を上回っており，需要と供給が一致していない。貸し手のなかには，貸したくても貸せないために不満を持つ人が生まれてくる。そして，もう少し利子率が低くてもいいから貸したいという人が出てくるだろう。すると，市場に利子率を引き下げようとする力が働き始め，利子率は低下することになる。このプロセスは，資金の需要額を供給額が上回っている限り続き，最終的には，需要と供給が一致する市場均衡点に戻る。

■ 2.6　誰が資金提供者で誰が資金調達者なのか

　一国全体でみたとき，誰が資金を提供して誰が調達しているだろうか？　図2-4 は，経済の主体を，家計，事業法人（いわゆる企業を指し，金融機関を除く），政府，海外（国外のすべて）と 4 つに分けたとき，どの主体が資金提供

図 2-4　誰が資金提供者で誰が資金調達者なのか

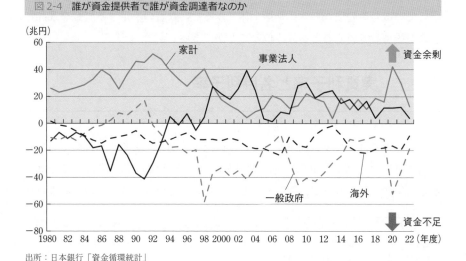

出所：日本銀行「資金循環統計」

者なのか，そしてどの主体が資金調達者なのか，その推移を年度別に表している[5]。資金を提供している主体は資金余剰主体，資金を調達している主体は資金不足主体と解釈できる。

　家計はすべての期間にわたって資金余剰主体である。個々の家計をみれば，資金を借りている主体もあれば，資金を貸している主体もあるが，家計全体としては資金が余剰であることを意味している。しかし，2000年の少し前くらいから，その余剰額は減ってきている。

　事業法人は，1992年ほどまでは資金不足主体であったが，2000年以降は資金余剰主体へと変化している。一般に，企業は資金不足主体であり，資金余剰主体の家計から資金を調達していると考えられがちであるが，事業法人を全体としてみると，現在は資金余剰主体となっている。なお，個々の企業をみれば，資金を調達している企業もあれば，余剰資金を運用している企業もある。

　海外は，ほとんどの時期で資金不足主体となっている。これは，日本と海外を分けた場合，日本は資金余剰主体であり，海外に資金を提供している状況にあることを表している。

　政府は，ほとんどの時期において（1985年から1992年のいわゆるバブル期を除いて），資金不足主体である。政府は，ほぼ常に資金を調達する立場にあることを意味しており，政府は資金不足を埋めるために，毎年多額の国債を発行している。この図からは，一国全体でみると，政府の不足する資金を家計と企業が提供していることを読み取ることができる。

■ 2.7　実質利子率と名目利子率

　この章の最後に「実質利子率」という概念を説明しておく。私たちが通常の生活で目にする利子率は名目利子率である。「銀行預金の利子率はほぼゼロだから，預金をしても資産はほとんど変わらない」というとき，念頭にあるのは

5　経済主体あるいは主体とは，経済活動にかかわる意思決定や行動を行う単位を指す。経済主体は，個人を単位とする場合もあるし，家計のように家族を単位とする場合もあるし，企業や政府のように集団を単位とする場合もある。

名目利子率である。では，"実質的"な意味で利子率はゼロかといえば，必ずしもそうとは限らない。インフレやデフレが続けば，話は変わってくる。インフレが起きると，同じ100万円で買える財の量は1年前に買えた財と同じだけ買うことはできず，より少ない量しか買えないだろう。

　我々はどうしてもインフレ率や名目利子率など貨幣価値で表された値に目を奪われがちであるが，我々の生活にとって重要なのは，ある一定の金額で何単位の消費財を購入できるかを測る「購買力」で評価された実質的な値である。実質的な値に注目するのは，名目所得は変わらないのに物価が上昇すると，実質所得は目減りすることを理解する必要があるからである。

　すると，銀行預金の利子率は，名目的にはゼロかもしれないが，本当はゼロではないかもしれないと疑問を持つようになる。すると，購買力で評価した実質的な利子率，つまり実質利子率を考える必要があることに気づく。さて，実質利子率とはどういったものなのか，例を使いながら考えていこう。

　米農家であるAさんがお隣の米農家のBさんに対して，米10俵を貸して1年後に11俵にして返してもらう約束をしたとしよう。お隣のBさんは，現時点で入手した10俵の玄米を使って1年かけて米の生産に励み，Aさんに11俵にして返すのである。お米を貸したAさんの立場からすれば，お米の貸し付けがもたらす収益率は10%（$=\dfrac{11俵-10俵}{10俵}$）に達する。

　さて，米俵を単位とした約束は，ときに計算が面倒となるので，金額を基準にした約束を結ぶことにした。例えば，天候不順で不作だったとき，1俵の大きさが小さくなるかもしれない。すると，米俵を基準にするより貨幣単位を基準にして，例えば，1俵あたり1万円であるとして，上記の取引を，10万円の貸し付けに対して1年後に11万円を返済してもらうように金額を基準にした約束に変更した。ここにAさんの油断があった。

　なんと，この1年間に物価が10%上昇した。米俵1俵の価格も1万円から1万1000円に上昇した。約束通り，10万円分を貸し付けて11万円を返済してもらったのだが，11万円は米俵で換算すると何俵になるかというと10俵である（表2-4）。米俵で評価すると，10俵の投資が1年後に米俵10俵となって返済されたにすぎず，米俵で評価した収益率は0%である。この場合，貨幣価値で測った利子率，つまり，名目利子率は10%であるものの，財（この場合，

表 2-4　インフレが及ぼす影響

1俵あたりの価格	現在の価値	1年後に返済される価値
1万円のまま（インフレ率0%）	10万円	11万円
俵単位での評価	10俵	11俵
1万1000円に上昇（インフレ率10%）	10万円	11万円
俵単位での評価	10俵	10俵

米俵）で測った利子率，つまり，実質利子率は0%にすぎない。

　具体的な実質利子率の計算方法は次の通りである。実質利子率は，物価の変化による購買力の変化を考慮した利子率であり，名目利子率との間で次のような関係があることが知られている，つまり

実質利子率＝名目利子率－期待インフレ率

と表され，フィッシャー方程式と呼ばれる[6]。つまり，名目利子率は10%だったとしても，10%のインフレ率が予想されるとき，実質利子率は，0%（＝10%－10%）にすぎないということになる。Aさんは，こんなことになるのなら，金額ではなくて米俵を基準にして約束をしておけばよかった，そうすれば，11俵の返済を受けとることができて，10%の実質利子率を確保できたのにと悔やんだが，後の祭りであった。

　フィッシャー方程式を使って，100万円を銀行に1年物定期で預けたときにどれだけの収益率を稼げるかを考えてみよう。名目利子率はゼロとする，そしてこの1年間にインフレ率が3%であると予想されるとしよう。フィッシャー方程式に代入すると，

実質利子率＝名目利子率－期待インフレ率

－3%　　　　　0%　　　　　3%

6　フィッシャー方程式は，フィッシャー（Irving Fisher）によって提案された。

となり，実質利子率はマイナス3%である。実質利子率がマイナスであるとは，預金によって元利合計が膨らむどころか，インフレによって預金の実質的な価値が目減りすることを意味する。名目利子率はゼロとすると，1年後の元利合計額は100万円のままである。しかし，1年後の100万円で買える財は，3%のインフレが予想されるとき，現在の97万円で買える財でしかないのである。これが，実質利子率がマイナス3%であるということの意味である。

　資金の貸し手になるのかそれとも借り手になるのか，あるいは所得のうちどれだけを貯蓄するかを判断する際に，物価の変動を考慮に入れた実質利子率を基準に考えるのが合理的である。なぜなら，我々にとって重要なのは，日本円で表記された名目的な金額ではなく，ある金額でどれだけの財を買えるのかを示す購買力である。金融契約を結ぶときも，名目利子率で契約を結ぶ。将来のインフレ率は予想するしかないので，実質利子率で契約を結ぶことは難しいからである。将来のインフレ率の予想をもとに実質利子率を計算して，金融取引の判断を行う姿勢がもとめられる。

◆ ま と め

　この章では，まずは金融取引の基本的な構造と用語を説明した。金融取引から得られる利得を表すための重要な指標である「収益率」について説明し，資金の貸借における収益率を意味する「利子率」について説明した。ここで学んだ基本的な用語と考え方を使って，第3章以降に進んでいただきたい。

第3章

金融取引の阻害要因と対策

第2章で金融取引の基本を学んだが，実のところ，牛肉やパソコンなどの財の取引とは違って，金融の取引は簡単ではない。現実の社会には，金融取引を妨げるさまざまな要因が存在する。この章では，まず，金融取引を妨げる要因のなかにはどのようなものがあるのかを学ぶ。そのうえで，これらの阻害要因を取り除くために，どのような対策が考えられているのかを説明する。

■ 3.1 阻害要因の簡単なイメージ

第2章の冒頭において，ある人が100万円の金額を借りて1年後に101万円を返済する話を例として取り上げた。さて，誰が貸すのであろうか。あなたはこの人の要求に応じて，資金を提供するだろうか。気になる点はないだろうか。少し考えてみよう。

おそらく次のようなことが気になるのではないだろうか。まずは金額である。100万円は多くの人にとって大金である。その100万円をあなた自身が他人に貸す余力がそもそもあるだろうか。次に，現時点において100万円を貸す余力があったとして，1年間ずっと余力があり続けることに自信が持てるだろうか。

他人に 100 万円を 1 年間貸すということは，あなた自身が使いたいと思っても，1 年の間，その 100 万円を使えないということでもある。そして最も重要なことは，100 万円のお金を 1 年間貸す余力があったとしても，貸した資金が約束通りにきちんと返済してくれると確信できるだろうか。もし確信が持てないとき，貸すという判断をできるだろうか。さらに付け加えると，こうした不安要因を考慮したとき，そもそも 1％の利子率の約束に納得できるだろうか？

　お金を貸すとき，人はいろんなことを考えるのである。そして，お金を借りる立場からみれば，資金を貸してくれる相手を見つけることはなかなか骨の折れる仕事であることに気づく。第 2 章で示したように，金融取引には意義や価値があるが，だからといって，金融取引は簡単には実現しない。金融取引が実現するためには，資金を提供する意思のある人に，資金を提供してもよいと納得させる状況を作り出す必要がある。なぜなら，資金の貸し手と借り手，両方の当事者が，より満足できる状況にならない限り，金融取引は生じないからである。

　資金を提供する意思のある人を納得させるためのポイントは，金額の大きさをどう考えるか，取引期間の長さをどう考えるか，不確実性をどう考えるかと一応 3 つに整理することができる。順にみていくことにする。

■ 3.2　金額の大きさの問題

　事業を始めようとしている企業家は，外部から調達したい資金が少額のときもあるが，多額の資金を必要とする場合もある。現代のビジネスの現場では，1 億円や 10 億円，場合によっては 100 億円といったように大規模な資金を必要とするケースも少なくない。一方で，億単位で資金を提供してもよいと思っている富裕な人もいるだろうが，それはあくまでも少数派であり，ほとんどの人が提供できるのは，10 万から 100 万，多くてせいぜい 1000 万円程度であろう。多額の資金を調達したいと思っている企業家が，ちょうど必要なだけの資金を提供してくれる人に巡り合うことは難しい。

　しかし，たとえひとりひとりの資金の貸し手が少額の資金しか提供できない

としても，そうした人たちが多数存在すれば，彼らの資金をまとめることによって，多額の資金を必要とする企業家の希望に応えることができる。このような仕組みをつくることが，金融にもとめられる役割の一つである。

■ 3.3　取引期間と流動性

● 3.3.1　流動性不足への対応

　資金提供者や貸し手が借用証書（つまり貸し付け）や株式や債券などの有価証券というかたちで資産を保有しているとき，これらの資産から将来の収益を請求できる権利を保有していることになる。

　しかし，これらの資産を保有していたとしても，不測の事態があって何か財を購入する必要性に迫られたとき，決済手段として使うことができない。財を購入しようと思えば，この資産を売却しなければならない。ここで疑問が生じる。資産を容易に売却できるだろうか。

　第1章でも説明したように，ある手持ちの資産を，どれくらい容易にかつ迅速に，損失を伴うことなく売却できるかを表す指標を流動性と呼ぶ。そのときの相場で簡単に換金できれば，その資産の流動性は"高い"。逆に，土地のように相場の価格で買ってくれる相手を見つけるのに苦労する資産の流動性は"低い"。

　流動性の低い資産を持っているとどんな不都合が生じるだろうか？ 例えば，借用証書は決められた期日まで待たないと資金を回収できないので，借用証書を保有している貸し手は流動性が低い資産を持っていることになる。不測の事態で急に資金が必要になったとき，資産を保有しているにもかかわらず，その資産を容易に売却できないために困ることになる。こうした状況に陥ることを流動性不足という。

　借用証書を発行して外部から資金を調達している企業が，貸し手の要求に応じてすぐに資金を返済できれば何ら問題はない。しかし，企業が資金を調達する場合，そもそも事業を立ち上げるための資金が不足しており，調達した資金は事業を実施するための財の購入に使われているため，その資金が手元に

残っているとは考えにくい。貸し手の返済の要求には応えられないであろう。したがって，借り手の資金需要と貸し手の流動性に対するニーズの食い違い，つまりミスマッチが生じる。このミスマッチをどのように解消するかが，金融の仕組みにもとめられる役割となる。

　債権債務関係が短期間で完了する金融取引もあれば，長期に及ぶものもある。資金を調達しようとしている企業が，一時的な資金不足を補うために短期の資金を欲する場合もあるし，大規模な事業への投資のために長期の資金を欲する場合もあるからである。資金の貸し手が資金を提供しつつ流動性を確保できるように工夫を凝らすのが金融の果たすべき大事な役割の一つである。

● 3.3.2　流動性リスク

　貸し手の流動性不足を解決する一つの方法は，保有している資産を途中で他人に売却することである。例えば，1年後に101万円を受け取れる貸出債権（借り手の立場から見れば借用証書）を持っているとしよう。1週間後にまとまったお金を必要としている状況を考えよう。この場合，「1年後に101万円を受け取れる債権」を他者に売却できれば，この債権を手放す代わりに現金を手に入れることができる。流動性の問題を解決するためには，債権を売買できる市場を整備すればよいということになるが，はたしてどのように設計したらよいだろうか。

　流動性不足を避けるために資金の貸し手にまずできることは，返済期限の異なる債権を分散して保有することである。例えば，すべての資金を5年後に返済される長期の貸出債権で保有するのではなく，10日後に返済される債権，1か月後に返済される債権，6か月後に返済される債権，1年後に返済される債権，3年後に返済される債権，5年後に返済される債権など分散して保有するのである。返済期限が異なる債権をバランスよく保有していれば，そのときどきの現金の必要性に応じて，ちょうど返済期限を迎えた債権から資金を回収することができる。

　この場合，1か月後に返済される債権と5年後に返済される債権の利子率が同じと考えてよいであろうか。実は利子率は異なってくる。仮に，利子率が同じだとすれば，貸し手は1か月後に返済される債権のほうを好むであろう。一

方，大規模な事業を考えている企業家は，5年後に返済される債権のほうを好むであろう。すると，貸し手と借り手である企業家の間でミスマッチが生じて，企業は資金調達できないし，貸し手は債権を購入できない。

　資金を調達しようとする企業の立場からすれば，長期の資金を提供してくれるのは好都合である。長期の資金を手に入れれば，より長い経営計画を立てることができ，それだけ事業の選択肢が広がるからである。一方，資金提供者の立場からみれば，長期の資金を提供すれば，流動性の低い債権を保有することになり，流動性不足に陥りやすくなる。このリスクは流動性リスクと呼ばれ，資金提供者はなるべく避けたい。そのため，流動性の低い債権は，その代償として高い補償が要求される。流動性リスクに対するこの補償のことを流動性プレミアムという。そして，1か月後に返済される債権よりも5年後に返済される債権の利子率が高くなる。いつでも引き出しができる普通預金よりも，期限まで引き出しができない定期預金のほうの利子率が高いのは，流動性プレミアムを反映しているからである。

● 3.3.3　市場の厚みの重要性

　このように，返済までの期限の短い債権の利子率が低くなれば，ミスマッチは解消に向かい，企業家は期限の短い債権の資金を調達しようとするし，資金提供者は期限の短い債権を購入できるようになる。しかし，資金調達者ないし資金提供者の数が少なければ，やはりミスマッチは解消されないかもしれない。例えば，1か月後に返済義務のある債権を売りたいと思う（つまり，1か月だけ借り入れをしたいと思う）企業家が1人もいなければ，返済までの期限が1か月の債権を資金提供者は買いたくても買えない。

　この問題を解決するのに有効な概念が市場の厚みである。市場に厚みがあるとは，市場参加者が多いことを意味する。市場参加者が多ければ多いほど，市場の厚みが増し，ミスマッチは解消されやすくなる。市場の厚みを直感的に理解するためには，次のような例が役に立つ。

　あなたが自分の洋服を誰かに売りたいと考えているとしよう。仮に，家の前で販売しようとしても，たまにしか人が通らず，洋服に興味を持ってくれる人はめったに出会うことはないだろう。洋服はなかなか売れない。運よく洋服に

興味を持ってくれる人が現れたとしても，あなたの希望する金額で購入してくれるとは限らない。希望する価格よりもかなり安い価格で売ってほしいと要求されるかもしれない。

では，週末にフリーマーケットに売りに行くことにしたらどうだろう。ここでは，中古品の洋服に興味を持っている人が集まってくるので，適当な相手を見つけることができ，金額に折り合いがつく相手が見つけることができるかもしれない。さらに，ネット上で販売することを考えよう。すると，中古品の洋服に興味がある世界中の人が関心を持ってあなたの洋服をみてくれる。金額に折り合いがつく相手が見つかる可能性はさらに高まる。

このように，潜在的に多くの取引相手がいる場では適正な価格がつきやすく，しかも早期に取引が実現する可能性が高くなる。つまり，市場参加者が多いという事実そのものが，ミスマッチを解消する有効な手段となる。

市場の厚みは，金融取引の流動性を確保するうえで重要な要素となる。市場に多くの参加者がいれば，1か月後に返済義務のある債権を売りたいと思う資金調達者が何人かはいるであろう。すると，1か月後に期限を迎える債権は取引され，この債権を購入したいと思う貸し手の流動性不足は解決する。市場に厚みがあれば，流動性の高い債権から流動性の低い債権まで返済期限が異なるさまざまな債権を保有できるようになり，流動性を確保しつつ資金を提供できるようになる。貸し手の需要に応じた流動性を提供するためには，さまざまなタイミングで資金を提供したい人とさまざまなタイミングで資金を需要したい人が一様に出会える場，つまり市場を創ることである。

■ 3.4　不確実性への対処

● 3.4.1　デフォルトリスク

私たちは不確実性のある世界，つまり，将来何が起こるかはわからない世界に生きている。金融取引は，異なる時点にわたる取引であるという特徴を持っており，取引は必然的に不確実性をともなう。ということは，将来の資金の返済について，事前に約束をしているにもかかわらず，実際に返済されるか

どうかは不確実であるということになる。

　資金を外部から調達している企業が事業に失敗して損失を計上すると，約束通りの返済ができなくなる。このように，調達した資金を約束通りに返済できなくなる状態をデフォルト（Default）あるいは債務不履行と呼ぶ。そしてデフォルトが生じる危険性をデフォルトリスクという。デフォルトは，約束した利子の支払いができない，利子だけでなく元本の支払いができない，あるいは利子の支払いが約束した期日より遅れる，といった状態をすべて含む。デフォルトは，貸出債権の品質が劣化する状態を意味することから，デフォルトに陥った債権やデフォルトに陥る恐れのある債権を不良債権と呼ぶ。デフォルトに陥っていない，あるいは陥る可能性の低い正常な債権は「優良債権」と呼ばれる。

　資金の返済が確実でないという事態を，資金の貸し手は望まない。返済が確実でないと，資金の貸し手は資金の提供を躊躇し，そもそも金融取引が成立しないかもしれない。金融の仕組みはこうした問題をどのように対処するかが問われる。

● 3.4.2　リスクへの態度

　ここまで不確実性とリスクをあまり区別してこなかった。ここで少しばかりその違いについて考えてみよう。ナイト（Frank H. Knight）は，客観的な確率分布を予測できる不確実性をリスクと呼び，確率分布を予測できない不確実性を「真の不確実性」であるとして両者を区別しようとした[1]。客観的な確率分布を予測できる不確実性とは，将来が全く予測できないというのではなく，将来どのような状態が起こりうるのか，それがどんな頻度で起こるかについておおよそわかっているという意味での不確実性を指している。金融論やファイナンス理論の世界は，このように定義されたリスクは数学を使って表現されるという性質に着目して，リスクの程度を数値化して，リスクによって生じる利得や損失を計算しようとしている。

　資金提供者である投資家が負担できるリスクの大きさは投資家ごとに異

1　現在では，両者を明確に区別したいとき，確率分布を予想できない不確実性を「真の不確実性」あるいは「ナイト流の不確実性（Knightian Uncertainty）」と呼んでいる。

なっており，その許容できるリスクの大きさをリスク許容度と呼ぶ[2]。リスクを気にしないリスク中立的な投資家もいれば，リスクを回避しようとする意識の高いリスク回避的な投資家もいるし，リスクに積極的に賭けることを好むリスク愛好的な投資家もいる。ここで"リスクを気にしない"とは，期待値で測ったリターンが同じであればどちらの投資でもよく，その意味でリスクの大きさを投資の選択の基準にはしないという意味である。

　リスクへの態度の違いを，サイコロゲームを例に直感的に理解してみよう。参加料として100円を払い，サイコロを1回振って"当たり目"が出たら，賞金を獲得できるというゲームを考えてみよう。「1」の目のみが当たり目だとしよう。「1」の目が出る確率は1/6である。投資家は，当たり目が出たときにいくらの賞金を獲得できるのであれば，このゲームに参加してもいいと考えるだろうか？

　ここでポイントとなるのが，期待値で評価した賞金額である。期待値で評価した賞金額は，当たり目が出る確率1/6に，当たったときに得られる賞金額をかけた値として計算される。リスク中立的な投資家は，期待値で評価した賞金額が参加料の100円を回収できればよいと考えるので，当たり目が出たときに少なくとも600円の賞金を獲得できればゲームに参加する。

　リスク回避的な投資家は，当たり目が出なかった時の心理的ショックを重視するので，期待値で評価した賞金額が参加料の100円を回収できるだけでは満足しない。600円より高い価格，例えば，最低でも700円の賞金を獲得できなければゲームに参加しない。

　対照的に，リスク愛好的な投資家は，当たり目が出たときの喜びを重視するので，期待値で評価した賞金額が参加料の100円を下回ったとしてもゲームに参加する。例えば，500円の賞金を獲得できればゲームに参加する。このように，リスクを嫌う人ほど，リスク許容度は低く，成功したときに高いリターンを獲得できなければ，リスクを取ろうとしない。

　リスク許容度は，資産運用に利用可能な資産額の大きさによっても異なってくる。10億円の資産を持つ人にとってみれば100万円の損失はたいしたこと

　2　この教科書では，投資家というとき，資金提供者ないし貸し手を指す。

ないが，500 万円の資産しか持たない人にとっては 100 万円の損失は大きい。運用の時間的視野によっても，リスク許容度は異なってくる。リスク資産の収益は長期的に平均的な値に落ち着く傾向があるので，長期運用をしようとする投資家は，短期的な収益の乱高下はあまり気にしないので，彼らのリスク許容度は高い。対照的に，短期運用をしようとする投資家は，短期的な収益の乱高下をリスク要因と捉えるので，彼らのリスク許容度は低い。

自らのリスク許容量に応じてリスクに対処しようとすることをリスクマネジメントと呼ぶ。リスクへの選好の違い，運用可能な資産の違い，運用の時間的視野の違いに応じて，投資家はさまざまなタイプの金融商品を選択しようとする。金融にもとめられるのは，投資家のニーズに応えるべく多様な金融商品を提供することである。

以下の 4 つの項では，リスクマネジメントの基本的な考え方を説明する。まず，リスクがあることを念頭に置いて利得を計算する方法を説明する。次に，金融リスクの根源となる個別企業の事業リスクを小さくする方法を説明する。そして，資産全体のリスクを軽減する方法を説明する。最後に，リスクの変化に応じて対処する方法を説明する。

● 3.4.3　リスクに応じたリターンという考え方

まず，リスクがあることを念頭に置いて利得を計算する方法を説明しよう。そのためには，リスクの程度を数値化することである。投資にリスクがあれば，確実な収益を期待することはできない。代わりに，期待値で測った "平均的に獲得できる収益" という尺度を用いて考える。

簡単な例を使って考えてみよう。リスクの大きさが異なる 2 種類の事業が存在し，投資家はその事業のどちらかに資金を提供しようと考えている。いずれの事業もリスクがあり，成功したときは大きな収益を生み出すが，失敗したときには収益を一切生み出さない。リスクの大きさの違いを，事業が失敗する確率で表すと，事業 A の失敗する確率は 20% と低く，事業 B の失敗する確率は 60% と高い。

事業が成功したときにのみ，投資家は収益を獲得する。事業 A に投資して成功したときの収益率を X_A%，事業 B に投資して成功したときの収益率を

表 3-1　期待収益率の表

	成功確率	失敗確率	投資家は成功した場合には X%の収益率，失敗した場合には 0%の収益率を得られるとした場合の期待収益率
事業 A （失敗の可能性：低）	0.8	0.2	$0.8 \times X_\mathrm{A}\% + 0.2 \times 0\%$
事業 B （失敗の可能性：高）	0.4	0.6	$0.4 \times X_\mathrm{B}\% + 0.6 \times 0\%$

X_B%とすると，表 3-1 に示すように，事業 A に投資したときの期待収益率は $0.8 \times X_\mathrm{A}\% + 0.2 \times 0\%$，事業 B に投資したときの期待収益率は $0.4 \times X_\mathrm{B}\% + 0.6 \times 0\%$ となる。

　さて，投資家はそれぞれ 2 つの事業に対して，どのくらい収益率を要求するだろうか。ここで投資家はリスク中立的であるとする。ついさきほど述べたように，リスク中立的な投資家は，期待値で測った収益率が同じ事業であれば，どちらの事業へ資金を提供してもよいと考える。そして，リスク性のある投資に対して要求する収益率は，投資家自身が，期待値で測った利得をどれだけ確保したいと考えているかで決まり，一般的には，それは別の投資機会で確実に獲得できる収益率に等しい。

　この投資家は，別の投資機会で 10%の収益率を確実に獲得できるとしよう。このとき，失敗確率の低い事業 A に対して，成功したときに要求する収益率は，

$$0.8 \times X_\mathrm{A}\% + 0.2 \times 0\% = 10\%$$

を満たすように，$X_\mathrm{A} = 12.5$%と決まる。つまり，12.5%の収益率を要求することになる。一方，失敗確率の高い事業 B に対して，成功したときに要求する収益率は，

$$0.4 \times X_\mathrm{B}\% + 0.6 \times 0\% = 10\%$$

を満たすように，$X_\mathrm{B} = 25$%と決まる。つまり，25%の収益率を要求することになる。失敗確率が低い事業 A に対しては，確実に獲得できる収益率の 10%よりも 2.5%だけ上回る収益率を要求することになる。一方，失敗確率が高い事

業Bに対しては，確実に獲得できる収益率の10％を15％も上回る収益率を要求することになる。リスクを織り込んで要求する収益率は，収益率の安定している安全資産の収益率より高く，その差はリスクプレミアムと呼ばれる。

　リスクの異なる事業に対して，“リスクに応じたリターン”が設定される。その結果，リスクは低いけれども成功したときの収益率も低い“ローリスク・ローリターン”の金融商品が存在すれば，リスクは高いけれども成功したときの収益率は高い“ハイリスク・ハイリターン”の金融商品もまた存在することになる。

　世の中には，リスクが異なるさまざまなタイプの事業が存在しており，そのリスクに応じて収益率や利子率の異なる金融商品が設計される。よって，複数の収益率や利子率が存在することになる。例えば，長期利子率は，流動性リスクを反映して短期利子率より高い。デフォルトリスクが高いと予想される金融商品は，リスクプレミアムが上乗せされて，高い利子率が要求されることになる。

　賢明な投資家は，リスクに応じて高い収益率を要求することによって，投資が成功したときに高い収益率を確保して，投資が失敗してリスクが顕在化したときに生じる損失を回収しようとする。そして，少なくとも事前の意味において，確保したいと考える収益率を念頭に置いて資産を運用することがもとめられる[3]。

● 3.4.4　情報の非対称性への対処

　金融取引は，企業家が投資家から資金を調達し，その資金を元手に事業を実施し，事業が生み出した収益が投資家に分配されることを前提としている。しかし，約束通りに投資家に支払いがなされる保証はない。投資家にとって，企業家は必ず支払ってくれるという保証がない理由は以下の通りである。

　投資家は，企業家の能力や行動について，そもそもよく知らない。経営能力が高いのか，経営者としてまじめに働くのか，あるいは仮に事業に成功したとして，まじめに返済する誠実な人なのか，当然のことながら，企業家本人はよ

3　あくまで“事前の意味”なので，事後的に，つまり最終的に高いリターンが保証されているわけではない。

くわかっているだろうが，投資家のほうは正確な情報を持っていないのが普通である。このように，取引にとって必要な情報を，当事者の一方が他方よりもより多く情報を保有しているとき，両者の間に情報の非対称性（Asymmetric Information）があるという。情報の非対称性の何が問題かといえば，より多くの情報を保有する立場にある人は，情報の優位性を利用して他人を偽ることができることである。結果として，金融取引が妨げられる恐れがある。

　情報の非対称性は，金融取引に限った問題ではなく，経済の広範囲の問題に共通の課題である。企業は，求人広告をみて応募してきた労働者を面接しようとするだろうが，その応募者の能力や性格について，応募者本人ほどには情報を持っていない。実は，応募者は朝が弱く遅刻の常習犯かもしれない。ネット通販の場合，販売される商品の品質について，購入しようとする人は販売しようとする人ほど情報を持っていない。配送されてくる骨董品は偽物かもしれない。お互いが顔見知りではなく，取引関係がはじめてであったり，取引する商品そのものを配送されてくるまでは直接みることができなかったりする場合，情報の非対称性の問題は深刻である。

　情報の非対称性があるといっても，その要因によって2つのタイプに分けることができる。1つ目は，非対称性の要因が企業家の能力にあるときであり，2つ目は，企業家の行動にあるときである。

① 逆淘汰 ── 企業家の能力の問題

　まず，企業家の能力について情報の非対称性がある場合を考えてみよう。一般的なイメージでいえば，商品の品質に情報の非対称性があるケースを思い浮かべればよい。スーパーで鮮魚を買おうとしたとき，魚が新鮮なのか新鮮でないのかをなかなか見極めることができなくて困った経験があるだろう。

　企業家といっても，経営能力の高い，つまり品質の高い人たちばかりではなく，経営能力の低い，つまり品質の劣った人たちも混じっている。投資家は，誰が品質の高い企業家で，誰が品質の劣った企業家なのかを区別ができれば，問題は単純である。仮に，品質の高い企業家は安全性の高い事業を保有しており，品質の劣った企業家は安全性の低い事業を保有しているとしよう。この場合，品質の異なる企業家ごとにリスクに応じたリターンを要求するように契約

を書くことができる。品質の高い企業家には，低い利子率を設定して資金を貸し付け，品質の劣った企業家には，利子率を高く設定してリスクプレミアムを要求すればよい。

　問題が生じるのは，企業家の品質について情報の非対称性があり，品質の高い企業家と品質の劣った企業家を区別できないときである。品質の高い借り手には，低めの利子率を設定して，品質の劣った企業家には，高めの利子率を設定するといったことができなくなる。区別が出来ないので，両方のタイプの企業家に対して同一の利子率を提示せざるを得ない。すると，何割かの確率で品質の劣った企業家にも貸してしまうことを考慮に入れなければならなくなり，品質の高い企業家だけに貸す場合よりも，全体として高めの利子率を設定しなければならなくなる。すると，品質の高い企業家は，自分の能力に比して高い利子率を要求されていると感じ，不満に思うだろう。場合によっては，資金を借りることをやめてしまうかもしれない。

　他方，品質の劣った企業家は，自分の力量に比して低い利子率で借りることができるので，喜んで借りようとする。投資家と企業家の間のこうした思惑と判断の結果，品質の高い企業家はお金を借りるのをやめ，品質の劣った企業家のみがお金を借りに来るといった事態になってしまうかもしれない。

　このように，品質の劣った人が市場に残り，品質の高い人が市場から排除されてしまうことを逆淘汰（Adverse Selection）という[4]。進化論を唱えたダーウィンは，環境に適したもののみが生き残る「自然淘汰」という概念を提唱したが，逆淘汰という表現は，この現象と全く逆に，環境に適していないはずの人，つまり，品質の劣ったもののみが生き残ってしまうというところから生まれた。アカロフ（George A. Akerlof）は，中古車の例をとって，中古車の品質に情報の非対称性があるとき，市場では不良な中古車のみが取引され，市場そのものが成立しなくなる恐れがあると主張した。この話は，"アカロフのレモン市場"として有名である[5]。

　逆淘汰を回避するためには，企業家の品質を把握するために，資金を提供す

　4　かつては「逆選択」と訳されてきたが，逆淘汰のほうが本来の意味をよく捉えている。
　5　アカロフは，2001年に情報の非対称性に関する研究の貢献でノーベル経済学賞を受賞している。

る前に審査（Screening, スクリーニング）をすることは有用である。しかし，審査をしても企業家の能力を正確に把握することは難しいかもしれない。契約のなかに利子率だけではなく担保や保証の条項を盛り込むことも有用である。担保は，俗に"借金のカタに借り手の資産を担保にとる"と表現されるように，約束通りに返済ができなかったときに，借り入れをした企業家の財産を，資金の貸し手が差し押さえる方法である。保証は，企業家がやはり資金を返済できなかったとき，第三者である保証人が代わりに返済をする方法である。担保や保証の提供を義務づければ，品質の劣った企業家は，事業が失敗したときに資産を没収されたり，保証人に迷惑をかけたりすることを恐れて，資金を借りに来なくなると期待される。結果として，品質の高い企業家だけが資金を借りに来るようになり，逆淘汰を防ぐことができる。利子率だけでなく担保や保証を契約に盛り込むという工夫が，企業家に自己選択を促す，つまり自らのタイプを正直に表明するインセンティブを与えていることになる。

② モラルハザード —— 企業家の行動の問題

次に，企業家の行動に関して情報の非対称性があるときはどのように考えればよいであろうか。投資家は企業家の事前調査，つまりスクリーニングをした結果，企業家の品質を見極めることができたとしよう。では，投資家は，企業家の品質に応じて利子率を設定すれば済むかといえば，そうとは限らない。情報の非対称性はさらに潜んでいる。

企業家は，調達した資金を安全性の高い事業ではなく，一夜成金を夢見てギャンブルにつぎ込んでしまうかもしれない。あるいは，経営者としての努力を怠り，事業に熱中せず，事業が成功する確率は低下してしまうかもしれない。さらに，実際に事業は成功して十分な収益を上げたにもかかわらず，収益を隠して事業に失敗したと偽って支払いを免れようとするかもしれない。企業家本人は，当然のことながら自らの行動を把握しているけれども，投資家は十分には把握できない。企業家の行動が偽りに基づくモラルハザード（Moral Hazard）を引き起こす恐れがあるとき，投資家はやはり情報の非対称性の問題に直面する。

投資家は，モラルハザードの可能性を考慮したうえで，リスクに応じた利子

率を設定しなければならなくなる。逆淘汰の例では，事業の失敗する確率は所与と仮定してきたが，現実には，企業家の努力や態度によって事業が失敗する確率は変化すると考えるのが自然であろう。すると，利子率を高めに設定すると，事業が失敗する確率が高くなる恐れがある。なぜなら，利子率を高めに設定すると返済額は高くなり，企業家は嫌気をさしてまじめに働かなくなるからである。つまり，企業家が怠けるリスクを考慮したうえで，投資家がリスクに応じた利子率を設定しようとしたつもりが，事業の安全性そのものが低くなってしまうという弊害が生じる。利子率を使って，企業家のモラルハザードを規律づけることは難しい。

モラルハザードを回避するためには，資金を提供した後に，きちんとその資金が事業に使われているのかを監視（Monitoring，モニタリング）することが有用である。もう一つの方法は，逆淘汰のケースと同じように，担保や保証を義務づける条項を契約に書いておくことである。担保は，支払いを滞らせようとするモラルハザードを抑えるうえで有効である。担保の徴収という"脅迫"を企業家に与えることによって，資産を没収されるリスクを恐れて，まじめに事業に集中してかつまじめに支払いを実行するようになる。

担保や保証には問題点もある。そもそも企業が担保にできる資産を保有しているときにのみ，この手段を利用できる。若手企業家の場合，新しい事業のアイデアはあるけれども，担保となるような資産を保有していないことは一般的にありえる話であり，この企業家は，担保を提供できないために，資金を調達できないということになりかねない。保証の場合，事業に失敗したとしても，損失を肩代わりしてくれるので，企業家はまじめに経営することを怠るという新たなモラルハザードを生み出す恐れがある。

ここまでの説明からわかるように，逆淘汰やモラルハザードの問題があると，投資家は資金の提供を躊躇するので，企業家が調達できる資金額が減少する，あるいは資金調達の契約そのものが結ばれないといったことが起きる。つまり，金融取引を実現するためには，情報の非対称性を解消することがいかに大切であるかを物語っている。

● 3.4.5 分散投資

　期待収益を獲得するためには，個々の投資に対するリスクを適切に評価して，リスクに応じて利子率を設定すればよい。このように"事前の意味"ではリスクに合理的に対処することができるが，現実にリスクが実現してしまったら，投資家が得られる利得は減ってしまう。したがって，事前の意味だけではなく，"事後の意味"においても，リスクに対処する姿勢がもとめられる。

　ここでは，個々の投資のリスクを変えられないとしても，最終的に負担することになる"全体としてのリスク"を減らす方法を考えてみよう。投資家は分散投資を行うことによって，保有する資産のポートフォリオ全体のリスクを減らすことができる[6]。ポートフォリオとは，もともとは書類を入れて持ち運ぶケースのことをいい，そこから，ケースに収納された書類一式を指すように転じた。金融用語においては，投資家が保有する資産の組み合わせ全体を表すようになった。

　先ほどの例と同じように，事業Aと事業Bのケースを考えてみよう。事業Aが失敗する確率は20%であり，事業Bが失敗する確率は60%である。ここで，投資家はどちらかの事業にすべての資金を投入するのではなく，2つの事業に分散して投資するケースを考えてみよう。ここで，1つの仮定を置く。事業Aが失敗するとき，事業Bもまた失敗しやすくなる傾向もなければ，逆に成功しやすくなる傾向もないと仮定する。この場合，事業Aと事業Bのリスクは"独立である"と表現される。2つのリスクが独立であれば，2つの事業が同時に失敗する確率は，$0.2 \times 0.6 = 0.12$ となり12%である。表3-2に示すよう

表3-2　分散投資の効果

	事業Bが成功する（確率：40%）	事業Bが失敗する（確率：60%）
事業Aが成功する（確率：80%）	32%（＝0.8×0.4）	48%（＝0.8×0.6）
事業Aが失敗する（確率：20%）	8%（＝0.2×0.4）	12%（＝0.2×0.6）

　6　分散投資は，リスクを評価できない不確実性が発生したときにも，対処方法として役立つことになる。

に，両方ともが成功する確率は 32％であり，事業 A だけが成功する確率は 48％，事業 B だけが成功する確率は 8％，そして，両方ともに失敗する確率は 12％である。

　投資家が資金をすべて失う確率は，事業 A にだけ投資した場合は 20％，事業 B にだけ投資した場合は 60％である。一方，手持ちの資金をこの 2 つの事業に分散投資した場合は 12％に低下する。ここに分散投資の大事さがある。1 つの事業にだけ投資するよりも，分散して複数の事業に投資したほうが，最悪の事態に陥る確率，つまり資金をすべて失う確率を小さくすることができる。

　目先の予想収益に目がくらんで 1 つの金融商品に資金を集中するのでなく，複数の金融商品に分散して投資すれば，大きな損失を被る可能性を低くすることができる。投資の心構えの格言に「卵を 1 つのかごに盛るな」という話がある。卵を運ぶとき，1 つの籠に入れて運べば，転んだとき全部の卵が割れてしまうが，複数の籠に分けて運べば，いくつかの籠の卵は割れずに済むかもしれないということである。

　ただし，複数の投資先に分散投資する場合でも，投資先の収益の連動性には注意を払う必要がある。先ほどの仮定が成立しないケース，つまり，事業 A と事業 B のリスクは"独立でない"としよう。例えば，事業 A が成功すれば事業 B も成功しやすく，また事業 A が失敗するときには事業 B も失敗しやすいといった，同じ方向に収益が変動する傾向がある場合，分散投資をしても，全資金を失う可能性はそれほど低下しないかもしれない。つまり，分散投資をするときには，リスクが独立となるように金融商品の組み合わせを考える必要がある。

● 3.4.6　リバランスの必要性

　投資家は，リスクとリターンのトレードオフをにらみながら，自らにとって最も好ましいポートフォリオを組もうとするだろう。しかし，契約を結ぶ際にはリスクの大きさを正確に評価して収益率がリスクプレミアムを反映するように決めたはずだが，契約が長期に及ぶとき，状況が当初予想されていたものから次第に変わっていき，リスクへの評価を変えなければならないときがある。例えば，投資先が災害に見舞われるといった事態が起きると，デフォルトリス

クは当初の想定よりも高くなる。この結果，投資家のポートフォリオのリスク
は，当初の想定よりも高くなり，投資家自身のリスク許容度を超えてしまうか
もしれない。こうした事態が生じた場合，投資家は保有する金融商品の一部を
売却するなど，ポートフォリオ全体のリスクを調整することが必要となる。

　ポートフォリオのリスク調整をリバランスと呼ぶが，このリバランスを臨機
応変にするためには，資産を売りたいときに売れなければならない。リスクマ
ネジメントを適切に実施するためには，資産の流動性が確保されているという
前提が成り立っていなければならない。

■ 3.5　契約の不完備性

　前節で取り上げた金融取引の例では，事業の不確実性を成功と失敗という2
つの状況に限定し，契約の内容は，成功したときには約束通り返済し，失敗し
たときには返済を免除するというきわめて単純なものであった。しかし実際に
は，不確実性にはもっと多くの可能性があり，本来であれば，将来起こりうる
さまざまな状況を考えなければならない。実現する収益は非常に大きい場合も
あれば，それなりの場合もあり，ほとんど失敗といっていいほどの大きさの場
合もある。また，収益が非常に低かったとき，その原因が経営者の怠慢による
のか，あるいは業界全体の景気が悪いせいなのかによって，企業家と投資家の
間で収益の配分もまた変わってこよう。

　可能な限りすべての状況を想定して，契約を事前に結ぶことが望ましいのだ
が，すべてをカバーした契約を書こうとすれば膨大な費用がかかる。さらには，
契約に書き込んであったとしても，その状況に当てはまっていることを両者が
納得できなければ，契約は履行されず，その実効性が低くなってしまう。この
ように，将来起こりうるすべての状況を想定して契約を結ぶことはほぼ不可能
であり，限定された状況のみを想定して契約を結ばざるを得ないことを契約の
不完備性（Contract Incompleteness）と呼ぶ[7]。

7　契約の不完備性が引き起こすさまざまな弊害については，『新エコノミクス　金融論［第2
版］』（村瀬英彰，日本評論社，2016）が詳しい説明を加えている。

契約が不完備であれば，契約に書かれていない状況が起こったとき，資金提供者である投資家と資金調達者である企業家の間で利害対立が生じる可能性があり，その場合，利害対立の解消のために交渉をしなければならない。こうした手間を好まない投資家は，事後の交渉（の可能性）にともなうストレスと労力を予想して，資金の提供を回避しようとするかもしれない。

契約の不完備性が避けられないとき，再交渉を効率的に行うことができるかどうかは金融取引における課題といえる。

■ 3.6　取引費用の削減

情報の非対称性や契約の不完備性の問題があるとき，金融取引を円滑に実現させるためには，諸々の労力や金銭的な負担が生じる。これらの費用をまとめて取引費用（Transaction Cost）と呼ぶ。取引費用には，取引に必要な手数料などの金銭的な費用や，取引を行うために必要とされる労力だけでなく，円滑な取引が行われるための環境整備に要する金銭的費用や労力を含む。特に，環境整備の費用を含んでいるところは注意を要する。これらの費用は，所有権の保護や裁判制度の維持など法的な整備に要する費用に加え，金融市場が機能するためのインフラ整備に要する費用をも含む。一般に取引では取引費用が生じ，取引費用が低ければ，取引は活発に行われ，取引費用が高ければ，取引は低調になるであろう。

金融取引は異なる時点にわたる取引であり，情報の非対称性や契約の不完備性の問題に対処する必要がある。また流動性不足のリスクに対処する必要もある。金融取引を実現させるためには，複数の阻害要因を取り除く工夫を施さなければならない。企業を審査したり，リスクの大きさを評価したり，担保価値を評価したり，借り手の行動を監視したりとすべて金銭的そして非金銭的な費用が生じる。これら金融取引に独特な状況に対処するための取引費用が，取引一般にかかわる費用に追加して発生するため，金融取引を実現させるための取引費用は，通常の財やサービスの取引を行う場合よりも高くなると考えられる。

金融取引から得られる収益がこの取引費用を下回るようであれば，金融取引

は生じない。金融取引を実現するために，さまざまなかたちで発生する取引費用を低く抑えて金融の阻害要因を取り除くことが金融システムにもとめられている課題である。

◆ まとめ

　この章では，金融市場には流動性不足や情報の非対称性などの課題があり，円滑な金融取引を実現させるためには，これらの阻害要因を取り除く必要があると説明した。そして，このような阻害要因を取り除く仕組みの総体を金融システムと捉えることができるだろう。次章以降では，どのような主体があるいはどのような仕組みが金融システムを担っているのかをみていくことにする。

第4章

銀　行

　銀行とは，決済，預金，貸出の3つを本来の業務としている金融機関である。この章では，銀行がどのような機能を果たしているのかを学ぶ。銀行という主体は，金融取引を妨げる要因を取り除くための主体であり，金融システムのなかで重要な役割を担っていることを理解できるであろう。そしてそれは，"銀行がなぜ存在するのか"という問いに答えることでもある。

■ 4.1　預金取扱金融機関

　資金提供者から預金というかたちで資金を集めて，その集めた資金を原資に貸出を行う金融機関を預金取扱金融機関と呼ぶ。銀行は，預金取扱金融機関の一つである。第1章で説明したように，預金は決済手段の一つであり，預金取扱金融機関は，貨幣を取引の交換手段として用いる現代の経済において，財やサービスの取引を円滑に実現させるための社会的インフラを提供している。預金取扱金融機関は，一国の決済ネットワークと密接に関連している点で他の金融機関と区別される。

銀行だけでなく，信用金庫や信用組合，労働金庫，また農林水産金融を扱う農業協同組合や漁業協同組合などもまた預金取扱金融機関に含まれる。これらの金融機関の機能は銀行と同じであり，記述の単純化のために，預金取扱金融機関を総称して銀行と呼ぶことにする。

■ 4.2　銀行の業務

● 4.2.1　受信機能と与信機能

　銀行は，資金提供者から資金を集めて，預金証書（つまり，預金通帳）を発行する。これを預金業務という。預金証書と交換に集められる資金は「預金」と呼ばれ，資金提供者は「預金者」と呼ばれる。預金にはさまざまな種類があり，自由なタイミングで引き出すことができる要求払預金（普通預金や当座預金など），引き出しできるまでの期間が事前に定められている定期性預金（定期預金や定期積金など），預金証書を他者へ譲渡することができる譲渡性預金（Certificated Deposits; CD）などがある。銀行は，集めた預金を用いて運用を行う。銀行による主要な運用方法は，企業や家計への「貸出」であり，貸出業務と呼ばれる。

　預金業務と貸出業務は銀行業務の両輪である（図4-1）。銀行は，資金提供者である預金者と，資金調達者である企業や家計を"仲介している"ことがわかる。銀行の側からみて，預金の受け入れを受信機能と呼び，貸出の提供を与信機能と呼ぶ。金融仲介とは，受信機能によって貸し手である資金提供者から受け入れた資金を，与信機能によってその資金を借り手である資金調達者に提供することである。

　しかしながら，銀行は初期の頃から，受信機能と与信機能を同時に備えてい

図4-1　銀行の預金業務と貸出業務

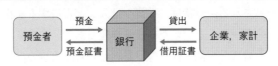

たわけではない。歴史を紐解くと，現代の商業銀行の原型とされる金匠銀行は，もともとは金細工業者であったが，貴金属の保管庫を常備していたことから，富裕な人々の金貨や銀貨を預かるようになった。その際に発行された保護預かりを保証する証明書が流通するようになり，決済手段（金匠手形と呼ばれる）として利用されるようになった。現代流にいえば，預金証書である。この機能は受信機能にあたる。金細工業者は，あることに気がつく。この証明書を持って金貨の引き出しにくる人はめったにいないのである。ということは，証明書が金貨や銀貨を多少上回っても問題はないのではないかと考えるようになった。そして，金貨の裏付けがないのに，金貨の裏付けがあるかのように証明書を勝手に発行して，他人に貸し付けるようになった。こうして金匠銀行は，与信機能を兼ね備えるようになったのである。

● 4.2.2　貸借対照表にみる違い

　銀行の資金の流れを整理するためには，貸借対照表（Balance Sheet，バランスシート，B/S，企業の財務状況を表す財務諸表の一つ）を参照するのが助けとなる。貸借対照表は，資金調達と資金運用の2つの側面に着目して作成された財務諸表である。まずは貸借対照表を理解するために，表4-1を参考に，一般の事業会社の貸借対照表をみていくことにしよう。

　左側に記載される「資産」は，資金をどのように運用しているかを表している。表4-1では，現金・預金と不動産を資産として保有していると記載されている。一般的には，金融資産として，現金・預金以外にも，株式や債券などを保有する。また，物的資産として，財を生産するために使われる生産要素として土地や建物を保有する。特許権や研究開発への支出など，その成果が将来会社の利益につながることが予想されるものについても資産として計上することができる。さらに，貸付金や売掛金なども，将来の受け取りに対する債権なので，資産として計上することができる。

　右側は，資金をどのように調達しているかを表しており，「負債」と「純資産」に分けて記載される。負債は，社債や借入など返済する義務のある資金を表す。総資産から負債を差し引いた額は純資産である。純資産は，株式の発行によって調達した資金と内部留保（稼いだ利益から配当への支払いを差し引い

表 4-1　一般の事業会社の貸借対照表

〈○○年○月○日時点〉

〈資産の部〉		〈負債の部〉	
現金・預金	○○円	借入金	○○円
不動産	○○円		
		〈純資産の部〉	○○円

表 4-2　銀行の貸借対照表

〈○○年○月○日時点〉

〈資産の部〉		〈負債の部〉	
現金	○○円	預金	○○円
貸出	○○円		
債券	○○円		
		〈純資産の部〉	○○円

た残り）からなり，事業会社にとって自己資本であり，返済義務のない資金である[1]。一方，社債や借入によって調達された資金は，他人資本と呼ばれて区別される。資産や負債，純資産は，ある特定の時点でどれだけの資産や負債を保有しているかを表すストックの値であり，ある特定に期間（例えば，1 年間）で，資産や負債が変化したかを表すフローの値とは区別される。

　次に，表 4-2 を参考に，銀行の貸借対照表へ進もう。銀行もまた企業であり，どれだけの資産や負債を保有しているかを貸借対照表から確認することができる。

　銀行の貸借対照表の特徴は 3 つある。まず，資産のなかで最も大きいのは，企業や家計に対する貸出である。貸出は，将来に支払いを受け取ることのできる債権であり，資産として計上される。土地や建物なども資産として保有しているが，一般の事業会社に比べて資産に占める比重は小さい。つぎに，負債の

1　厳密には，株式の発行によって調達した資金は「資本余剰金」，内部留保は「利益余剰金」と記載される。例えば，法人企業統計調査（財務省）を参照されたい。

なかに預金が記載されていることである。つまり，預金は銀行にとってみれば，預金者からの借金であり，銀行は預金者に対して債務者の立場にある。そして，一般の事業会社に比べて，純資産に対して負債の割合が多く，自己資本の割合が低い。一般の事業会社の資産に占める負債比率は 40–60％程度であることが多いが，銀行の負債比率は 90％に及ぶことが少なくない。銀行というのは，きわめて借金の多い企業なのである。

■ 4.3　銀行の機能

　第3章で，金融システムとは，金融取引の阻害要因を取り除くための仕組みであると述べた。では，銀行はどのような工夫をしているのだろうか。銀行は，多数の預金者から少額の資金を集め，それを大口のまとまった金額として貸し出すことができる。銀行は，その規模の大きさを生かして，資金の借り手と貸し手を仲介しようとする。すると，どのようなメリットが生まれるのだろうか。以下では，銀行は，その規模の大きさを生かして，流動性，不確実性，契約の不完備性の問題にどのように対応しようとしているのかを順に説明していく。

● 4.3.1　流動性への対応

　まず，銀行が，流動性の問題にどのように対応しているかをみていこう。銀行は，流動性の高い要求払預金を発行している。要求払預金の口座を銀行に持っている預金者は，預金をしたままこの口座を決済に利用することもできるし，預金を引き出したいと思えば必要に応じて現金に換えることができる。

　さて，銀行は預金者から預かった資金のほとんどを手元に置いておくことはしない。何らかの収益を稼ごうとして資金の大半を貸出で運用している。しかし貸出は流動性の低い資産運用である。貸出で資金を運用する場合，利子や元本の返済期日が決められており，自らの都合で返済を催促することはできない。つまり貸出からの返済を請求できる権利である貸出債権は，流動性が低い金融商品である。銀行は，預金の多くを貸出で運用する場合，要求払預金の引き出しに応じることができなくなるかもしれない。もし引き出しに応じることがで

きなければ，預金者に対するデフォルトとなる。しかし，そうした不安はほぼ的中しない。なぜ銀行はデフォルトに陥ることなく，預金者への返済に応じることができるのであろうか。ここに銀行の工夫がある。

数多くの預金者が銀行に預金している。そしてその預金者は日々，入出金を繰り返している。預金者による入出金は，タイミングも金額もばらばらであり，預金者の都合によってランダムに行われる。しかし，預金者がまさにそうした行為をランダムに行うことで，日々のおおよその預入額や引出し額の予測を立てることができる。つまり，誰がいくら引き出すかを予測することはできないが，全体としてどの程度引き出されるかを予測することができるのである。

預金を引き出す者もいれば預け入れる者もいる。絶えず資金が出入りしているので，銀行から一方的に資金が流出することはなく，ほぼ一定の額が銀行の手元にとどまることになる。こうした預金者の行動によって予測される金額を手元に置いておけば，預金の引き出しの要求に対応することができる。そして，残りの資金を貸出業務等に運用することができる。

しかし，常にうまくいくとは限らない。銀行の想定よりも預金者からの引き出しが多く，預金者への支払いのための資金が一時的に不足する場合もしばしば起きる。そうしたとき，銀行は他の金融機関から資金を調達する。日本銀行から借り入れる方法とインターバンク市場という短期資金の融通をする市場を通じて他の金融機関から借り入れる方法がある。インターバンク市場は，資金が余っている金融機関にとっては，短期的に資金を貸し出すことで利子を稼ぐ場ともなっている。

このように，多くの預金者が日々，入出金を繰り返すことから，銀行は，日々用意しておく資金量の見込みを立て，あるいは他の金融機関からの短期の借り入れを通じて資金の過不足を調整することができる。結果として，一方では，決められたタイミングでの返済を約束とした契約を借り手と結びつつ，他方では，要求に応じて支払いを約束する契約を預金者と結ぶことができる。言い換えれば，銀行は借り手から貸出債権という流動性の低い資産を買い取り，預金者に要求払預金という流動性の高い資産を供給している。つまり，銀行は仲介者として資金の流動性を変換していることになる。

● 4.3.2 不確実性への対応

　銀行に預金をして預金口座を持てば，預け入れられた預金額に，利子を加えた額が定期的に預金残高に記載される。預金者にとってみれば，元本は常に保証され，利子がマイナスでもない限り，自らが引き出せる額が預け入れた額よりも少なくなるといったことはない。しかし，銀行は，貸し出した資金が返済されないリスクに直面している。ビジネスが思い通りにいかないことは常である。貸出が順調に返済されるときもあれば，返済が滞るときもある。したがって，預金者と銀行の間では安全性の高い資産が取引され，一方で，銀行と貸出先の間ではリスク性の高い資産が取引されていることになる。ここでも，銀行は仲介者として資金のリスクを変換していることになる。

①　大数の法則の利用

　銀行と貸出先との間で生じるリスクを，預金者に波及させないようにするために，銀行はどのような工夫をしているのだろうか。1つ目の方法は，銀行が，個々の貸出先のリスクから損失を受けたとしても，その損失が預金者に及ばないようにバッファー（緩衝材）を構築することである。

　銀行は預金者から多額の資金を集めており，潤沢な資金を保有している利点を活かして，分散投資を行うことができる。その潤沢な資金を多数の企業に分散して貸し出せば，一部の企業が返済できなくなっても，その他多くの企業が返済をしてくれれば，銀行は全体としてある一定額の返済額を確保することができる。

　この考え方の基本にあるのは「大数の法則」である。サイコロを振ると6の目が出る確率は6分の1である。しかし，実際にサイコロを6回振るとちょうど1回だけ6の目が出るかというと必ずしもそうではない。ちょうど1回だけ6の目が出るかもしれないし，1回も出ないかもしれない。ひょっとしたら，3回出るかもしれない。しかし試行，つまりサイコロを振る回数を増やしていくと，面白いことに気がつく。試行を6000回繰り返すと，6の目が出る回数は1000回に近づいていくのである。実際に6の目が出る確率は確率の6分の1に接近していくのである。このように，試行を増やすことによって，実現値が期待値に接近していくという性質を大数の法則と呼ぶ。

大数の法則の考え方を利用すれば，リスクがあるために個人であれば躊躇する貸出先であっても，銀行ならば貸すことができる。例えば，貸出額が950万円で貸出回収額が1000万円の1件の貸出を考えてみよう。貸出のデフォルトリスクが4%であるとする。返済される可能性は96%であるから，貸出金回収の期待値を計算すれば1000万円×0.96＝960万円となる。しかし，960万円はあくまで期待値であり，実現することはない。現実に起きるのは返済されるか返済されないかであり，回収できるのは1000万円か0円である。

　しかし，100件の貸出債権があれば，大数の法則が働くので，貸出件数に平均値をかけた9億6000万円に近い回収額を期待することができる。上限は9億8000万円で下限は9億4000万円あたりであろうか。貸出先1件あたりで計算される回収額は，最大で980万，最小で940万円くらいとなり，期待値は960万円のままで変わらないが，リスクのちらばり（あるいは分散）は大幅に縮小していることがわかる。

　つまり，個別の貸出先のリスクは変わっていないのに，貸出を仲介している銀行は，規模を拡大することによって，負担すべきリスクを小さくすることができる。個人であれば躊躇するリスクのある貸出先に，規模の大きな銀行が貸すことができる理由の一つはここにある。大数の法則を知っていれば，リスクはあるけれども収益性の期待できる事業に銀行は融資をすることができるし，収益性の高い事業への投資は，将来の経済成長につながり，社会的にも有益である。逆に，銀行が「リスクのある貸出先には絶対に貸さない」という態度をとるならば，収益性の高い事業への投資の機会が失われ，経済成長の機会は失われ，社会的な損失が生じることになる。

②　貸出先への対応

　銀行が貸出リスクを小さくするもう一つの方法は，個々の貸出先のリスクを小さくすることである。銀行は，個々の貸出先との間に存在する情報の非対称性の問題を解決しようとしてさまざまな活動を行う。

　銀行は，個々の貸出先の経営方針や財務状況，経営者の姿勢や能力を評価する。このような審査（スクリーニング）を行うことによって，貸出を実施するかどうかを判断する。また，貸出先がきちんと経営を行っているのかどうかを

定期的に監視（モニタリング）して，貸出先のモラルハザードを抑制しようとする。さらに，貸出先が利益を過少申告して返済を滞らせることがないように，適切な会計報告を義務づけてまじめに返済をさせる債権管理を行っている。情報の非対称性の解消を目指した一連の取り組みを情報生産活動と呼び，銀行は，情報生産のための活動を通じて情報の非対称性の問題によって生じるリスクを軽減し，そのうえでリスクに応じて適切な貸出利子率（リスクプレミアムを反映した貸出利子率）を設定しようとする。

　貸出先からのリスクを減らすために，担保の設定をもとめるときもある。第3章で説明したように，担保の設定は，約束通りに返済ができなかったときに，貸出先の保有する資産を資金回収の代わりに徴収することをあらかじめ契約で約束することである。担保に設定された資産は「担保資産」と呼ばれ，土地や建物など不動産が選ばれることが多い。銀行は，契約時に担保として設定された資産を差し押さえて市場で売却することによって，債務不履行が起こった際の損失の一部を回収することができる。

　担保は，借り手に一生懸命働いて，まじめに資金の返済をしようというインセンティブを与え，銀行にとって情報の非対称性を軽減するための有効な手段となる。なぜなら，資金の返済ができなければ，担保資産を失うはめとなり，その資産を失うよりもまじめに働いて返済をしたほうが失うものが少ないと借り手は判断するからである。

　担保は，逆淘汰の問題を解決することにも有効である。銀行としては，リスク性の高い事業を持つ質の劣った借り手には資金を貸したくないだろう。しかし，質の高い借り手と質の劣った借り手を区別できないときどうしたらよいであろうか。銀行は利子率を提示すると同時に担保の提供を要求すればよい。すると，質の劣った借り手は，結局担保を差し出すことになる可能性が高いので，そもそも借り入れを銀行に申し込まなくなる。こうして銀行は，質の高い借り手にのみ貸し出すことができる。

③　情報生産コストの節約

　このように，借り手との間の情報の非対称性を解決するためには情報生産活動は効果的であるが，情報生産コストという取引費用が発生する。情報生産コ

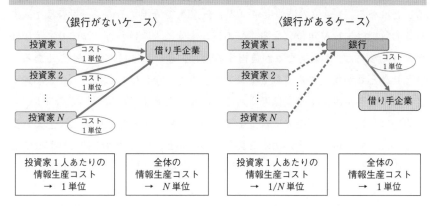

図 4-2　銀行による情報生産コストの節約

ストは，貸出先への貸出額にかかわらず，ほぼ一定の費用がかかるという性質がある。つまり，貸出額が増加しても情報生産コストはそれほど増加しない。貸すかどうかを審査するための費用や，貸出金がきちんと返済されるかどうかを監視するのに要する費用は，貸出額とはあまり関係しない。100万円貸そうが，10億円貸そうが，必要とされる業務の負担はほぼ同じである。すると，小口の資金しか供給できない個人投資家の集団よりも大口の資金を供給できる銀行が企業に貸したほうが，情報生産コストを節約できるというメリットが発生する。

　この話を，例を使って説明しよう。ある借り手企業の経営状況を審査する際に1単位の情報生産コストがかかるとしよう。図4-2の左側は「銀行がないケース」を表している。1件の借り手企業にN人の投資家が資金を提供しており，それぞれが独立して情報生産活動を行おうとしている。ひとりひとりが1単位のコストを費やしており，全体ではN単位の情報生産コストがかかる。

　図4-2の右側は「銀行があるケース」を表している。投資家は銀行の預金者となり，銀行が預金者を代表して情報生産を行っている。銀行が預金者を代表して一括して情報生産を行うので，情報生産に費やされる支出は1単位で十分である。銀行がない場合，全体でN単位の費用がかかるが，銀行が情報生産をする場合，1単位で済む。言い換えれば，銀行が存在すれば，情報生産の重複を避けることができる。

なお，銀行が担っている情報生産の費用は，N 人の投資家が最終的に負担することになる。1単位の情報生産コストを N 人で分担するので，投資家1人あたりの負担は，$1/N$ 単位になる。N の値が十分に大きければ，つまり，貸出額が大きくなれば，1人あたりが負担する情報生産コストは非常に小さくなる。ひとりひとりが負担する情報生産コストが小さくなればなるほど，資金調達によって収益を生み出す事業は増えることになると考えるのは自然であろう。

　銀行は，数多くの貸出先に資金を貸し出すため，情報生産の機会に恵まれている。よって，情報生産に関する数多くの経験と高い専門性を持ち合わせており（専門化の利益），情報生産から得る情報の精度は高いと考えられる。また，さまざまな業種の貸出先に対して情報生産を行っていることから，業界内での個々の企業の位置づけ，各業界の動向，国内や海外の経済見通しなど大量の情報を蓄積しており，その情報は他企業に貸出する際にも利用することができるため（範囲の経済），銀行はより効率的に低コストで情報生産を行うことができる。

　借り手にどのようなインセンティブを与えたとしても，情報の非対称性によって生じるリスクを完全に除去することは難しい。このリスクを限りなく小さくするためには，ある主体がハブとなり，できるだけ多くの借り手と貸出契約を結び，同時にできるだけ多くの預金者と預金契約を結ぶのが望ましいのではないかと推測されよう。そして，この数多くの契約の束の中心に位置する主体こそが "銀行" として捉えることができる。ダイアモンド（Douglas W. Diamond）は，情報の非対称性に起因する費用を最小化するための制度的工夫が，銀行そのものであると結論づけ，情報生産の観点から，なぜ銀行が存在するのかという問いに1つの答えを与えた。

　この議論を突き詰めれば，世の中に情報生産を行う金融機関は1つでよいと思うかもしれない。しかし，1つの銀行が独占的に資金を供給する仕組みだと，銀行の借り手に対する交渉力が強くなり，貸出利子率を吊り上げようとするため，独占の弊害が発生する。たとえ情報の非対称性が存在したとしても，複数の銀行が貸出市場で貸出利子率を競う仕組みが望ましい。個々の銀行が実施する情報生産の精度やそれに基づいて決定する貸出条件が，他行との商品差別化であり，銀行の利益の源泉となると同時に社会的にも利益を与える。

● 4.3.3 契約の不完備性への対応

　銀行が預金者を代表して貸出をする仕組みは，契約の不完備性への対応としても有効である。貸出先に予期せぬ事態が発生して，約束通りに利子の支払いができなくなり，貸出条件の再交渉を必要とする局面になったとしよう。このとき，独立した投資家が多数であれば，利害対立が生じて交渉がうまくいかない可能性が生じる。返済額が減っても早期の回収を望む投資家もいれば，時間はかかっても満額に近い返済を望む投資家もいるだろう。意見の対立があった場合，どの方針で再交渉に臨むのかを決めることは難しい。しかし，銀行貸出の場合，銀行が代表して再交渉に当たれば，方針を一本化して再交渉を進めることができる。また銀行は，大口の貸し手として，貸出先に対して強い交渉力を持つことができるので，自らが主導権を取って，資金の返済が滞った企業に追加融資をして救済したり，あるいは役員を派遣して経営に介入して業務改善をもとめたりと，資金回収をしつつ，企業再建の可能性を高めることができる。

■ 4.4　銀行によるリスク負担

　これまでみてきたように，銀行は借り手との取引において，流動性が低くかつリスクのある貸出債権を保有している。一方，預金者との取引において，流動性が高くかつ安全性の高い資産（つまり預金）を提供している。表4-2に示されたように，貸借対照表からみれば，左側の資産の部には，流動性の低くかつリスクのある貸出債権が資産として計上され，右側の負債の部には，流動性が高くかつ安全性の高い預金が負債として計上されている。

　銀行は，預金を貸出に結びつけるという一連の金融仲介業務のなかで，流動性が低くかつリスクのある貸出債権を，流動性が高くかつ安全性の高い預金へと資産の性質を変換しているといえる。銀行のこの機能を資産変換と呼ぶ。

　預金利子率は預金者と銀行との間で設定される利子率であり，貸出利子率は銀行と借り手との間で設定される利子率である。この2つの利子率を比べると，貸出利子率に比べて預金利子率のほうが低い。その差額は利ザヤと呼ばれ，銀行にとっての利益の源泉となる。利ザヤは，資産変換を行うことで生じる流動

性リスクとデフォルトリスクを肩代わりすることへの対価である。

■4.5　銀行と預金者の間の不確実性の解消

　ここまで，銀行と借り手との間に生じる不確実性の問題に焦点を当ててきた。実のところ，不確実性の問題は，預金者と銀行の間でも生じる。預金者と銀行の間にも情報の非対称性の問題はあり，本来であれば，預金者は銀行の経営状態を調べるのが望ましいということになる。

　しかし実際には，預金者は銀行のリスクをまじめに考えようとはしない。仮に，個々の預金者が預け先の銀行について情報生産をする必要が生じたとしても，預金からの利子収入よりも情報生産のためにかかる費用の方が高くなってしまう。また，数多くの預金者が重複して情報生産を行えば，社会全体として情報生産コストがかかりすぎるという問題も生じる。

　こうして考えてくると，預金者が銀行に対して情報生産を行うと考えるのは，現実的とはいえない。したがって，預金者と銀行の関係を健全なかたちで保とうとすれば，預金者が情報生産をしなくてもよい状況を作り出すことが賢明であるということになる。

　歴史的には，この問題を解決しようとして工夫されたのが要求払預金である。要求払預金は，預金者が引き出したいときにいつでも引き出せる預金である。要求払預金の契約を結んでおけば，銀行の経営に不安があることを察知した段階で預金を引き出せば，無事に資金を回収することができる。要求払預金という仕組みのおかげで，預金者は，銀行の経営状態をそれほど詳しく知らなくても，お金を銀行に預けることができるようになり，銀行もまた預金を集めることができるようになった。

■4.6　銀行取り付けの可能性

　要求払預金という預金契約は，しかしながら，新たな問題を生み出した。あ

る銀行の経営状態が危ないという噂が広がったとき，預金者がどのように行動するのが合理的であるかを考えてみよう。

すでに説明したように，銀行が預金の払い戻しの資金として準備をしているのは，預け入れられた預金のほんの一部でしかない。払い戻しを求めてきた順番通りに支払いに応じていけば，手元にある現金がどこかで底をつき，銀行は預金の払い戻しができなくなるであろう。そして，悪い噂が流れると，他の預金者が自分より先に預金を引き出してしまうのではないかという恐怖心に襲われて，預金者は自らの預金を守ろうとして我先に引き出そうとする。

銀行の窓口に預金者が文字通り"取り付いて"預金を引き出そうとする姿から，このような現象は銀行取り付け（Bank Run）と呼ばれる。銀行が流動性不足に陥ることへの懸念が，預金者のパニック心理と結びつくと，実際に銀行は破綻してしまう。真偽のほどに関係なく，銀行は流動性不足になるのではないかという予想が生まれて，預金者がその予想に従って行動すると，その予想が自己実現的に的中して，実際に，銀行取り付けが生じる[2]。

ということは，経営に何ら問題のない健全な銀行であっても，噂だけで，銀行は本当に破綻してしまうということになる。しかし，これは要求払預金に限定された話である。例えば，定期預金は，返済期日が特定の日（例えば月末）に決まっているので，誤った情報が出回ったとしても，情報が正しい方向に修正される時間的余裕が生まれるので，パニック的な銀行破綻にはつながりにくい。

■ 4.7　銀行の脆弱性への対応

銀行が資産変換の機能を果たしているということは，同時にリスクを抱え込む存在であるということでもある。銀行は，預金者の信頼を確保するように健全な経営をもとめられる。たとえ経営状況が悪化したとしても，預金者がパニックに陥らなくて済むように何らかの仕組みを備えておく必要がある。では，

2　この銀行取り付けの仕組みを理論的に解明したのが，ダイアモンドとディビッグ（Philip H. Dybvig）である。彼らは，この業績によって，2022年にノーベル経済学賞を受賞した。

図4-3　不良債権処理（純資産がプラスのケース）

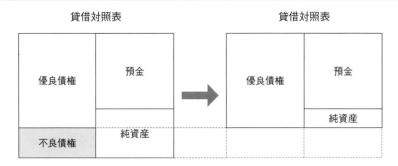

どのような仕組みが備わっているのだろうか。

● 4.7.1　自己資本の充実

　銀行は，貸倒引当金（貸し倒れが発生した際に手当てする資金）を費用項目として計上することが義務づけられており，不良債権の発生によって損失が発生したとき，貸倒引当金を取り崩して損失を処理する。しかし，不良債権の規模が大きく，引当金を超えたとき，銀行はどのように対応するのだろうか。仮に，資産のうちの貸出債権の一部が不良債権化して価値がゼロになったとしよう[3]。このとき，純資産が減少するというかたちで損失処理される[4]。繰り返しになるが，純資産は，株式発行によって調達した資金である自己資本と内部留保の和である。

　図4-3で示されるように，不良債権を処理すると，価値がゼロになった分だけ資産の規模が圧縮される。資産と負債の差額である純資産が減額されることによって資産と負債のバランスは維持される。自己資本が多ければ多いほど，純資産は多く，したがって，不良債権を処理できる余地が高くなることがわかる。

　純資産が存在する限り，負債額は減額されることはなく，預金者に迷惑をか

3　実際には債権の価値が全くのゼロになることはまれで，資産価値の一部を回収できることが一般的であるが，ここでは，単純化のために，不良債権の価値はゼロとしている。
4　貸倒引当金で対応する会計処理の方法は「間接償却」と呼ばれ，純資産を減額させる方法は「直接償却」と呼ばれる。

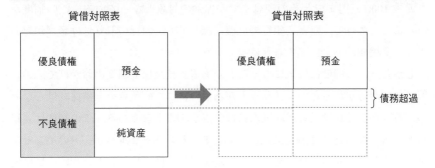

図4-4　不良債権処理（債務超過のケース）

けることはない。しかし，不良債権の処理額があまりに大きいと，図4-4のように，資産を負債が上回ってしまうような事態が発生する。この状態は債務超過と呼ばれ，銀行は経営破綻の状態に陥る。

　資産バブルの崩壊によって資産価格が下落して大量の不良債権が発生する場合にも，このように，銀行は債務超過に陥り，経営が破綻する可能性がある。すると，資産をすべて売ったとしても，預金者に全額払い戻しすることができなくなるので，やはり銀行取り付けを免れない事態に追い込まれる。

　政府の立場からすると，こうした事態が発生しないよう，預金を使った決済ネットワークを機能不全から守る義務があり，そのためには，預金者が安心して預金できる仕組みを備えておく必要がある。

　自己資本比率規制は，その仕組みの一つである。これは，総資産のある一定割合を，株式を発行して調達した資金である自己資本で保有しなければならないとするルールである。このルールを遵守するとき，銀行は豊富な純資産を保有することとなり，不良債権が発生しても，経営破綻に陥らないで済む。

● 4.7.2　預金保険制度

　加えて，上記のように，銀行が債務超過に陥って預金者への払い戻しをできなくなったとき，預金保険制度が対応するよう制度設計を行っている。平時において銀行は，預金額に応じて保険料を預金保険機構に支払う。破綻の危機に見舞われた際には，預金保険機構が銀行の代わりに預金の払い戻しをし，預金は保証される。現行の預金保険法では，金融機関が破綻したとき，決済性預金

については全額，それ以外の預金については一金融機関ごとに預金者1人あたり元本1000万円までとその利息までが保険の対象となっている。この制度があることによって，たとえ銀行の危機に瀕しても，銀行の取り付け騒ぎが起きて，決済機能が不全に陥ることはない。

　しかし，この制度には気になることがある。預金保険制度のおかげで，銀行取り付けが防がれるというメリットがあるのに，なぜ預金を全額保証はしないのだろうか。それは預金保険制度には欠点があるからである。この制度は，銀行がリスク性の高い貸出先に融資してしまうというモラルハザードのインセンティブを与える問題点を抱えている。預金保険制度に加入していれば，貸出先が焦げ付いて破綻して預金者への支払いが不能となっても，銀行はその責任を負担しなくてもよい。預金者の預金は保護されており，預金保険機構が預金者への支払いを肩代わりしてくれるからである。

　預金保険という救済措置は，事後的には好ましいかもしれないが，事前的にはかえって銀行経営のリスクを高めるという問題点がある。そこで，このリスクを軽減するために，預金者にもある程度は銀行への規律づけの行動をしてもらうよう，預金を全額保証することはしないのである。

　このように，リスクの顕在化が銀行経営を不安定にすることがないように，かつ銀行に健全な経営を促すようにさまざまな工夫がなされている。自己資本比率規制や預金保険制度は，銀行の破綻を避けるための事前的措置である。

● 4.7.3　公的資金の注入

　こうした事前的措置が存在するにもかかわらず，銀行の破綻を避けられないときがある。そして，個々の銀行の努力や預金保険で損失をカバーしきれないときには，政府が銀行に直接に資金を供給して銀行の破綻を回避しようとするときもある。これは，銀行の破綻を避けるための事後的措置であり，銀行に株式を発行させて，その株式を政府が買い取るというかたちで資金を供給し，一般的には公的資金の注入と呼ばれ，補助金では決してない。政府が銀行の大株主になるのであり，これをもって銀行は"国有化"され，銀行経営は政府の関与を受ける。

　しかし次のような疑問が浮上する。一般の企業と違って，なぜ銀行が破綻し

そうになったとき，公的資金の注入で救済されるのであろうか。それは，銀行は決済のネットワークという公共財を提供しており，ある銀行の破綻が他の銀行に悪影響を及ぼす恐れがあり，損失が広く国民に及ぶ恐れがあるからである。つまり，救済しようとしているのは，決済ネットワークという公共財であり，銀行ではない。よって，破綻の原因が怠慢な経営にあるとするならば，銀行は救済されると同時に，経営陣は責任を追及されることになる。さらにいえば，決済ネットワークにたいした影響がないならば，破綻しそうになった銀行は，適切な破綻処理をすればよいのであって救済される必要はない。

◆ まとめ

　この章では，銀行の機能と役割について述べてきた。銀行とは，貸出リスクや流動性リスクなど，金融取引におけるリスクを一手に引き受ける主体である。そしてそこに銀行の存在意義がある。銀行が，流動性不足や情報の非対称性などの金融の阻害要因を軽減または解消させる主体として，金融システムのなかで重要なプレイヤーであることが理解できたと思う。

第5章

市場システム

前章では，銀行について説明した。しかし，銀行が金融のすべての問題を解決できるわけではない。この章では，市場を通じた金融取引について説明する。まず，市場で取引される代表的な金融商品である債券と株式について述べる。そのうえで，金融取引の阻害要因を取り除くために，市場はどのような工夫をしているのかを説明する。市場は，金融システムのなかで重要な役割を担っている仕組みである。

5.1　債　券

5.1.1　債 券 と は

債券（Bonds）は，企業や政府が資金を調達するために発行する証券であり，借用証書である。債務証券とも呼ばれる。債券によって調達された資金は，返済義務があり，企業の立場からは「他人資本」である。

債券は，お金を借りて返済をしなければならないという点では銀行借り入れと同じである。しかし，次の点で決定的に異なる。企業が銀行から資金を借り入れる場合，返済する相手は資金を貸してくれた銀行である。一方，企業が債

券を発行して資金を調達する場合，返済する相手は，発行した債券を最初に購入した投資家とは限らない。債券を購入した投資家は，保有し続けることもできるし，市場で売却することもできる。債券の持つこの性質は，"流動性がある"または"市場性がある"という言い方をされる。

　債券は，多数の投資家が購入し，さらに市場における売買を通じて保有者が変わることを前提としているので，契約内容がわかりやすいことが要求される。定型的な用語がいくつかあり，それを確認していこう。返済が終了するまでの期間を満期（Maturity）と呼び，満期が終了する日を満期日あるいは償還期限と呼ぶ。償還とは，返済を完了することであり，これをもって，債券の発行者と保有者の間の債権債務関係は完了する。償還時に返済される額は，額面価額（Face-Value）と呼ばれる。また満期日までに利子が支払われる債券であれば，利子が支払われる日（利渡日）と，支払われる利子であるクーポン（Coupon）の額面に対する利子率（1年あたりで評価される）が債券上に記載されている。利子を支払う債券を利付債と呼び，支払わない債券を割引債あるいはゼロクーポン債と呼ぶ[1]。

● 5.1.2　債券のキャッシュフロー

　さて，これらの用語を使って，図 5-1 に示す例をもとに，債券のキャッ

図 5-1　債券の例

> **利付債**
> 額面価額　100 万円
> <u>年 4% の利子（クーポン）</u>
> 利渡日　3 月 31 日
>
> 償還期限　2025 年 3 月 31 日
> ○△会社
> 発行日　2020 年 4 月 1 日

1　割引債では，購入するときの価格が額面価額よりも低くなるようにすることで，投資家が収益を得られる仕組みとなっている。第 6 章でより詳しく説明する。

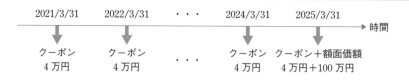

図 5-2　発行日から償還期限までのキャッシュフロー

シュフロー，つまり資金の流れを確認してみよう。この債券は，○△会社が発行した 2020 年 4 月 1 日付の額面価額 100 万円の利付債である。償還期限は 2025 年 3 月 31 日であり，年 4% の利子（クーポン）を約束している。利渡日は毎年 3 月 31 日の年 1 回である。

年利 4% なので，額面価額 100 万円に対して，クーポンは 4 万円である。図 5-2 で示すように，2021 年 3 月 31 日に第 1 回目のクーポンを受け取り，その後，2025 年 3 月 31 日までクーポンを 5 回受け取る。償還期限の 2025 年 3 月 31 日に，最後のクーポンを受け取ると同時に，額面価額の 100 万円を受け取る。

しかし，債券には記載されていない重要事項が 1 つある。それは，この債券を購入しようと思ったとき，いくらで購入できるのか，その購入価格は記載されていないことである。債券の購入価格は，第 6 章で説明するように，市場で決まる。

● 5.1.3　さまざまな債券

債券が，利子がつくかどうかによって利付債と割引債とに分類されると先ほど述べたが，それ以外の観点からもいくつかの分類の仕方がある。ここで整理しておこう。

まず，満期による分類，つまり，発行日から償還期限までの期間による分類がある。金融の世界では，1 年以内であれば「短期」，1 年以上であれば「長期」と分類される。なお，債券の分類をさらに細かく捉えるときには，1 年以内の債券を短期債，1 年より長く 5 年以内の債券を中期債，5 年より長く 10 年以内の債券を長期債，10 年より長い債券を超長期債と呼ぶ場合もある。満期のない債券が発行される場合もあり，コンソル債と呼ばれる [2]。債券を保有する間，投資家は流動性を失うことになるので，満期の長さは流動性に影響を及

ぽす。なお，割引債は，短期債に多く，利付債は，満期が1年より長い債券に多い傾向がある。

　次に，発行主体の違いによる分類についてみていこう。まず，政府や地方公共団体（県や市，町村）など，公的な機関が発行する債券を公債と呼ぶ。特に，国が発行する債券は国債と呼ばれる。次に，民間の企業が発行する場合，一般の企業が発行する債券は社債と呼ばれる。金融機関が発行する債券の場合，特に金融債と呼ばれる。

　債券を発行する主体は，必ずしも日本の組織や機関とは限らない。外国の主体が発行している債券は，外債あるいは外国債と呼ばれる。また，日本円以外，つまり米ドルやユーロなど外国通貨建てで資金がやり取りされる債券もある。外債の場合，一般的に資金のやり取りが外国通貨建てでなされるが，日本円でやり取りされる場合もある。

　債券が発行主体ごとに分類されるのは，発行主体によってリスクの大きさが異なるからである。国債は，国家が発行する債券であり，国家は徴税権を持っており，一般の企業が発行する債券よりも信用があり，返済が不可能な状態に陥る可能性は低いと考えられる。海外の主体が発行する外債の場合，為替リスクやカントリーリスクを考慮する必要がある[3]。為替リスクとは，外国為替レートの変動によって，自国通貨建てで評価した収益が変動するリスクである。カントリーリスクは，発行している国の安全保障リスク，政治リスク，災害リスクなど，その国に特有のリスク全般を指す。

■5.2　株　式

●5.2.1　株式とは

　株式（Stock）は，企業が資金を調達するために発行される証券であるが，債券とは異なり，借用証書ではない。株式によって調達された資金は返済義務

2　コンソル債とは，英国で発行されている永久に一定額の利子（クーポン）が支払われる債券である。

3　為替リスクやカントリーリスクについては，第6章で説明する。

はなく，企業の立場からは「自己資本」である。

　株式を発行して出資者を募る企業は株式会社と呼ばれ，株式を保有する投資家は株主と呼ばれる。株式が借用証書ではないのは，株主は企業を“共同で所有”するからである。共同で所有するとは，次のような意味においてである。

　例えば，企業が株式を発行して50億円の資金を調達したとしよう。ある投資家が5億円を資金提供した場合，全体の10％の株式を取得しており，企業の資産が生み出す利益の10％を配当（Dividend）として受け取る権利を持つ。しかし，決して資産の10％を“直接に”所有しているわけではない。よって，資産全体の10％にあたる部分を，他の株主の同意なくして，勝手に売り払うことはできない。この場合，この株主が所有しているのは，企業の資産の10％にあたる持分（Equity）である。なお，この株主は，企業が清算するときには（もちろん清算するかどうかは株主全体で決めることである），残余財産（負債を支払った後に残った財産）の10％を受け取る権利を持つ。

● 5.2.2　株式会社の由来

　株式による資金調達は，事業単位で資金を調達するプロジェクトファイナンスをイメージするとわかりやすい。例えば，商人が遠隔地に赴き，そこで貴重な商品を購入して戻ってきて，本国で商売を行うとしよう。本国では高値で売れる。遠隔地貿易は非常に儲かるビジネスである。しかし，航海のためには，船を用意したり，漕ぎ手を用意したり，優秀な船長を雇ったりなど多額の費用がかかり，また商品買い付けのために多額の資金を必要とする。そして，遠隔地貿易の場合，航路の途中で悪天候に見舞われたり，盗賊に出会ったり，あるいは疫病にかかったりといった不確実性も高く，無事に戻って来られるかどうかの保証はない。しかし，無事に戻って来られたときの収益は非常に大きい。

　このようなハイリスク・ハイリターンの事業を企てるために発達したのが，“コンメンダ”と呼ばれる資金調達と利益分配の仕組みである。船が無事に戻ってきたときは，儲けを資金提供者が提供した資金の大きさに応じて山分けするが，無事に戻ってこなかったときは，利益はもちろんのこと提供した資金もあきらめてくれというもので，現在の株式の原型となった。

　もともとは，1回の航海ごとに資金の調達と利益の分配は完結していたが，

遠隔地貿易が莫大な利益を上げることがわかり，航海が頻繁に行われるようになると，1回ごとの航海ではなく，何度かの航海をまとめた遠隔地貿易の収益を対象に，遠隔地貿易を専業に行う会社ができるようになり，株式が発行されるようになった。これが，歴史上最初の株式会社といわれるオランダ東インド会社である。

● 5.2.3　株主と企業の関係

　さて，株主は企業の所有者ではあるが，企業に対する責任は有限であるとされている。これを有限責任（Limited Liability）という。有限責任は，企業の財産だけでは債務を返済できなくなったとき，出資した金額の範囲を超えて責任を負わなくてもよい，つまり，出資した金額をあきらめれば済むとする考え方である。対照的なのが，無限責任（Unlimited Liability）である。無限責任は，出資した金額の範囲を超えて，債務額に応じて返済する責任を負わなければならないとする考え方であり，返済のために個人財産等を充てなければならないときもある。

　事業が失敗した際，無限責任であれば，家屋や個人資産を失うなど負担額は莫大なものになりうるが，有限責任であれば，自分が出資した資金をあきらめれば済む。このように，出資者の負担の上限を定めることによって，投資家が出資しやすい環境を提供しているのが有限責任の考え方である。株式会社は，英語で Limited Company（しばしば社名で Ltd. と表記される）と呼ばれるが，これは，出資者の有限責任を明示的に表現しているといえる。

　株式会社は，多くの株主に分散して所有され，株主自身が経営を執り行うこともあるが，株主以外の人が経営を執り行うこともある。これを所有と経営の分離という。資金力のある人が必ずしも経営能力が高いとは限らず，経営に専門性がもとめられる場合，所有と経営は分離する傾向にある。

　所有者である株主は，日々の細かい経営業務に関しては経営陣に任せる一方，合併や新規事業の実施，新株発行など大きな経営判断を要する事項や株主の利害に関する重要項目については決定に参加する。株主は，その所有する株式数に応じて，株式会社の最終決定権を持つ株主総会で発言権や議決権を行使するというかたちで意思決定に参加する。また株主は，経営者が株主の意にそぐわ

ない行動をして株主の利益を損なった場合，株主代表訴訟を起こして経営者を処罰し，解雇する権利を有している。

● 5.2.4　債券との比較

　ここで，株式を債券と比較しながら整理してみよう。株式と債券はいずれも証券そのものに価値を有する有価証券に分類される。有価証券であるということは，権利の行使や移転がその証券の譲渡によってのみ行われることを意味している。株式も債券も両方とも，企業が多額の資金を必要とするとき，多数の資金提供者からの資金を念頭に置いており，かつ途中で売買できるように，市場での取引を前提に商品設計されている。

　一方，いくつかの相違点もある。まず，契約期間の終了に関して違いがある。債券は満期があり，債権債務関係が終了する時点が明確であるのに対して，株式には満期がなく，企業が存続する限り，出資者と企業の関係は継続する。次に，収益の受け取り方法について違いがある。債券は利子と返済額を約束する。企業がデフォルトしない限り，約束された額が支払われる。株式は，将来の利益から配当が支払われることを約束する。株主が受け取る配当は利益の大きさに比例しており，その額は事前には決まっていない。このように投資家が受け取る収益のパターンは株式と債券の間で異なっているが，これは，情報の非対称性の在り方と関係が深く，詳細は第11章で説明する。

■ 5.3　資 本 市 場

　パソコンの取引が行われる場はパソコン市場と呼ばれ，米の取引が行われる場は米市場と呼ばれるように，債券が取引される場は債券市場，株式が取引される場は株式市場と呼ばれる。債券市場と株式市場はまとめて資本市場と呼ばれる（図5-3）。なぜ"資本"という表現が使われるのかといえば，企業は株式や債券の発行で調達した資金を使って設備や機械など実物資本を購入するからである。つまり，資本を購入するための資金を調達する市場であるので，このように呼ばれる。株式のように長期の資金を調達することを念頭に置いている

図 5-3　資本市場の分類

図 5-4　発行市場と流通市場

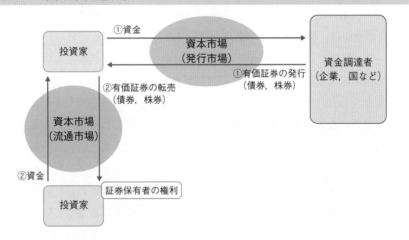

市場は，長期金融市場と呼ばれ，一方，1年未満の短期資金の取引が行われる場は短期金融市場と呼ばれる。

　そして，資本市場は発行市場と流通市場から成り立っている。それぞれの役割を，図 5-4 を参考にしながら説明しよう。

　企業（あるいは国家）が債券や株式など証券を投資家に発行して資金を調達しようとする市場が発行市場であり，①の 2 本の矢印で描かれている。すでに発行されている証券が売買される市場が流通市場であり，②の 2 本の矢印で描かれている。発行市場は一次市場（Primary Market），流通市場は二次市場（Secondary Market）とも呼ばれる。我々が一般に株式市場と呼んでなじみがあるのは，発行市場というよりも二次市場である流通市場のほうである。流通

市場では，投資家が証券の売買を繰り返しており，資金の移動はあくまで投資家の間に生じる。そして企業の資金調達とは直接には関係はない。

では，流通市場の機能とは何であろうか。1つ目の機能は，投資家に流動性を供給することである。流通市場があれば，いったん証券を購入しても，必要に応じて流通市場で売却することで，資金を容易に回収することができる。2つ目の機能は，投資家にリスク調整の場を提供することである。投資家が保有するポートフォリオをリバランスさせて，資産保有のリスクを小さくすることができる。保有する証券のリスクが当初想定したよりも高くなりすぎたとき，手放したいと思うタイミングで流通市場で売却すれば，そのリスクを切り離すことができる。これら2つは，投資家にメリットを与える機能であるが，次の3つ目の機能は，資金調達者である企業にメリットを与える。

3つ目の機能は，証券の価格形成を通じて企業に情報を発信していることである。流通市場では発行市場よりも取引が頻繁に起こる。企業を取り巻く環境は刻々と変わり，その変化に応じて投資家の証券に対する評価もまた変わり，市場では新たな価格が絶えず形成される。証券の価格付けを通じて企業は絶えず市場から評価されているといえる。流通市場で形成された価格は，新たに証券を発行して新規に資金調達をしようとしている企業にとって，自らを評価する鏡となる。例えば，株価が高ければ，市場は自社を高く評価しているという意味であり，新規投資のために資金調達することを市場は歓迎しているという意思表示である。逆に，株価が安ければ，市場は新規投資を歓迎していないことを意味する。このように，流通市場は，資金提供者の流動性の確保とリスク調整の場を提供すると同時に，価格形成を通じて，企業が新規に投資をするときの意思決定のシグナルを発信している。

証券の取引は，取引所取引と店頭取引（Over The Counter; OTC）の2種類の方法で行われている。取引所取引では，あらかじめ一定の取引条件をもとに標準化された証券を対象に，不特定多数の投資家が取引に参加し，売り注文と買い注文が釣り合うように価格が調整される。市場型取引とも呼ばれ，具体的には，証券取引所（詳細は後述する）における取引形態を指す。店頭取引は，証券取引の代理業務を行う証券会社が保有する証券を対象に，顧客が証券を購入する。

債券の取引は，ほとんどが店頭取引であり，扱う商品は標準化されていない。同一の企業であっても，発行日，償還期限，利子などが異なっている多種多様な債券が発行されるという実態を反映している。一方，一部の国債や短期証券などは，市場で取引するに十分な発行額や取引量があり，取引所取引が行われている。

　株式の取引は，市場型取引がなされることが多い。後述するように，証券取引所によって公開される（公開されることを上場するという）企業の株式は，公開株と呼ばれる。証券取引所で公開されている企業は，英語では "Public Company" と呼ばれ，上場した段階で，企業は私企業の立場でありながら，公共性が求められることを示唆している。詳しくは，第11章で述べる。

　公開されていない企業の株式は，広く一般に取引される環境は整っていないため，未公開株ないしプライベートエクイティと呼ばれ，譲渡価格などの条件面で合意すれば当事者間で取引される[4]。通常，私たちが株式市場としてイメージするものは，公開株が取引される場である。

■ 5.4　インカムゲインとキャピタルゲイン

　資産から得られる収益は2つの部分からなる。一つは，インカムゲイン（Income Gain）と呼ばれるもので，資産を保有していることによって得られる収益である。株式や債券，不動産などを保有している限り，継続的に獲得できる収益を表し，株式の場合は配当，債券の場合は利子（クーポン），不動産の場合は家賃が該当する。もう一つは，キャピタルゲイン（Capital Gain，売却益）と呼ばれるもので，資産を売却することによって得られる利益である。例えば，1株1000円で株式を購入して1200円で売却すれば，200円のキャピタルゲインを獲得できる。キャピタルゲインは，購入金額よりも売却金額が上回るとき生じる。株価が値下がりして購入金額よりも売却金額が下回った場合，キャピタルロス（Capital Loss，売却損）を被る。例えば，1000円で購入した

4　プライベートエクイティについては，第9章で詳しく説明する。

株式を 800 円で売却すれば，200 円のキャピタルロスが生じる。

　なお，実際に売却しなくても，その資産の価値をその時点での市場価格で評価することで，キャピタルゲインを評価することもある。もし現在，売却したらどれくらいの収益を獲得できるかを，"未実現の"キャピタルゲインとして評価する。また，債券を満期日まで保有する場合には，将来の受取額が額面価額で確定する（デフォルトしない限り）。債券を満期日まで保有する場合，額面価額と購入価格の差がキャピタルゲインとなる。

　インカムゲインとキャピタルゲインの和が，資産からの総収益となる。例えば，1000 円で購入した株式を 1 年間保有して配当で 50 円を獲得し，その後 1200 円で売却したとする。株式からの総収益は 50 円のインカムゲインと 200 円のキャピタルゲインの和であり，株式の収益率は，総収益の 250 円を購入金額の 1000 円で割って 25％となる。

■5.5　資本市場の工夫

　資金を提供する意思のある投資家と資金を調達したいと思う企業の思惑が一致したとき，市場を経由して資金のやり取りが実現する。しかし，市場が必ずしもうまく機能するとは限らない。市場が機能するためには，金融取引を阻害する要因を取り除かなければならない。市場は金融取引の阻害要因をどのようにして軽減したりあるいは解消したりしているのだろうか。

　企業が調達したいと考える資金額は，個々の投資家が提供したいと考える資金額と一般に異なっている。この資金額のミスマッチの問題は，企業が必要とする大口の金額を小口の証券に分割して多数の投資家に販売することで解決する[5]。流動性の問題は，投資家が手持ちの株式や債券を売りたいときに売れる

5　さらなる小口化は，近年，証券会社によるミニ株投資，単元未満株投資というかたちでも実施されている。金融自由化を受け，1995 年から可能になった。これは，証券会社が単元単位（それぞれの株式会社が定めている株式の売買単位）で株式を購入し，それをより小口にして個人投資家に販売するものである。証券会社が，この取引のために買い付けた株式は，証券会社名義で証券保管振替機構に預託され，個人投資家はその持分を保有することになる。この取引方法では，個人投資家は議決権を保有しない。

ように流通市場を整備することによって解決される。

　では，不確実性の問題については，市場はどのように解決しようとしているだろうか。不確実性への対応としては，第3章で説明したように，分散投資という方法と，情報の非対称性の解決という方法の2つに大きく分けることができる。分散投資に関しては，株式や債券を小口で発行することで，投資家に分散投資できる機会を与えるように配慮されている。分散投資できる機会があれば，投資家は，個々の証券を分散して保有することで，自らの資産全体のリスクを軽減することができる。さらに，流通市場が整備されていれば，投資家は，資産全体のリスクを望ましいと考える水準にポートフォリオを容易にリバランスすることができる。

　しかし，不確実性によって生じるリスクを分散投資だけで減らすには限界がある。情報の非対称性に起因して生じるリスクの問題については，どのような工夫をしているだろうか。証券取引においては，証券会社が投資家の取引を仲介しているが，銀行と異なって，情報の非対称性によって生じるリスクを軽減するような情報生産行動は行わない。これらのリスクが深刻であると判断すれば，投資家は市場に参加しないだろう。情報の非対称性に起因して生じるリスクを軽減するために，市場ではどのような工夫がなされているのであろうか。次節では，基本的な工夫について説明する。

■5.6　情報開示

　市場は情報の非対称性の問題をどのように解決しようとしているのだろうか。銀行貸出の世界では，資金を調達しようとする企業に対して，銀行が費用をかけて情報生産を行う。しかし，市場取引では，銀行のように自ら費用をかけて情報生産を行う金融機関は存在しない。

　市場システムは，小口資金を提供する多数の投資家によって成り立つことを想定している。企業が隠そうとしている情報を個々の投資家が調べ上げ，かつ経営を監視しようとすれば，その費用はほぼまちがいなく収益を上回ってしまうので，個々の投資家がそうした行動をとるのは現実的とはいえない。仮に，

投資家が情報生産活動をしたとしても，同じ情報を得るために多くの人が重複して審査や監視を行うこととなり，無駄な費用が発生して社会的にも望ましいとはいえない。そこで代替案として，資金を調達しようとする企業自らが情報開示をすることを促す仕組みが考えられる。

　企業は，企業理念や経営内容，財務情報など，投資判断に必要な情報を定期的に公表するように努めている。企業はホームページ等さまざまな発信手段を通じて，インベスター・リレーションズ（Investor Relations; IR）というかたちで，経営内容や財務情報など投資家にとって有用な情報を公表している。こうした企業の活動は，企業と投資家の間に存在する情報の非対称性を軽減する役割を果たしている。

　しかし，情報開示活動にはまとまった費用がかかるので，積極的に情報開示しているのは，比較的規模の大きい企業，国，地方公共団体に限られる。しかも，企業による情報開示だけでは，情報の非対称性の問題を解消するには十分とはいえない。なぜなら，企業には常に自らを投資家に対してよく見せたいというインセンティブがあるからである。リスクプレミアムの説明からも明らかなように，市場から高く評価される企業は，低い利回りで債券を発行して資金を調達することができる。例えば，主要輸出先の景気の悪化のせいで，近い将来自社の利益が減少する恐れがあるなど，自社にとって不利な情報を積極的に開示するようなことはしない。企業が発信した情報が正確なものであるかどうかを第三者が判断する仕組みが必要とされる。

● 5.6.1　信用格付

　債券のデフォルトがどの程度の確率で起きるのかは，債券を購入しようとする投資家にとって最も重要な情報である。しかし，財務情報などからデフォルトの確率を判断するにはかなりの知識と経験が必要であり，一般の投資家が判断することは難しい。その難しい判断を手助けするのが信用格付（Credit Rating）という仕組みである。

　信用格付は，債券の信用力をランク付けすることである。格付けを行う格付会社（Credit Rating Agency）は，企業が公表している財務情報や企業へのインタビューを通じて，債券の信用を調査し，評価を簡単なアルファベットで示

す。例えば，最も信用が高い債券は AAA（トリプル A），やや信用が劣る債券
は AA（ダブル A），さらに信用が劣ると A（シングル A）と評価される。信用
格付が始まった当初は，格付会社が投資家に販売する私的情報の扱いであった
が，現在では公共性の高い情報生産としての地位を確立している。

　格付会社によって信用力が極めて高い，つまりデフォルトの可能性が低いと
評価された債券は，投資適格債として多くの機関投資家によって安全性の高い
債券として投資対象とされている[6]。一方で，信用力が低い，つまりデフォル
トの可能性が高いと評価された債券は，投機的格付債，ハイイールド債，ある
いはジャンク債と呼ばれる。このように，債券といっても安全性の高いものば
かりではなく，リスク性の高い債券もまた存在する。

● 5.6.2　株式の上場制度

　証券取引所は，株式や債券などの証券を取引するための市場，つまり証券を
売買するための場を提供している。証券取引所へ"上場"してはじめて，証券は
一般の投資家によって広く取引されるようになる。証券取引所は，金融商品取
引法に基づいて運営されており，投資家は証券会社を通じて証券の売買を行
う[7]。

　企業は，自社の株式や債券を発行しやすいように上場を目指すのであるが，
上場するためには，証券取引所が定める上場審査基準を満たしていなければな
らない。上場審査基準は，経営の安定性，過去の業績，今後の見込みに加え，
株式発行数および流通株式数がある水準を超えているかなども評価の対象とな
る。財務情報を定期的に公表しているかも審査対象とされる。上場によって投
資家に向けて広く企業の情報が公開されると，一般の投資家が証券を購入しや
すい環境が整う。企業が上場することを株式公開（Initial Public Offering; IPO）
という。上場している企業は，上場会社ないし上場企業と呼ばれる。

　上場制度は，上場基準を厳しくすることによって品質で劣った企業を排除し
て，証券市場で逆淘汰が起きることを防ぐ仕組みである。上場されている企業

6　機関投資家とは，個人などから集めた資金を元手に運用する機関をいう。

7　日本における証券取引所は，札幌証券取引所，東京証券取引所，名古屋証券取引所，福岡
証券取引所の4つがある。

は，品質の高い企業であるというお墨付きを証券取引所が与えていることになり，投資家が安心して証券の売買に参加できる。この仕組みは，企業が本来行うべき情報生産活動の一部を，証券取引所が代行しているともいえる。

　上場企業は，財務情報を定期的に公表しなければならない。そしてその財務情報は会計監査を受けなければならない。会計監査は，第三者である監査法人が，その財務情報が正しいかどうかを監査することであり，その監査によって認められた財務情報が公表される。企業自らが単独で作成した財務情報の内容が正しいかどうか保証できない。そのため，企業が自ら作成して発信する財務情報を，第三者の立場である監査法人が，その内容に虚偽がないかどうかを監査する制度である。監査によって承認を得た財務情報は虚偽がないとみなせるので，投資家はその情報をもとに企業の経営の安定性や収益性を判断することができる。また，虚偽の財務諸表を公開した場合には，上場廃止の措置がとられることもあり，虚偽の財務諸表を公表しない抑止力となっている。

　上場を維持するためにはコストがかかるが，メリットもある。上場している企業ということで知名度や評判が上がり，企業は資金調達がしやすくなり，ひいては，優秀な人材を雇いやすくなったり，また生産や販売している商品に対して顧客から信頼度を得やすくなったりといったメリットが生じる。

　日本で最も上場企業数および株式取引高が大きい証券取引所は，東京証券取引所であり，上場基準によって，プライム市場，スタンダード市場，グロース市場に区分されている。

■5.7　契約の不完備性への対応

　株式や債券の取引では資金を提供する投資家が多く，事前に約束された状況と異なる事態が発生したとき，契約の再交渉は難しい。こうした契約の不完備性への対応としては，どのような工夫がなされているのだろうか。

　最も単純な方法は，流通市場を整備することである。事前の約束と異なる事態が発生したと思ったとき，投資家は流通市場でその証券を売却できれば，契約の不完備性による損失を最小化できる。つまり，流通市場が整備されている

かどうかが，契約の不完備制への基本的な対応となる。そのほかには以下の工夫がなされている。

債券の場合に契約の不完備性の問題が深刻なかたちで顕在化するのは，債務不履行に陥ったときである。債権者が個々に対応するのには手間と時間が膨大になる。債権回収機構を組織して，個々の債権者から債権を買い取り，代表して回収にあたることもある。

株式の場合は，その証券の性質上，債務不履行はないが，経営陣の望ましくない行動によって，株主が著しい損害を被るときがある。こうした場合，株主は株主総会で発言権や議決権を行使してその責任を経営陣に問うことができる。さらに株主代表訴訟によって経営陣に損害賠償を求めることができる。このように，株主に経営への発言権を与える仕組みが，契約の不完備性への対応となっている。

投資家の取引の代理を行う証券会社と投資家の間でも契約の不完備性の問題が起こりうる。投資者保護の観点から，負債を抱えた証券会社が，その補填のために投資家から預かった資金を使い込まないように分別管理をすることを法律で義務づけられている。このように，投資者保護に関する法律の整備もまた，契約の不完備性への対応となっている。

◆ まとめ

この章では，代表的な金融商品である株式と債券の特徴を説明した。そのうえで，流動性不足や情報の非対称性などの金融取引への阻害要因を軽減ないし解消するために，市場はどのような工夫をしているかをみてきた。この章で学んだことを通じて，市場を整備するということがどういうことかを理解できたと思う。市場を整備することが，金融システムを構築するにあたって重要な要素である。

第 6 章

証券の価格

　市場で取引される金融商品は価格で評価される。株式や債券などの証券の価格はどのように決まるのだろうか。この章では，証券価格がどのように決まるのかを説明する。価格を決めるのは，将来の収益に関する期待である。そして市場が，将来収益の予想を価格に結びつけるのに重要な役割を果たす。果たして市場はこれらの情報をどのように織り込んでいくのだろうか。

■ 6.1 割引価値

　金融取引は異なる時点にわたる取引であり，一般的に，一時点だけでなく複数の時点で収益が発生する。すると，将来に発生する収益の価値をどのように評価したらいいのだろうかという問いが生じる。わかりやすくいえば，今年の100 円と来年の 100 円を同じ価値と考えていいだろうかという疑問である。

　まずは，銀行預金を例にとって考えてみよう。今日，100 円を 1 年定期預金に投資するとしよう。この定期預金の 1 年あたりの利子率は 10％であるとす

る。預金者は 1 年後に，預入金額（元本）の 100 円だけでなく，元本の
10%，すなわち 10 円（＝100 円×0.1）を利子として受け取る。元本と利子の
合計である元利合計を計算式で示すと次式で表される。

$$元利合計 ＝ 元本 ＋ 利子 ＝ 100 円 ＋ 0.1 \times 100 円 ＝ (1 ＋ 0.1) \times 100 円$$

ここで，利子が持つ意味を考えてみよう。利子がつくことで，今日の 100 円は
1 年後に 100 円以上の金額に“自動的に”増える。すると，今日の 100 円は 1 年
後の 100 円と同じではないような気がするであろう。つまり，異なる時点で受
け取るお金は，同じ 100 円でも異なったものとして取り扱うべきではないかと
思えてくる。

　では，どう考えたらいいだろうか。お金の価値を測る際には，どの時点で受
け取ったのかという「時点」が重要な意味を持つ。先ほどの例では，今日の
100 円は 1 年後の 110 円と同じ価値があると断言できる。というのも，今日
100 円を預金すれば，全く労力を費やすことなく寝ているだけで 1 年後に 110
円に増えるからである。

　異なる時点のお金の価値を評価する方法は，将来のある時点を基準にする
ケースと現在を基準にするケースの 2 通りを考えることができる。将来のある
時点を基準にする方法を将来価値計算といい，現在を基準にする方法を現在価
値計算という。そして，それぞれの計算方法によって評価されたお金の価値を
将来価値，現在価値という。

　将来価値と現在価値をイメージするために，「今日 100 円を 10%の利子率で
1 年定期預金に預け入れる」という先ほどの例を用いて，実際に計算してみよ
う。この場合，今日の 100 円は 1 年後に 110 円になる。「現在の 100 円」を 1
年後という将来時点で測った将来価値は，110 円（＝(1 ＋ 0.1)×100 円）となる。
一方で，「1 年後という将来の 110 円」を現在時点で測った現在価値は 100 円
（＝110 円/(1 ＋ 0.1)）である。現在価値と将来価値は，表裏一体の関係にある。

　現在価値は，将来の値を 10%の利子率で“割り引く”ことによって計算して
いることから割引現在価値ともいう。そして割り引きに使われた利子率のこと
を割引率という。

　このように，現在価値や将来価値の計算をするにあたっては，割引率がポイ

ントになる。世の中には，預金利子率，貸出利子率，消費者ローン利子率，国債の利回りなど多くの利子率が存在する。現在価値や将来価値を計算する際には，一般的には，安全性の高い資産の利子率が使われる。返済が確実でリスクのない資産は安全資産と呼ばれ，その利子率はリスクフリーレート（Risk Free Rate）と呼ばれる。現実の世界では完全に安全な資産は存在しないが，一般には，預金利子率や国債の1年物利回りが安全資産の利子率と利用されるケースが多い。

■6.2 複 利

利子の計算には，単利という方法と複利という方法が存在する。単利とは，「元本だけに利子をつける」計算方法であり，複利とは，「元本だけでなく，受け取った利子にさらに利子をつける」計算方法である。現実の社会では，後者の複利が利子の計算方法としては一般的である。一見してその違いは小さくみえるが，資産運用が長期に及ぶとき，単利と複利の違いは無視できない大きさとなる。以下，みていこう。

先ほどの例を少し発展させて，利子率10％で2年後に満期日を迎える定期預金に100円を預け入れるケースを考えてみよう。簡単化のために，1年目の利子率も2年目の利子率も10％であるとする。この場合，預け入れてから1年がたつと，利子は10円（＝0.1×100円）と計算され，元利合計は110円（＝(1+0.1)×100）となる。そして，2年目には，利子は11円（＝0.1×110円）になる。ここでのポイントは，2年目には"1年目の利子に対しても利子がつく"ので，2年目の利子の額は10円ではなく11円になるという点である。結果として，2年間100円を預け入れると，元利合計として121円を受け取ることになる。これを，計算式で整理すると，

$$2年後の元利合計 = (1+0.1)^2 \times 100$$

で表すことができる。

一般的に，利子率が（N年後までずっと）rのときの1円のN年後の価値は，

図 6-1　複利効果（100 万円を利子率 5% で運用する場合）

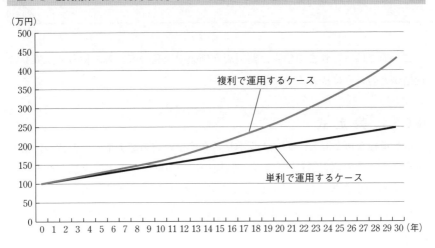

（万円）

複利で運用するケース

単利で運用するケース

$(1+r)^N$ 円で表される[1]。これは，利子率が r のとき，1 円の N 年後という将来価値を求めていることに等しい。また，利子率が r のとき N 年後の 1 円の現在価値は，$\dfrac{1}{(1+r)^N}$ 円で表される。

　複利で計算すると，価値は将来に向かって "指数的" に変化する。図 6-1 では，100 万円を利子率 5% で単利で運用したときの将来価値と，複利で運用したときの将来価値の推移を示している。30 年間，単利で運用すると，100 万円が 250 万円（＝$(1+0.05\times30)\times100$ 万円）となる。一方，複利で運用すると，100 万円がなんと約 432 万円（＝$(1+0.05)^{30}\times100$ 万円）となる。利子が利子を呼ぶこの効果を複利効果と呼ぶが，この複利効果は，期間が長いほど，また，利子率が高いほど大きい。資産運用において長期運用がしばしば推奨されるが，その理由はこの複利効果にある。逆に長期間，資金を借りた場合には，この複利効果によって利子を含めた返済総額はどんどん大きくなることもわかる。

1　今，1 年目（今年から来年にかけて）の利子率が r_1，2 年目（来年から再来年にかけて）の利子率が r_2，・・・，N 年後の利子率が r_N と，毎期異なるならば，A 円の N 年後の価値は，$(1+r_1)(1+r_2)\cdots(1+r_N)A$ として表される。

■ 6.3　債券価格の決まり方

　この節では，これまで学んだ割引現在価値や複利の考え方を使って，債券の価格がどのように決まるかを学ぶ。

● 6.3.1　裁 定 式

　最も単純な例として，デフォルトリスクのない満期が1年の割引債の価格を考えよう。この割引債は，1年後に額面価額の100円が確実に支払われるとする。債券の現在価格はいくらになるだろうか？　仮に，債券の価格は P_0 円であったとしよう。満期日まで保有する場合のキャッシュフローは図6-2で表される。

　投資家が直面する選択肢は，P_0 円でこの債券を買うか，あるいは債券価格にちょうど等しい P_0 円の資金を利子率 r で他の安全資産，例えば国債で運用するかである，債券を買えば，1年後に額面価額の100円を手に入れることができる。つまり，100円は，P_0 円の資金を債券で運用したときの1年後の利得である。一方，安全資産で運用すれば，1年後に $(1+r) \times P_0$ 円の金額を手に入れることができる。この値は，P_0 円の資金を安全資産で運用したときの利得を表しており，債券を購入することによって発生する機会費用である。そして，債券価格は，債券を購入したときの利得と費用（つまり，機会費用）が等しくなるように決まる。すなわち，

$$(1+r)P_0 = 100 \tag{1}$$

図6-2　1年物の割引債のキャッシュフロー

注：グレーの矢印は投資家の支払いを，水色の矢印は投資家の受け取りを表している。

が成り立つ。この式を書き直すと，

$$P_0 = \frac{100}{1+r} \tag{1'}$$

となる。債券価格は，債券のキャッシュフローである額面価額を利子率で割り引いた価格で表される。例えば，利子率を3%とすると，債券価格 P_0 は約97.1円となり，利子率で割り引かれる分だけ額面価額よりも安くなる。

　ここで，式（1）が等号で成り立つことの意味を考えてみよう。式（1）が成立するときには，債券の利得と安全資産の利得は同じなので，投資家は債券と安全資産のポートフォリオを変えようとしないであろう。この状態は"裁定"が成立していると表現され，この条件式は裁定式と呼ばれる。裁定式が成り立つと，もはやどちらかの資産をより多く購入したり売却したりしたとしても，これ以上儲けを増やすことはできない。

　仮に式（1）が成り立っていないとしたら，何が起きるか考えてみよう。例えば，$(1+r)P_0 < 100$ だとしたら，債券の利得が費用（つまり安全資産の利得）を上回るので，債券の需要は増え，債券価格 P_0 を押し上げるだろう。価格の上昇は，左辺と右辺の差を縮小させ，やがて式（1）はそのうち回復する。逆に，$(1+r)P_0 > 100$ のように，債券の利得が費用（つまり安全資産の利得）を下回るようになれば，逆に，債券の需要は減り，債券価格 P_0 を押し下げるだろう。やはり（1）式を回復させる方向に価格はそのうち調整される。ここで"そのうち"という表現を使ったが，市場での価格調整はほぼ瞬時に行われるので，裁定式は，"常に成り立っている"といって差し使えないのである[2]。

　債券価格の特徴を，式（1'）を使って整理してみよう。まず，額面価額が高いほど，現在の債券価格は高くなる。次に，割引率に使われる利子率が高いほど，債券価格は低くなる。例えば，利子率が3%から5%へ上昇したとすれば，債券価格 P_0 は約97.1円から約95.2円へ下落する。

2　市場での価格調整のメカニズムは，本章の5節で説明する。

● 6.3.2 債券価格と利回り

さて，この債券の利回りを考えてみよう。P_0 円で購入した債券が，額面価額 100 円で償還されるので，差額の $(100 - P_0)$ 円が，債券の取引から得られる収益となり，債券の利回りは，

$$\frac{100 - P_0}{P_0} = \frac{100}{P_0} - 1 = r$$

と表され，利回りは安全資産の利子率 r にちょうど等しくなる。つまり，安全資産の利子率が高いほど，債券の利回りもまた高くなる。また，2 つ目の等式が示すように，債券価格 P_0 と利子率は反比例の関係となる。つまり，利子率が高くなればなるほど，債券価格は下落する。そして，額面価額を一定とすれば，債券価格 P_0 が高いほど，債券の利回りは低くなる傾向がある。

● 6.3.3 債券価格と満期

ここまで，満期が 1 年の割引債の価格を考えてきたが，債券の満期は複数年にわたることが一般的である。ここで，満期が 2 年で額面価額が 100 円の割引債を考えてみよう。現在の債券価格 P_0 円はどのように決まるであろうか。

債券の 2 年後の利得は額面価額の 100 円である。このとき，債券価格の P_0 円にちょうど等しい額の資金を安全資産で 2 年運用するときの利得が債券の費用，つまり機会費用となる。まず，利子率 r で今年から来年にかけて安全資産で運用すれば，1 年後に $(1+r) \times P_0$ 円の金額を手に入れることができる。さらにその額を利子率 r で来年から再来年にかけて運用すれば，$\{(1+r) \times P_0\} \times (1+r)$ の金額を手に入れることができる。

現在の債券価格 P_0 は，債券を購入したときの利得と費用（つまり，機会費用）がちょうど等しくなるように，つまり，裁定式が成立するように決まるので，

$$(1+r)^2 P_0 = 100$$

を満たすように決まる。この式の両辺を $(1+r)^2$ で割ると，債券価格は，

$$P_0 = \frac{100}{(1+r)^2}$$

と表される。2年後の額面価額を割引現在価値に直すとき，$(1+r)$ で1回割り引くのではなく，複利の要領で2回割り引いている[3]。ここでも，債券価格は，額面価額を現在価値に直した値に等しくなることが確認できるであろう。仮に，利子率が3%であるとすると，満期1年の債券価格が約97.1円であるのに対して，満期2年の債券価格は約94.3円となり，同じ額面価額が100円の債券であっても，満期が長くなればなるほど安くなる。

● 6.3.4 利付債の価格

つぎに，利付債について考えてみよう。利付債とは，定期的にある一定額のクーポンを受け取ることができる債券である。年に1回クーポン C 円を受け取り，2年後に償還期限を迎える，額面価額100円の利付債を考えてみよう。キャッシュフローは図6-3で表される。

さて，この利付債の価格はどのように決まるだろうか。この利付債にはデフォルトリスクがなく，2年後に確実に額面価額を受け取れるとする。まず，1年目にクーポンの C 円を受け取る。このクーポンの現在の価値で評価した割引現在価値は，$\frac{C}{1+r}$ 円となる。2年目には，再びクーポンの C 円を受け取る。2年後の収益を割引現在価値に直すとき，複利の要領で2回割り引くので

図 6-3　2年物の利付債のキャッシュフロー

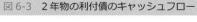

注：グレーの矢印は投資家の支払いを，水色の矢印は投資家の受け取りを表している。

3　1年目の安全資産の利子率が r_1，2年目の安全資産の利子率が r_2 と利子率が異なってくれば，債券価格は，$P_0 = \dfrac{100}{(1+r_1)(1+r_2)}$ で表される。

$(1+r)^2$ となる。すると，2 年後のクーポンの割引現在価値は $\dfrac{C}{(1+r)^2}$ 円である。そして，2 年後には，クーポンを手に入れるとともに，額面価額 100 円を受け取るので，額面価額の割引現在価値は $\dfrac{100}{(1+r)^2}$ 円となる。収益をすべて足し合わせて，現在価値で評価すると，

$$\frac{C}{1+r} + \frac{C}{(1+r)^2} + \frac{100}{(1+r)^2}$$

となる。では，現在の債券価格 P_0 の価格はどのように決まるかといえば，上記の値に等しくなるように決まる，つまり，

$$P_0 = \frac{C}{1+r} + \frac{C}{(1+r)^2} + \frac{100}{(1+r)^2} \tag{2}$$

となる。クーポンをゼロとすれば，そのまま割引債のケースに該当する。

これまで，債券を満期日まで持ち続けることを念頭に置いて債券価格の決定を考えてきた。しかし，債券は途中売却することもできる。債券を途中で売却することを念頭に置いたとき，はたして債券価格の決定はどのようになるのだろうか。ここでその問いに答えてみよう。

図 6-4 の上段は，今期（0 期），価格 P_0 で債券を購入し，1 年後にクーポン

図 6-4　債券を途中売買するときのキャッシュフロー

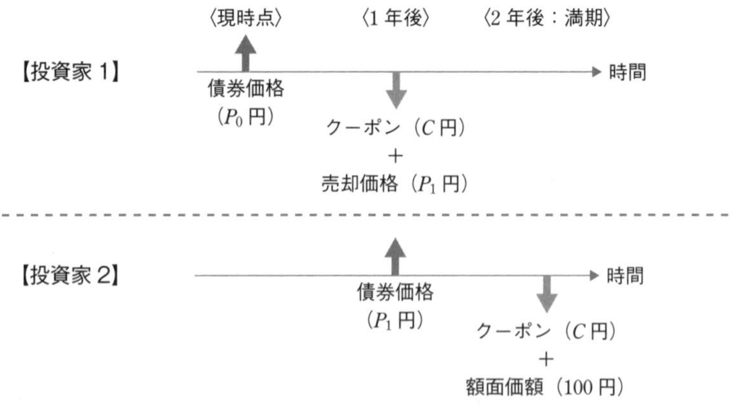

注：グレーの矢印は投資家の支払いを，水色の矢印は投資家の受け取りを表している。

を受け取ってから，価格 P_1 でこの債券を売却するときのキャッシュフローを表している。そして，今期，価格 P_0 で債券を購入して 1 年後に P_1 円で売却するときの裁定式は，

$$(1+r)P_0 = C + P_1 \tag{3}$$

で表される。

図 6-4 の下段は，1 年後に，投資家が P_1 円で債券を購入して，2 年後の満期日まで保有するときのキャッシュフローを表している。投資家が 1 年後に P_1 円で債券を購入して，満期日まで保有するときの裁定式は，

$$(1+r)P_1 = C + 100 \tag{4}$$

として表される。この式を変形すれば，

$$P_1 = \frac{C}{1+r} + \frac{100}{1+r} \tag{4'}$$

となり，1 年後の価格 P_1 は，満期日のクーポンと額面価額の割引現在価値に等しくなることがわかる。

式（4'）を式（3）に代入して P_1 を消去してみよう。すると，

$$(1+r)P_0 = C + \frac{C}{1+r} + \frac{100}{1+r}$$

となり，式（2）と等しくなる。つまり，債券価格は，満期日まで持ち続けても，途中で売却しても，同じ価格として算出される。

一般に，N 年後に満期日を迎える額面価額 100 円の利付債の現在の価格は，

$$P_0 = \frac{C}{1+r} + \frac{C}{(1+r)^2} + \cdots + \frac{C}{(1+r)^N} + \frac{100}{(1+r)^N} \tag{5}$$

と表される。N 年にわたってクーポンを受け取る利付債の場合も，債券価格は，クーポンや額面価額が高いほど高くなり，安全資産の利子率が高いほど低くなる。

■ 6.4 株価の決まり方

前節では，債券価格の決定について学んだ。この節では，株式の価格，つまり株価がどのように決まるかについて考えてみよう。株式を購入すれば，企業に生じる利益のなかから配当を受け取ることができる。この点で，毎期クーポンを受け取ることができる利付債と似ている。しかし，配当はクーポンと違って，あらかじめ額が決まっているわけではなく，企業の業績に応じて変動する。さらに，債券と異なって，株式には満期がなく，満期が来ると償還される額面価額というものが存在しない。言い換えれば，株式を保有していれば，企業が清算されない限り，いつまでも配当を受け取ることができるということでもある。

● 6.4.1 裁定式

現時点で株式を P_0 の価格で購入して，1 年後に配当 D_1 を，2 年後の配当 D_2 を，そして…，という流れで，配当を受け取るイメージは図 6-5 の通りである。

前節で，満期日まで持ち続けても，途中で売却しても，債券価格は同じ価格として算出されると述べた。株式についても同じようなことが予想され，投資家は，株式を P_0 円で購入し，1 年後に配当 D_1 を受け取った後，P_1 円で売却すると考えて話を進めよう。そうすると，株式からのキャッシュフローは図 6-6 のように簡単化できる。

なお，D_1 と P_1 円は，いずれも現在（0 時点）での期待値である。また安全資産の利子率を r とする。すると，株式を 1 年間運用したときの利得は，配当

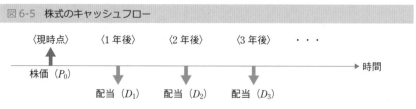

図 6-5 **株式のキャッシュフロー**

注：グレーの矢印は投資家の支払いを，水色の矢印は投資家の受け取りを表している。

図6-6　株式の途中売買のキャッシュフロー

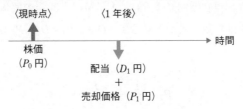

注：グレーの矢印は投資家の支払いを，水色の矢印は投資家の受け取りを表している。

と売却額（つまり，1年後の株価）の合計となり，$D_1 + P_1$ と表される。第5章で学んだように，配当がインカムゲインにあたり，価格の差 $(P_1 - P_0)$ がキャピタルゲインにあたる。一方，株式の購入額 P_0 に等しい額を安全資産で運用したときの利得の元利合計は $(1+r)P_0$ となる。株式と安全資産の間には裁定が働いて，価格差を利用してもはや利益を上げることができない状態となるように価格が調整されるので，裁定式は，

$$(1+r)P_0 = D_1 + P_1 \qquad (6)$$

と表される。右辺が株式を購入したときの利得を，左辺が費用（機会費用）を表しており，ちょうど等しくなっている。この式の両辺を $(1+r)$ で割ってみよう。すると，

$$P_0 = \frac{D_1}{1+r} + \frac{P_1}{1+r} \qquad (6')$$

となり，現在の株価 P_0 は，1年後の配当の割引現在価値（右辺の第1項）と，1年後の株価 P_1 の割引現在価値（右辺の第2項）の和で表される。債券価格の場合と決定的に違うのは，1年後の株価（債券の場合であったなら額面価額）が決まっていないということである。そして，この式の意味するところは，現在の株価 P_0 を知るためには，1年後の株価 P_1 を知る必要があるということである。

　では，1年後の株価 P_1 はどのようにすればわかるのだろうか？ 1年後の株価を知りたければ，1年後もまた裁定の関係は成立するという性質を利用すれ

6.4　株価の決まり方 ● 103

ばよい。1年後に株式を P_1 円で購入し，2年後に配当 D_2 を受け取り，P_2 円で売却するとしよう。現在と同じように，1年後にも裁定の関係は成立すると予想できるので，やはり裁定式が成立して，$(1+r)P_1 = D_2 + P_2$ が成り立ち，1年後の株価は，

$$P_1 = \frac{D_2}{1+r} + \frac{P_2}{1+r} \tag{7}$$

と表される。1年後の株価 P_1 は，配当 D_2 の割引現在価値と，2年後の株価 P_2 の割引現在価値の足し算で表される。

　さて，式 (6′) で，1年後の株価 P_1 が厄介な存在であったから，式 (7) を式 (6′) に代入して P_1 を消去してみよう。すると，

$$P_0 = \frac{D_1}{1+r} + \frac{1}{1+r}\left(\frac{D_2}{1+r} + \frac{P_2}{1+r}\right) = \frac{D_1}{1+r} + \frac{D_2}{(1+r)^2} + \frac{P_2}{(1+r)^2}$$

となる。すると，現在の株価 P_0 を知るためには，1年後の株価 P_1 を知る必要はなくなったが，今度は2年後の株価 P_2 を知る必要があるということになってしまった。では，2年後の株価を知るためには，…，というプロセスを延々と T 期先まで繰り返すと，

$$P_0 = \frac{D_1}{1+r} + \frac{D_2}{(1+r)^2} + \cdots + \frac{D_T}{(1+r)^T} + \frac{P_T}{(1+r)^T} \tag{8}$$

となる。現在の株価 P_0 は，1期から T 期までの配当の割引現在価値と T 期先の株価の割引現在価値の和として表される。つまり，どこまで繰り返しても，遠い将来の株価の項は残ってしまうので，この先，このプロセスを繰り返しても問題は解決しないことに気がつくであろう。

　しかしながら，この式を眺めてみると，なんとなく式の意味するところがみえてくる。今期の株価は，将来にわたって配当を受け取ることで得られる価値（これを株価の本質的価値あるいはファンダメンタルズと呼ぶ）と遠い将来の株価の割引現在価値の和として表すことができる。式を言葉で表し直すと，

現在の株価＝本質的価値＋遠い将来の株価の割引現在価値

と表現される。

● 6.4.2　株価の本質的価値

さて，ここで導出した式は少し複雑なので，少し仮定を置いて使いやすいようにしよう。これまで T 期を"将来"の特定のある時点，例えば，10年後や20年後，30年後といったかたちで表してきたが，会社が清算されない限り，株式を保有していれば，いつまでも配当を受け取ることができるので，この T 期は"ずっとずっと先の将来"ということになり，数学的に表現すれば"無限大"ということになる。

話の見通しをよくするために，さらに2つの大胆な仮定を置く。まず，将来の無限先まで配当額を一定の額 D，つまり $D_1 = D_2 = \cdots = D_T = D$ としよう。株式の性質上，企業の業績に応じて毎期，配当は変動すると考えるのが自然であるが，計算をしやすくするための便宜である。次に，"遠い将来の株価の割引現在価値"なんて誰もまじめに予想することはできないのだから，やや乱暴ではあるが，この値を仮にゼロと置いてしまう[4]。すると，無限級数の和という数列の計算テクニックを用いることができ，

$$P_0 = \frac{D}{1+r} + \frac{D}{(1+r)^2} + \cdots + \frac{D}{(1+r)^T} + \cdots = \frac{D}{r} \tag{9}$$

と，株価はとても単純なかたちで表現される。つまり，株価の本質的価値は，配当を利子率で割った値で表現される[5]。すると，企業の業績が好調で配当が上昇すれば株価は上昇し，利子率 r が上昇すれば，株価は下落することが容易にわかる。

無限級数の和という数列の計算テクニックをよく知らなくても，裁定式から

4　この仮定の意味するところは，第13章で詳しく述べる。

5　数列の計算テクニックに基づいて式（9）を導き出したい人は，等比数列の公式を使って計算することをおすすめする。この場合，初項を $\frac{D}{1+r}$，公比を $\frac{1}{1+r}$ とする等比数列であると考えればよい。

この式を導き出すこともできる。実のところ、配当 D と利子率 r が時間を通じて一定であれば、裏技を使うことができる。株価も一定の値になるに違いないと勝手に予想して、式（6）の裁定式に、$P_0 = P_1$ を代入してみればよい。すると、式を整理すれば、式（9）と全く同じ式が導かれる。

　式（9）では、配当 D や利子率 r は時間を通じて一定であると仮定して計算してきたが、それは分析の単純化のためである。現実には配当や利子率は時間を通じて変化すると考えるのが自然である。例えば、景気が好転する見通しのあるとき、現在の利子率は低くても将来のどこかで利子率は上昇するだろうと予想するのが一般的である。また、企業というのは常に成長を目指して規模拡大を目指す組織であり、成長とともに利益や配当もまた増えるだろうと考えるのが自然である。

　そこで企業が成長して配当もまた増加するケースについて考えてみよう。ある企業の売り上げが毎年 g の率で増加し、配当もまた同じ率で増えていくとしよう。つまり、1年後の配当が D であったのが、2年後には $D(1+g)$、3年後には $D(1+g)^2$、4年後には $D(1+g)^3$ といったペースで増えていくとしよう。すると企業の株価の本質的価値は、

$$P_0 = \frac{D}{1+r} + \frac{D(1+g)}{(1+r)^2} + \cdots + \frac{D(1+g)^{T-1}}{(1+r)^T} + \cdots = \frac{D}{r-g} \qquad (10)$$

と導かれる。なおここで $r > g$ が成り立つと仮定する[6]。この式の意味するところは、成長予想の異なる2つの企業を比較した場合、1年後に支払われる配当額が同じ D であっても、高い成長が見込める（つまり g が大きい）企業のほうが、成長の期待できない（つまり g が小さい）企業よりも現在の株価は高くなるということである。成長が期待される企業ほど将来の配当額が大きくなり、投資家が受け取れる収益の総額が大きくなると予想されるからである。成長の効果は、分母の項 $(r-g)$ が示すように、あたかも利子率が成長率の分だけ低くなるかのように表される。

6　$r > g$ でなければ、株価はマイナスの値となってしまうので、暗黙の裡に、利子率が成長率よりも大きいことを仮定している。

■ 6.5 効率的市場仮説という考え方

　前節までで，証券の本質的価値がどのように決まるかを考察した。この節で
は，多数の売り手と買い手が存在する市場において，需要と供給を一致させる
プロセスを通じて，価格が本質的価値に等しくなるように調整されるかどうか
をみていく。

　ある企業の株式を考えよう。仮に，市場で実現している価格が本質的価値よ
りも低かったとしよう。これは，本質的価値で評価した価格よりも"安い"価格
で，つまり割安に売買されていることを意味する。割安に売買されていると判
断した投資家は，この株式を購入してもよいと考えるだろう。この株式をすで
に保有している投資家も，割安な価格で売買されている株式はいずれ値上がり
するだろうと予想するので，この株式を手放そうとはしないし，さらには買い
増すかもしれない。すると，株式への需要は増え，株価は上昇し，本質的価値
に等しいところに近づいていくことになる。

　逆に，市場で実現している株価が本質的価値よりも高かったとしよう。これ
は，この株式の本質的価値で評価した価格よりも"高い"価格で，つまり割高に
売買されていることを意味する。割高に売買されていると判断した投資家は，
この株式を購入しないであろう。また，この株式をすでに保有している投資家
は，本質的価値に比べて割高な価格で売買されているこの株式を手放そうとす
るだろう。すると，株式の供給が増え，株価は下落し，本質的価値に等しい価
格に近づいていくことになる。

　つまり，投資家は，収益の将来予想や利子率などの情報をもとに計算された
本質的価値を予想し，市場で売買されている価格が割安だと思えば買い，割高
だと思えば売る。このように，実際に市場で成立している価格が本質的価値と
異なるとき，売買を通じて価格が変化し，最終的には，価格は本質的価値に等
しいところに接近していく。

　さて，この価格調整メカニズムが働くのにどれほどの時間がかかるだろうか。
2-3日くらいだろうか。それとももっと短く，数時間だろうか。実は，金融市
場はそんな悠長な場所ではない。

利用可能なすべての情報を正しく反映するように価格が形成されるとき，その市場は効率的市場と呼ばれる。そして，株式市場が効率的市場であるならば，情報は"ほぼ瞬時"に株価に織り込まれ，価格はその本質的価値に等しくなるはずである。市場に対するこのような考え方は効率的市場仮説（Efficient Market Hypothesis）と呼ばれる[7]。

　ここで，"利用可能なすべての情報"という表現における"すべての情報"とは，どこまでを含むのであろうか。これまでの企業の業績など過去の情報や，利子率や景気などの見通しについての情報は当然含まれる。一般の投資家が容易に知りえる情報は"利用可能なすべての情報"に含まれると考えてよい。しかし，株価には影響を与えそうだけれども，すべての投資家が容易には知ることは難しい情報もあるだろう。

　特に，一部の投資家のみが私的に知りえた情報をどのように考えたらよいのであろうか。私的な情報は，はたして市場が"利用可能なすべての情報"に含まれるのであろうか，それとも含まれないのであろうか？　例を挙げて考えてみよう。

　投資家Ｂと投資家Ｓという２人の投資家が，ある企業の株式を１株ずつ保有しているとしよう。彼らはこの企業の将来に明るい見通しを抱いている。市場ではこの明るい見通しを反映した株価がついているので，もちろんこの段階では，お互いに株式を売買するインセンティブはない。この状態を出発点としよう。そのうち，投資家Ｓが独自に調査した結果，実はこの企業の将来は暗いという私的な情報を入手したとしよう。例えば，この企業の社長の放蕩息子が後継者に決まったという情報を投資家Ｓが独自の人間関係のネットワークから入手したと考えればよい。ただし，投資家Ｂはこの事実を知らない。投資家Ｓは，この情報が明るみになれば，いずれ株価は値下がりするだろうと危惧し，株価が"割高"のうちに売り抜けようと思って，投資家Ｂに株式を売りたいと相談を持ちかけた。はたして，投資家Ｓは"割高な"価格で株式を売り抜けることができるだろうか。

　結論を先取りすれば，投資家Ｂが合理的であれば，株式を売り抜けること

7　ファーマ（Eugene F. Fama）は効率的市場仮説を提唱した功績で，2013年にノーベル経済学賞を受賞している。

はできない。たとえ私的に得た情報であったとしても，売却しようという行為それ自体が，実は株価の下落を示唆するシグナルを入手したことを市場に暴露しているからである。売却の申し出を受けた投資家Bは，投資家Sが何か企業の将来にとって好ましくない情報を入手したに違いないと推測するだろう。割高な価格で買うはめになることを恐れた投資家Bは，投資家Sに値下げを迫る。その交渉はシグナルを反映した価格に下がるまで続くだろうから，結局のところ，投資家Sは割高なうちに株式を売り抜けることはできなくなってしまうのである。効率的市場が成立する世界では，価格は私的なシグナルにすら反応するので，売り抜けることができないという結論に達する。

効率的市場が想定する世界では，私的に知りえた情報もまた"利用可能なすべての情報"に含まれると考える。私的に知りえた情報を使って取引を行おうとしても，その行為自体が情報を市場に発信するシグナルとなり，情報が市場にばれてしまうからである。

このように，効率的市場仮説が成立すれば，市場価格は瞬時にその株式の本質的価値に等しくなる。

■ 6.6　証券価格の変動要因

証券価格を変化させる要因は，いくつか考えることができる。この節で整理しておこう。

まず，その証券から得られるキャッシュフローの期待値の変化が証券価格に影響を及ぼすことは，今までの説明から明らかであろう。債券であれば，額面価額やクーポンが約束通りに支払われるかどうかに関する期待の変化が債券価格に影響を与える。債券を発行する企業の信用が低下し，デフォルトリスクが上昇すれば，債券価格は下落する。株式であれば，将来の配当に関する期待の変化が株価に影響を与える。企業の業績の悪化が予想されれば，配当予想も下方に修正され，株価は下落する。

キャッシュフローに影響を与える要因はさまざまである。災害や紛争といった地政学的リスク（例えば，外国による輸入規制）や政策リスク（例えば，

事業の許認可制度の変更）はキャッシュフローに影響を与える。これらのリスクは総じてカントリーリスクと呼ばれる。また為替レートの変動によって生じる為替リスクは，キャッシュフローに影響を与える。外貨建てで輸出する場合，為替レートの変化は，円建てで評価された企業業績に影響を与え，株価に影響を与える。

　利子率の変化もまた証券価格に影響を与える。現在の利子率が変わらなくても，将来，利子率が上昇することが予想されれば，予想された時点で証券価格は下落する。利子率の変化で証券価格が変化するリスクを金利リスクと呼ぶ。満期が長いほど，利子率の変化は証券の価格により大きな影響を及ぼす。ただし，株式の場合，利子率が上昇する局面では経済が好況であることが多いため，配当もまた増える可能性が高く，金利リスクの影響はそれほど大きくないかもしれない。

　そのほかにも証券価格に影響を及ぼす要因がある。価格が需要と供給を一致させるように決まる市場の世界は，暗黙の裡に取引量が潤沢であることを念頭に置いている。しかし，何らかの理由で取引量が極端に少なくなるような場合，手持ちの証券を換金しようとしてもすぐに売れなかったり，希望した価格で売れなかったりする可能性がある。これは流動性リスクと呼ばれる。金融危機が起きるときにみられる一般的な現象であり，多くの投資家が一斉に証券を売ろうとする際に買い手がつかず，証券価格が暴落する可能性がある。株式市場や債券市場など，金融市場に生じるリスクを総じて市場リスク（マーケットリスク）と呼ぶ。金利リスクや流動性リスクは市場リスクの代表的な例である。

　インフレも証券価格に影響を与える。債券の場合，額面価額やクーポンの額は，通常，名目値で決まっている。そのため，インフレが発生した場合に，受け取るキャッシュフローの実質額が低下する。これがインフレリスクである。インフレ率に応じて支払われるキャッシュフローの額を変動させるインフレ連動債という債券も存在しており，この場合は，インフレリスクを除去されている。株式の場合は，インフレが生じている場合，企業の収益や配当の名目値もまた増加する傾向にあるので，株式は債券ほどにはインフレリスクを受けない[8]。

■ 6.7 PER と配当利回り

　株式市場には，いくつか収益性を表す指標がある。例えば，インターネットを使った株式取引のサイトには，各株式の欄には必ず PER と配当利回りが記載されている。いずれも株式投資をするときの重要な目安となる指標なので，ここで少し説明を加えよう。

　PER（Price Earnings Ratio）は，現在の株価が 1 株あたりの純利益の何倍にあたるかを表している[9]。一般には，PER が高いと株価が割高だとされ，PER が低いと割安であるという言い方がされる。しかし，PER の値から割高か割安かを言い切れるのだろうか。効率的市場仮説が成り立っていることを前提に，少しばかり考えてみよう。

　1 株あたりの純利益と配当の間には一般に比例関係があるので，ある一定の値 k のもとで

$$\text{配当}\ (D) = k \times 1\ \text{株あたりの純利益}$$

と表すことができる。ここで，k は純利益のうちどれだけが配当として支払われたかを示しており，配当性向（＝配当／純利益）と呼ばれる。この関係を利用すると，

$$PER = \frac{P_0}{D/k}$$

と表される。そして純利益（D/k）に比して株価（P_0）が高いと PER は高く，純利益に比して株価が低いと PER は低い値をとる。

　企業成長を考慮したときの株価の本質的価値を決める式（10）を，上記の PER の式に代入すると，

8　株式の場合には，企業が新株発行を行うことで，1 株あたりの権利が希薄化してしまい，株価が下落するというリスクもある。

9　PER は "株価収益率" と訳されることが多いが，むしろ "株価収益比率" という訳語のほうが，その意味をより適切に理解できると思われる。

$$\text{PER} = \frac{1}{(r-g)/k}$$

と書き換えることができる。すると，成長予想の高い企業ほど PER の値が高いということがわかる。つまり，PER が高いからといって必ずしも株価が割高なのではなくて，高い成長予想を反映して PER が高い値を示していることがわかる。現実に，高い成長率が見込める企業の株式は「グロース株」と呼ばれ，PER が高い傾向にある。例えば，利子率 r を 0.05，配当性向 k を 0.5 としよう。成長予想が 1%（つまり $g = 0.01$）の企業の PER は 12.5 である。一方，成長予想が 3%（つまり $g = 0.03$）の企業の PER は 25 と高くなる。

次に配当利回りについてみよう。配当利回りとは，1 年間に受け取る配当を株価で割った値である。具体的には，

$$\text{配当利回り} = \frac{D}{P_0}$$

と表される。この値が大きいほど，株価に比べて支払われる配当が高く，安定した収益を稼ぐことができると期待される。株価の上昇よりも配当収入を安定的に目指したい投資家にとって魅力的な指標といえる。

ここで，やはり，株価の本質的価値を決める式（10）を，配当利回りの式に代入して，

$$\text{配当利回り} = r - g$$

と書き換えてみよう。右辺の成長率の項（g）にはマイナスの符号がついているので，成長予想が高い企業ほど，配当利回りが低くなる傾向があることを表している。つまり，配当利回りの高い企業は，将来の成長があまり期待されていないことを示唆している。配当率の高い株式は"高配当株"と株式情報誌などで推奨されるが，成長の見込みを考慮して，この指標の意味を考える必要があるのである。

■ 6.8 株価指数

　個別の財やサービスの価格の全体としての動きを捉えた指標として物価指数があるように，個々の株価の全体としての動きを捉えた指標として，株価指数が存在する。物価指数がある時点の物価水準を基準にして増減を捉えることができるのと同様に，株価指数もまた，ある時点の株価を基準にして増減を捉えることができる。

　上場企業全体の株価の動きを反映したものや，一部の業種などを対象にした株価指数も作られている。日本では，全体の動きを反映した有名な株価指数として，日経平均株価（日経225）とTOPIX（東証株価指数）がある[10]。海外では，米国の市場全体の動きを捉えた500銘柄から構成されているS&P500，ニューヨーク証券取引所に上場している企業を対象に作成されているNYダウ，米国の新興企業向けの株式市場であるNASDAQの株価指数であるナスダック総合指数があり，また，ロンドンではETSE100指数，香港では香港ハンセン株価指数などがある。このように，それぞれの証券市場で株価指数が公表されている。

　株価は，投資家などの市場参加者の期待をもとにした企業業績の見通しを反映している。よって，株価指数の推移は，株式市場の全体的な見通しを反映しているといえる。

◆ ま と め

　この章では，株式や債券など証券の価格がどのように決まるのかを学んだ。株式ならば配当，債券ならば額面価額やクーポンで決まる将来価値をもとに計算される証券の本質的価値というものがあり，市場はこれらの情報をどのよう

10　日経平均株価は，東京証券取引所のプライム市場に上場する225銘柄を選んで作成された指数である。一方，TOPIXは，2022年4月に東京証券取引所が市場区分を新しくする以前は，東証第一部と呼ばれる市場区分に上場する企業すべてを対象にして計算されていたが，市場区分の移行を契機に，TOPIX自体も市場区分から切り離して作成される方向で，2025年1月をめどに段階的に見直しが進められている。

に価格に織り込んでいくのかを学んだ。市場というものの重要性を少しは学べたのではないかと思う。

第 7 章

証券の工夫

　現代の金融市場においては，投資家のニーズに応えるために，金融の技術や知識を利用して，さまざまな金融商品が設計されている。本章では，新たな金融商品が生み出されるに至る工夫について述べる。投資信託商品や証券化商品はその代表的なものである。

■7.1　優先劣後関係

　証券を大雑把に分けると，債券と株式という 2 種類の証券が存在する。これら 2 種類の証券にはいくつかの違いがあるが，多くの人が最も印象として持っているのは，債券は安全性の高い資産であり，株式はリスク性の高い資産であるということであろう。そしてその安全性あるいはリスク性の違いに大きく関係しているのが，ここで述べる優先劣後関係という考え方である。以下，話を進めよう。

　今，ある企業が事業を実施しようとしている。資金を調達するために，投資家 A と投資家 B という 2 人の投資家に証券を発行する。この証券を保有する投資家は，1 年後にはそれぞれ 50 万円を受け取ることができる約束となっている。ただし，この証券にはデフォルトリスクが存在する，つまり約束通りに

50 万円の支払いを受け取ることができない可能性がある。

　事業が 100 万円以上の収益を生み出せば，2 人の投資家は 50 万円ずつ受け取ることができる。しかし，事業の収益が 100 万円を下回った場合，どうなるであろうか。収益が 100 万円に不足するので，50 万円ずつを支払う約束を果たせない。債務不履行である。例えば，事業が 80 万円しか収益を生み出さなかったとき，2 人への支払いは 40 万円ずつとなり，約束された 50 万円に達しない。

　約束通りに支払われないことに対して，投資家は不満を述べる。投資家 A は，業績が不調だったことに理解を示さず，約束通りに支払ってほしいと一点張りである。今後こうしたことがあるなら，資金を提供することをお断りすると相当の剣幕である。一方，投資家 B は，業績がたまたま不調だったのだからやむを得ないと鷹揚な態度を示している。2 人の投資家の間で不満の程度に温度差があるようだ。

　何か良い解決法はないのだろうか。実は，証券の発行条件を工夫することによってこの問題を解決することができる。

　投資家 A が保持する証券に，返済の優先権を与えるとしよう。事業が 100 万円以上の収益を稼げば，投資家は 50 万円ずつ受け取ることができるので，優先権の問題は発生しない。しかし，事業が 80 万円しか収益を生み出さなかった場合，投資家 A の証券は，支払いの優先権を与えられているので，投資家 A は約束通り 50 万円を受け取ることができる。投資家 B は残りの 30 万円を受け取る。この場合，投資家 A の証券は投資家 B の証券に対して"優先する"と表現され，投資家 B の証券は投資家 A の証券に対して"劣後する"と表現される。

　投資家 B のように，残った資産を分配される投資家は残余請求権者となる。このように，支払いに関して優先劣後関係を設定した証券を発行することによって，企業はよりスムーズな資金調達をすることができる[1]。

　支払いが劣後する証券は，優先する証券に比べて投資家にとって魅力がない

1　ただし，企業の収益が 50 万円を下回ると，支払いに優先権のある証券を持つ投資家も約束通り支払いを受けることができない。例えば，事業が 40 万円しか稼げない場合，投資家 A が 40 万円を受け取り，投資家 B は一切支払いを受けないことになる。

ようにみえるかもしれない。しかし，支払いが劣後する証券は，事業の収益が高かったとき（つまり，事業が100万円を十分に超える額を稼いだとき），受取額が高くなるように支払い条件を設定すれば，十分に魅力的な証券になる。ここにおいて，リスクに応じたリターンの設定（ハイリスク・ハイリターン／ローリスク・ローリターンの関係）の考え方が活かされている。

　こうしてみてくると，投資家Aに発行された証券は債券の性質を備えており，投資家Bに発行された証券は株式の性質を備えていることに気づくであろう。債券と株式の間には，受取額に関して優先劣後関係が存在しており，債券は株式よりも優先される。企業が業績不振に陥り，デフォルトの状態に陥ると，まず債券への支払いが優先され，株式への支払いは後回しにされる。対照的に，企業の業績が好調になると，株式の受取額は業績とともに増える。一方，債券への支払いは一定のまま据え置かれる。優先劣後関係という考え方は，リスクを回避したい投資家は債券を保有し，リスクを許容できる投資家は株式を保有するといったように，投資家のリスク許容度の違いに応じて，金融商品の選択ができる機会を提供することになる。

　優先劣後の関係が，債券と株式の中間に位置する金融商品もあり，これらはメザニンと呼ばれる[2]。例えば，優先株や劣後債を挙げることができる。優先株は，配当の支払いや残余財産の分配が，債券には劣後するが，通常の株式（優先株に対比して普通株と呼ばれる）には優先する株式である。劣後債は，通常の債券に比べて返済順位が低かったり，デフォルト時の分配が後回しにされたりするけれども，その代わり利子率や利回りが高く設定される債券である。このように，優先劣後関係を利用してさまざまなリスクとリターンの組み合わせの金融商品を提供することができる。

■7.2　債券と株式のハイブリッド

　債券は，デフォルトしない限りは，受け取れるクーポン（つまり，利子）は

2　メザニンとは，元々は“中二階”という意味である。

一定であるのに対して，株式は業績に応じて配当もまた変動する。そして，キャッシュフローの受け取りは，債券は株式よりも優先する。優先劣後関係における債券と株式の違いを利用して，債券と株式の両方の性質を備えたハイブリッド型の証券が存在する。代表的な例が，転換社債型新株予約権付社債とワラント債である。

　転換社債型新株予約権付社債（Convertible Bond; CB, いわゆる転換社債）は，将来のどこかで株式に転換できる社債である。転換社債の場合，将来，発行会社の株価が上昇すれば，あらかじめ決められた転換価格で株式に転換できるため，値上がり益を得ることができる。反対に，株価が上昇しなければ，社債のまま保有することで償還まで一定のクーポン（利子）と償還金が得られる。転換社債は，株式に転換したときのキャピタルゲインを得る可能性がある点で，通常の社債よりも高い収益性を期待できる。また，転換社債それ自体の価格は，株価と連動して変動するので，キャピタルゲインを狙うこともできる。このように選択権があることから，転換社債は，第8章で説明するデリバティブ取引のオプションの一種だといえる。

　ワラント債は，発行会社が発行する新株を，あらかじめ決められた価格（行使価格）で買える新株引受権（この権利を「ワラント」と呼ぶ）のついた社債である。転換社債は，転換権を行使すると社債が株式に変わるが，ワラント債は社債を保有したまま別途株式を購入する点で違いがある[3]。ワラント債のメリットは，企業が将来的に成長すると期待されるとき，その企業の株式を割安で手に入れることができる点にある。そのため，発行主体である企業は，普通社債よりも割安な利回りを提示することで資金調達できる。一方，予想と違って企業が成長せず，株価が上昇しなければ，投資家は権利を行使することができず，低い利子と償還金を受け取ることになる。

　転換社債とワラント債のいずれも，発行主体である企業は，債券というかたちで投資家に利子（クーポン）と償還金という比較的安定したキャッシュフローを約束し，成長した暁にはその果実を投資家が受け取れるように組成され

3　ワラント債は，社債部分とワラント部分を分離して販売することのできない「非分離型」と，社債部分とワラント部分を別々に流通させることができる「分離型」の2種類があり，分離型が一般的となっている。

た金融商品といえる。

■7.3 投資信託

　ハイブリッド型の証券は，1つの証券のなかに株式と債券の長所を盛り込んだ証券を組成しようという考え方に立っている。一方，投資信託商品のように複数の証券を組み合わせることによって新たな証券を組成しようという考え方もある。

　そもそも信託とは，財産を第三者に託して，運用や管理をしてもらうことをいう。運用や管理にともなう手続きや判断を，個々の契約によらずに第三者に包括的に委託するのである。信託する人を委託者，信託される人を受託者と呼び，委託者と受託者の間で結ばれる契約が信託契約である（図7-1）。受託者は信託銀行であることが多い。委託される財産は，金融資産や不動産など多岐にわたる。このように，信託契約は，自身の資産運用を代理で行ってもらうための契約といえる。財産の運用や管理による成果を受け取る人を受益者と呼ぶ。

　投資信託は，受託者が投資家からの資金を集めて特定の資産に対する投資をして運用し，その成果を受益者である投資家に分配する仕組みである。投資信託は，すでに発行されている複数の証券を金融機関が購入し，それらの資産をもとに新たに投資信託商品を組成する。投資信託商品では，もとの資産から得られるキャッシュフローを受け取る権利を分割して証券にし，投資家に販売す

図 7-1　信託契約の仕組み

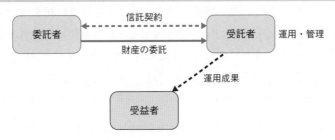

注：委託者と受益者は，異なる主体である場合もあれば，同一主体である場合もある。

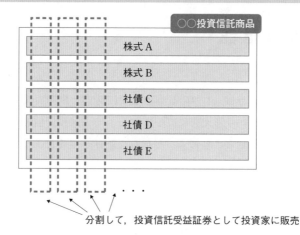

図7-2 投資信託商品の組成のイメージ

○○投資信託商品

| 株式A |
| 株式B |
| 社債C |
| 社債D |
| 社債E |

分割して，投資信託受益証券として投資家に販売

る。分割して販売される証券は，投資信託からの運用成果を受け取る証券という意味で投資信託受益証券と呼ばれる[4]。図7-2はその組成と投資家への分割のイメージを表している。投資信託受益証券は投資家間で容易に売買できるように設計されており，流動性が高い。

投資信託商品は，複数の資産を1つのバスケットに入れることで個々の資産の持つリスクを打ち消しあう効果がある。特定の投資信託商品を購入することは，1つの投資信託商品のなかで分散投資していることになる。株式よりリスクが低く，しかしながら銀行預金よりも平均的に高い収益を確保することができる。そして，小口資金で購入でき，ある程度の流動性が確保されている。

投資信託では，複数の金融機関がそれぞれの役割を担ってはじめて1つの投資信託商品が完成する。契約型投資信託と呼ばれる投資信託を例に，図7-3を使ってその構造をみてみよう[5]。委託者となる金融機関は投資信託委託会社（つまり運用会社）であり，受託者は信託銀行である[6]。まず，運用会社が信託

4　一つ一つの投資信託商品は，ファンドと呼ばれることもある。ファンドは，元来「基金」や「資金」といった意味だが，資産運用のための金融商品やそのような商品を運用する会社を表す言葉としても使われている。

5　より厳密にいえば，ここでの説明は，契約型投資信託のなかでも，委託者指図型投資信託と呼ばれるものを指している。

図7-3 投資信託（契約型）の仕組み

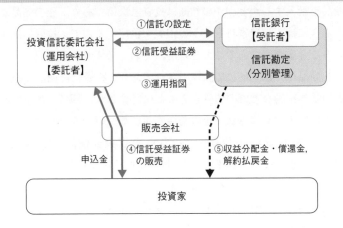

の設定，つまり，どのような証券を投資信託商品に組み入れるかの商品設計を行う（①）。信託銀行は，運用会社の商品設計に基づいて，商品を組成して，投資信託受益証券を発行する（②）。そのうえで，運用会社は，信託銀行に運用の指図をする（③）。なお，信託銀行は，投資信託商品を他の資産から分離して信託勘定を設け，分別管理をする。販売会社は，信託銀行によって発行された投資信託受益証券を投資家に販売する（④）。信託銀行は，運用成果を分配金や償還金というかたちで投資家に分配する（⑤）。

　投資信託は，運用方針によってアクティブ運用とインデックス運用に大別される。アクティブ運用は，運用会社が自社の分析能力を生かして市場での平均以上の収益率を目指すように組成された投資信託商品である[7]。インデックス運用（あるいはパッシブ運用とも呼ばれる）は，株価指数の動きを再現するように組成された投資信託商品である。こうした運用をする商品は，インデック

6　投資信託委託会社は，あまりなじみがないかもしれないが，○○投資信託会社とか××アセットマネジメントといった名称を名乗っている金融会社が該当する。個別の投資信託商品の目論見書には，どの金融機関が委託者であり，どの金融機関が受託者であるかが記載されている。

7　ESG 投資のように，収益率以外の要素を積極的に評価する運用もまたアクティブ運用である。ESG 投資は，企業の財務情報だけでなく，E（環境；Environment），S（社会；Social），G（企業統治；Governance）への貢献を考慮に入れた投資である。

ス型投資信託商品と呼ばれる。なお，専門家の知識が活かされるとはいえ，投資信託商品を購入するかどうかの判断は投資家次第であり，その商品から損失が生じた場合には，投資家自身がその損失を負担するので，投資信託商品はリスク性のある金融資産であることを理解しておく必要がある。

投資信託商品は，基本的に店頭取引されており，投資信託商品に組み入れられた証券の証券市場などでの値動きをもとに計算される価格（基準価額といわれる）が1日に1回計算され，その基準価額に基づいて取引がされる。一方で，上場されている投資信託もあり，それは上場投資信託（Exchange-Traded Fund; ETF）と呼ばれる。ETFでは，上場された株式の株価と同様に，マーケットの需給に応じてリアルタイムに価格が決定される。

投資信託商品には，金融商品をもとに設計されるだけではなく，地代や家賃，テナント料など不動産から得られる収益をベースにして開発されることもあり，不動産投資信託（Real Estate Investment Trust; REIT）と呼ばれる。不動産投資信託の場合，投資法人が設立されるかたちで商品が組成されるものがあり，そうした投資法人が設立される投資信託は，契約型投資信託とは区別されて，会社型投資信託と呼ばれている。投資法人が委託者であり，資産の保管，資産の運用，一般事務に関してそれぞれ委託する。会社型投資信託では，投資家は投資法人が発行する投資証券に対して出資するというかたちをとる。日本のREITのうち，上場されているものはJ-REITと呼ばれており，J-REITはすべて会社型投資信託のかたちをとっている。

■ 7.4 証券化

● 7.4.1 証券化とは

証券化（Securitization）とは何か，抽象的に述べるならば，「原資産から生じるキャッシュフローを裏付けとして，流動性が高い金融商品を発行する技術や行為」ということになる。原資産とは，金融商品や不動産など将来の収益が期待できる資産である。なぜ原資産を直接売買するのではなく，わざわざそのキャッシュフローを裏付けとした新たな金融商品をつくろうとするのであろう

か。

　一般に，原資産をそのまま売却しようとしてもまとまった金額を支払うことのできる買い手を見つけるのは簡単ではないことが多い。すると，買い手が購入しやすいように小口化すればよいと考えがちである。例えば，土地を売却しようとする場合，その土地を小分けに分割してしまうと，土地利用は制約を受け，その価値は大きく低下してしまう。まとまった広さのある土地をそのまま売るのが望ましいが，広い土地を購入できる買い手を見つけるのは難しい。そこで，土地が生み出す収益を受け取る権利を小口にして売却する，つまり，資産そのものを取引するのではなく資産が生み出すキャッシュフローを取引するという考え方が生まれた。

● 7.4.2　証券化によるリスク分散

　証券化の仕組みは，米国における住宅ローン担保証券を流動化させるかたちで発展したので，住宅ローン債権を例に考えてみよう。ある金融機関がある個人に対して住宅ローンを提供して，20年後に1000万円を返済してもらう約束で貸し付けたとしよう。この取引においては，金融機関と住宅ローンを借りた個人の間の債権債務関係は20年間続く。金融機関は，20年後に1000万円の返済を受ける権利を保有するとともに，デフォルトリスクも20年間抱え込むことになる。

　ここで「20年後に1000万円を受け取れる」額面価額が1000万円の債権を途中で売却できる可能性を考えてみよう。もし売却できるなら，金融機関は保有する債権を早期に現金化することができ，かつデフォルトリスクからも解放される。このように資産を売却して貸借対照表から切り離すことをオフバランス化という。

　住宅ローンの借り手の資産内容を調べた結果，デフォルトリスクが4%であることがわかったとしよう。返済される可能性は96%であり，貸出金回収の期待値を計算すれば960万円（＝1000万円×0.96）となる。すると，額面価額が1000万円の住宅ローン債権の価値はデフォルトリスクのために割り引かれて，せいぜい期待値の960万円でしか売れないということになる。

　では，この債権は960万円で売れるだろうか。リスク中立的な投資家ならば，

金融資産の価値を期待値で評価するので，貸出金回収の期待値に等しい 960 万円で貸出債権を購入してもよいと考えるだろう。しかし，リスク発生による損失を重視するリスク回避的な投資家は，金融資産の価値を期待値だけでは評価しない。4％の確率で 1 銭も手に入らないリスクを重く考えた投資家は，期待値が 960 万円の住宅ローン債権を，960 万円を下回る価格，例えば 940 万円くらいでしか買おうとしない[8]。別な言い方をすれば，リスク中立的な投資家は，住宅ローン債権に対して 4.2％（つまり，$1000/960 - 1 \fallingdotseq 0.042$）の利回りを要求するのに対して，リスク回避的な投資家は，6.4％（つまり，$1000/940 - 1 \fallingdotseq 0.064$）とより高い利回りを要求していることになる。

　金融機関は一考を図る。ローン債権をそのまま 1 件 1 件売るのではなく，大量のローン債権をまとめて束にして新たな金融商品を組成し，それを小口に分割して投資家に販売してはどうか。基本にある考え方は投資信託商品と似ている。

　大量のローン債権を束にして新たな金融商品をつくれば，デフォルトリスクを「大数の法則」によって予測することができ，投資家に対して相対的に安定した分配金を支払えることに気がついたのである。例えば，100 件の住宅ローンがあれば，大数の法則が働いて，1 件あたりのローン債権の平均値にローン件数をかけた値の 9 億 6000 万円に近い回収額を銀行は期待することができる。上限は 9 億 8000 万円で下限は 9 億 4000 万円あたりであろう。この 100 件の住宅ローンを担保に新しい証券をつくって，100 等分に分割して証券化商品として売れば，その証券の最終的な価値は最大で 980 万，最小で 940 万円となり，リスクの分散は大幅に縮小することになる。平均的な価値は 960 万円と変化しないので，投資家は 950 万円くらいなら買ってもよいと思うようになる。つまり割り引かれたリスク料が 20 万円から 10 万円に減少するため，差額の 10 万円が証券化の利益ということになる。

　大数の法則を使えば，個別の資産のリスクは変わらなくても，投資家の直面

8　リスク回避的な投資家は，100％の確率で 960 万円を手に入れる債権と，96％の確率で 1000 万円を手に入れる債権を，同じ価値では評価しない。100％の確率で 960 万円を手に入れる債権は 960 万円で評価するが，96％の確率で 1000 万円を手に入れる債権は 960 万円を下回る価値でしか評価しない。リスク回避的な投資家の行動のイメージは第 3 章を参照されたい。

するリスクを軽減することができるのである。証券化商品を購入するということは，多額の資金を用いずとも1つの商品で分散投資をしていることになり，リスク分散の利益を投資家は享受することができる。こうして，収益の安全性と流動性を兼ね備えた証券化商品が生み出されるのである。

　実のところ，リスク分散のメリットに早くから気づいていたのが国家である。個別の家計や企業の税金の支払額にはばらつきがあるものの，一国全体でみればある一定額の税収を確保できるので，この税収を担保に安全性の高い金融商品を発行できることを思いついた。それが国債である。国債は証券化商品にほかならない。この場合，政府が国民に対して税を課すことができる徴税能力という原資産が生み出すキャッシュフロー，つまり税収を裏付けとして，国債という安全性と流動性を兼ね備えた証券化商品を組成することに成功しているといえる。

● 7.4.3　証券化の精緻化に向けて

　一方で，現在，私たちが証券化商品と呼ぶものは，政治権力に頼ることなく，民間の金融技術によって組成された金融商品である。ここで，証券化商品が組成される仕組みを簡単に説明することにしよう。証券化商品を組成するにあたっては，特定目的会社（Special Purpose Vehicle; SPV）という信託譲渡の受け皿となる組織体が用いられる点が肝となる[9]。先ほどの住宅ローン債権の例で考えると，はじめに住宅ローン債権を保有していた銀行は，住宅ローン債権を直接に証券化することはせずに，SPVに信託譲渡する。日本では，SPVに信託銀行が使われることが多い。このパターンで説明をすると，信託銀行がまず，信託受益権を設定して，次に信託受益権をもとに銀行が証券化をする。こうした仕組みが採用されている理由は，倒産隔離を確実に行う，つまり銀行が倒産した際に，証券化商品を購入した投資家が受け取るべきキャッシュフローに影響が及ばないようにするためである。

　こうした複雑な仕組みを作ってまで証券化を進めようとするのは，証券化に

9　現行の法律では，特定目的会社のほかに特定目的信託という方法を用いて証券化商品を組成することが認められているが，現在の日本で発行されている証券化商品のほとんどは特定目的会社を利用しているので，説明はこれに基づく。

は大きなメリットがあるからである。原資産を保有するオリジネーターの銀行の立場からすれば，銀行は原資産である貸出債権を売却すれば，自らの貸借対照表（バランスシート）から貸出債権を切り離してオフバランス化できる。オフバランス化することで，大きく3つのメリットを享受できる。まず，資金を早期に回収することができる（資金回収のメリット）。次に，信用リスク（の一部）を他者に移転することができる（リスク移転のメリット）。そして債権を流動化することで資金をより収益性の高い資産に運用できる（資源の再配分のメリット）。

　一方，証券化にはデメリットもある。オフバランス化できることによって，オリジネーターである銀行が住宅ローンを貸し出す際に十分に審査を行わず安易に貸し出すというモラルハザードが生じる可能性がある。2008年のリーマンショックに端を発する米国の金融危機では，こうしたモラルハザードを回避する仕組みが十分に組み込まれていなかったことが露見して，危機の影響を増幅した側面がある。その反省から，いくつかの工夫が仕組みに組み込まれるようになった。その一つが，オリジネーターである銀行が信託受益権の何割かを保有することを義務づけるものである。こうすることで，資金回収ができなくなったときの損失を銀行自身も被るようになるため，銀行にまじめに審査を行うインセンティブが生じる。このようなかたちで，仕組みが一層複雑になりつつも，不備のない仕組みにするように規制などの制度変更が進んでいる。

■ 7.5　受託者責任という考え方

　金融技術が高度化するにつれて，金融の機能もまた専門分化の方向に進もうとしている。そして，金融機関は投資家の資産管理や資産運用を任されることが多くなった。こうした流れを背景にして，受託者責任という考え方が重要視されつつある。受託者責任とは，"受託者の義務"を指しており，具体的には，善管注意義務，忠実義務（あるいは利益相反防止義務），分別管理義務，自己執行義務の4つを主に含む[10]。

　善管注意義務とは，善良な管理者の注意義務の略で，業務を委任された人の

専門家としての能力や社会的地位などから考えて通常期待される注意をせよという内容であり，「思慮分別のある人だったらするであろうと思われる判断をし，かつそのような注意を払って行動せよ」というのが一応の基準となる。

　忠実義務は，契約をしている他者と自分自身との間で利益相反が生じた場合，他者を優先せよという内容である。言い換えれば，当事者が情報の非対称性下にあるとき，自分自身が情報の優位性を利用して，契約をしている他者に損害を与えるような行為を慎むようにという内容である。

　分別管理義務は，委託者の資産を預かっている場合，その資産は自分の財産とは分別して管理しなければならないという義務を指す。この義務が守られる場合，金融機関がたとえ破産したとしても，投資家から受託した資産は保護される。

　自己執行義務は，受託者がさらに別の他人に任せてならないことを指す。ただし，自分より専門的な第三者に任せることは許容され，しかしながら，その第三者の選任とその者の仕事を監督するという責任は負うことになる。

　金融業の専門分化と複雑化が進むにつれて，受託者責任の考え方は，より広く解釈されるようになり，受託者を信託の受託者と狭く捉えるのではなく，他者の資金や資産の運用に責任を持つ主体をフィデューシャリーと包括的に捉えるようになった。そして，彼らが果たすべき義務はフィデューシャリーデューティ（Fiduciary Duty）と呼ばれるようになっている[11]。

　フィデューシャリーデューティへの流れで注意すべきは，どの金融機関であるかにかかわらず，資産運用や資産管理を担う場合には受託者責任が発生すると解釈しようとしていることである。資産運用や資産管理を行う金融機関に受託者責任が発生するということになると，投資信託商品や証券化商品だけではなく，年金や保険，さらには預金もその対象になる可能性が将来的にはあることを示唆している。

10　日本においては，これら4つの義務が信託法等において規定されている。

11　2017年に，金融庁が「顧客本位の業務運営に関する原則」を公表している。この原則の対象として「顧客本位の業務運営を目指す金融事業者において幅広く採択されることを期待する」としており，信託における受託者を超えた金融機関をより広く対象としたいとの意図がみえる。

　本章では，金融取引を活性化するために，金融商品の設計にどのような工夫がなされているかをみてきた。株式や債券など証券にさまざまな工夫を施すことによって，投資信託商品や証券化商品など，投資家にとって魅力的な商品開発が行われているのである。

第8章

リスクの取引

- ■8.1 リスクマネジメントの手法
- ■8.2 保 険
- ■8.3 デリバティブ取引

金融取引にはリスクはつきものである。本章では，リスクの取引について学ぶ。まず，リスクマネジメントの方法について学ぶ。次に，過去，どのようなリスクの取引手法が開発されてきたのかを説明する。リスクを第三者に移転する代表的な手法として，保険とデリバティブ取引を挙げることができる。

■8.1 リスクマネジメントの手法

リスクは，経済的利益をもたらすこともあれば，損失をもたらすこともある。リスクの発生によって生じる損失をできるだけ避けたいと考えるのが自然であろう。しかし，リスクを遠ざけようとするあまり，リスクを負担する見返りに得られるリターンを失ってしまうこともある。リスクを許容できる範囲内に留め，収益性を目指しつつもリスクをコントロールする態度，すなわちリスクマネジメントの考え方がもとめられる。

リスクをマネジメントするためには，リスクの源泉を特定化し，その発生確率やリスクによる損失の大きさを評価して，適切な対応をすることがもとめられる。リスクへの対応は，表8-1に示すように，一般的には5つに分類される。

回避（Risk Avoidance）は，リスクを引き起こす行為に手を出さないことで，

表 8-1　リスクへの対応の分類

回 避	リスクのある行為に手を出さず，リスクを避けるように行動する。
軽 減	リスクの発生頻度を下げたり，リスクが発生してしまってもその際の負担を減らしたりする。
分 散	リスクの源泉を 1 つに集中させずに，複数のリスクを組み合わせることでリスクを抑制する。
移 転	リスク発生時の負担を第三者に肩代わりしてもらう。さらに，売却，付保，確定，交換に分類できる。
受 容	リスクを受け入れる。 軽減や分散，移転など上記のリスクへの対応を行ったとしても，リスクを完全になくすことはできない。

リスクによる損失を避ける行為である。安全性の高い金融資産のみを購入し，リスク性のある金融商品を購入しないという資産選択行動はその典型例である。この行為は，リスクを負担すれば得られたであろう収益を逸することでもある。

　そこで，軽減，分散，移転という 3 つの対応が生まれる。軽減（Risk Reduction）は，リスクの発生頻度を下げ，リスクによる損失を減らそうとする行為である。例えば，審査（スクリーニング）を実施して，リスクの高い貸出先には貸さないといった銀行の行動は，リスクの発生頻度を下げる行為である。また，株式よりも社債を保有しようとする資産選択は，企業業績の変動にともなうリスクを軽減して，金融資産から得られる収益を安定化させようとする行為である。金融の仕組みそれ自身が，リスクを軽減する対応となっていることもある。株式の上場制度は，一定水準の品質に達しない企業を株式市場から排除することによって，株式のリスクを軽減しようとする対応とみなすことができる。

　分散（Risk Diversification）は，リスクの源泉を 1 つに集中させずに複数のリスクを組み合わせることで全体としてのリスクを抑制しようとする行為である。銀行が数多くの企業に融資して貸出リスクを分散させようとする行為や，家計が資産運用において分散投資を行う行為が対応している。

　軽減と分散は，資産の保有から生じるリスクの負担を自ら負いつつも，その損失を小さくしようとする対応として捉えることができる。他方で，移転（Transferring Risk）は，リスクが発生したときに，第三者にリスクの負担を肩

代わりしてもらうことである。移転は、さらに、売却、付保、確定、交換に分けることができる。

売却は、リスク性の高くなった資産を売却する行為である。リスクが高くなってきたと思ったとき、他者に売却することで自分自身はそのリスクから切り離されることになる。銀行が貸出債権を売却する行為や、投資家が値下がりした株式を売却する行為が対応している。なお、この行為が円滑に行われるためには、その資産の流動性が確保されていることが必要である。

付保は、あらかじめ保険料を支払うことで、リスクが発生したときに第三者に損失を穴埋めしてもらう行為である。保険会社から保険を購入する行為が典型的な例である。この章の後半で説明するように、デリバティブ取引の一つであるオプション取引もまた、このような機能を備えている。

確定は、結果を確定することである。将来に取引される価格を現時点で決めてしまう行為などが対応している。

交換は、リスク性の異なる金融商品をお互いに交換することである。付保と確定、交換については、以下の節で述べる。

受容（Risk Acceptance）は、リスクを受け入れる行為である。ただし、受け入れるといっても、無防備にリスクを受け入れることを指すわけではない。いかなる主体も、リスクから完全に独立して生きることは不可能であるという考え方に立っており、回避、軽減、分散、移転を行ったとしても、除去できなかったリスクを受容するという意味として捉えるべきである。実のところ、世の中に全くリスクのない資産、つまり安全資産は本質的には存在しない。例えば、現金や預金は元本保証で名目価値は維持されるものの、インフレが生じると実質価値は目減りするというリスクを抱えている。国債も、国の財政運営次第ではデフォルトリスクが生じる可能性がある。

リスクマネジメントとは、これらの対応を組み合わせていくことである。投資家は、自らが情報生産や分散投資を行うだけでなく、リスクがコントロールされた金融商品を購入するとか、リスクコントロールを行っている金融機関の情報や機能を利用するなど、資産に付随するリスクをマネジメントしていく姿勢がもとめられる。

■8.2 保 険

● 8.2.1 保険とは

　保険（Insurance）は，将来，不確実な出来事や事故によって生じる所得や資産の損失に備える仕組みである。多数の人々が事前に金銭を出し合い，その資金をプールし，事故が発生した人に対して金銭を給付する。近代的な保険の仕組みは，年齢を参考に死亡率を計算した生命表に基づいて，保険金に見合う保険料を算出し，保険加入者から保険料を徴収したことに始まる。あいまいな概念である「不確実性」を客観的に計測可能な「リスク」と置き換えることによって，保険がビジネスとして成り立つようになった。

　保険の構造をみていくとともに，いくつかの用語について説明することにしよう。保険は，はじめに，保険契約者（被保険者）と保険会社（保険者）との間で契約が結ばれる。保険契約者が保険料を支払い，支払われた保険料を保険会社が保管する。そして，**保険事故**（契約で保険支払いの対象となる出来事）が，保険契約者に発生した場合，保険会社は保険金を支払う。保険金の受け取りは，図8-1のように，保険契約者本人の場合もあるし，生命保険の場合のように，保険契約者と異なる者を保険金受取人に定める場合もある。

　保険料と保険金は関係している。保険料と保険金に関する基本の考え方は次の通りである。保険料の金額は，保険事故が発生した際に支払われる保険金額とその事故が発生する確率（事故率）をもとに定められる。例えば，事故1件あたりの保険金の額を1000万円，事故率を15%だとしよう。仮に100人の保険契約者がいれば，保険事故に遭う人の数は平均的に15人であり，保険金の支払総額は期待値で1億5000万円（1000万円×15人）となる。すると，この

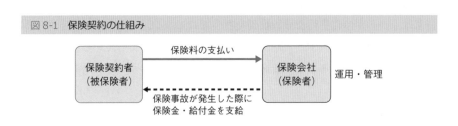

図8-1　保険契約の仕組み

保険契約者
（被保険者）

保険料の支払い　→

保険会社
（保険者）　　運用・管理

保険事故が発生した際に
保険金・給付金を支給

1億5000万円を支払うためには，1人あたりの保険料を150万円に設定しておけばよいことになる。保険料の設定は，1000万円×15％＝150万円と，保険事故1件あたりの保険金額に事故率を掛けることによって計算できる。つまり，保険契約者からみれば事故による損失の期待値（発生確率×発生時の負担額）が保険料にちょうど等しいという関係が成り立っている。また保険会社の立場からみれば，あくまで期待値ではあるが，ちょうど収入と支出が等しくなっているという関係が成り立っており，ビジネスとしても成り立つ。実際には，保険会社に事務手数料などの費用が発生するので，その費用を上乗せした保険料を保険契約者は支払うことになる[1]。

　この例では，保険契約者は保険料として150万円の金額を事前に支払うことによって，将来発生するかもしれない事故によって生じる1000万円の金銭的な負担を回避することができる。保険は，誰が事故に遭うかはわからないが，全体として事故に遭う確率はわかるという統計的な性質，つまり「大数の法則」をうまく利用して設計されている。言い換えれば，保険が成り立つのは，ある一定数の保険加入者を期待できる事故を対象としているからである。例えば，自動車保険のように，ドライバーが多数存在して，誰もが交通事故の可能性がある場合，保険は成立しやすい。対照的に，戦争はその規模や被害の大きさを予想することが難しいので，保険は成立しにくい。

　ここで，保険が流動性の問題とどのように関係しているかについて述べよう。保険金の受取人は，保険事故が発生してはじめて保険金を受け取ることができるので，当然のことではあるが，自らが望んだタイミングで支払いを受けることはできない。そのため，保険契約による資金の流動性は低いといえる。このことは，保険契約者からみると好ましい性質とはいえない。しかし保険は，別のメリットを保険加入者に生じさせる。それは，保険料を支払えば，保険事故が発生した場合に，自分自身が保険料として支払った額の総額よりも多額の資金をそのタイミングで受け取ることができることである。預金を積み立てることによって，将来必要になるかもしれない資金を事前に準備する方法もあるが，将来必要な資金を賄う方法として保険と預金を比較すると，預金であれば，将

1　これは，いわゆる掛け捨て型の保険といわれるものである。

来必要な資金を準備するためにある程度の時間を必要とするのに対して，保険であれば，加入することで必要な資金をいつでも入手することができる。

● 8.2.2　保険の利益

　保険は，事故が生じた際に，その事故によって発生した金銭的損失を補うことで，その対象者が金銭的に困らないようにすることができる。しかし，その意義はそれだけにとどまらない。保険があることによって，我々の消費の選択の幅が広がるのである。

　モジリアーニ（Franco Modigliani）の提唱したライフサイクル仮説（Life Cycle Hypothesis）に基づくモデルで考えよう。人々は若年期と老年期の 2 期間生き（1 期間を 30 年程度と捉えればよい），若年期に働いて所得を稼ぎ，老年期には退職する。世界が 100 人から構成されており，それぞれの人が 100 の所得を獲得し，他に稼ぐ手段はないとする。簡単化のために，利子率はゼロとする。人々は，生涯を通じてなるべく同じ生活水準を維持したいと考えるとしよう。すると，若年期と老年期とで同じ額を消費することで生涯の満足度を最大にできる。この例でいえば，100 の資金を 2 分して，若年期に 50 の消費，老年期に 50 の消費を行うことが，生涯の満足度を最大にする。

　さて，将来に予期せぬ支出が生じるというリスクがある社会を想定しよう。人々は老年期のはじめに交通事故に遭う可能性があり，その被害から完治するのに 40 の医療費がかかるとしよう。その場合，老年期に強制的に 40 の支出を余儀なくされることになる。各人が事故に遭う確率は 10％であるとすると，100 人の世界では，確率的に 10 人が事故に遭う計算となる。

　まず，保険が存在しないケースを考えてみよう。たまたま事故に遭ってしまうと，老年期の消費計画が大きく狂う。仮に将来のリスクに全く備えをしていなければ，実際に事故に遭った人の消費は，若年期 50，老年期 10 となり，老年期の生活水準は著しく下がってしまう。事故に遭った場合，消費が抑制される可能性を考慮すると，心配性の人ならば，事故に遭ったらかかる医療費 40 を当初の資金 100 から差し引いた残りの 60 を自由に使えるお金として想定し，この 60 の金額を若年期と老年期とで均等に使うという判断をするかもしれない[2]。こうなると，人々は若年期に 30 の消費をし，残り 70 の資金を老年期の

消費と事故に遭った際の支出のために貯蓄することになる。老年期には，事故に遭わなければ 70 を消費し，事故に遭えば 30 を消費する。ここまで極端な行動はしないかもしれないが，将来に予期せぬ支出が生じる可能性があり，それを自分自身のお金で賄わなければならない状況にあれば，人々は，若年時には消費をかなり我慢せざるを得ない。

　では，この社会に保険を導入することにしよう。100 人のうち 10 人が事故に遭い 40 のお金を必要とするので，若年期に 100 人全員がそれぞれ 4 ずつ保険料を支払い，そして事故に遭った人が 40 の保険金支払いを受けるという保険契約を結ぶとしよう。保険料支払いを差し引いた所得は 96 となるので，すべての人が若年期には消費 48，貯蓄 48，保険料支払い 4 という資金配分を行う。そして，老年期に，事故に遭った人も遭わなかった人も 100 人全員が 48 の消費をすることができる。事故に遭った人は，事故のせいで発生する医療費 40 を，保険金 40 で賄えるからである。

　この例からわかるように，保険がない世界では，若年期に人々が消費を抑制して多額の予備的な貯蓄をすることとなる。その結果，若年期と老年期の消費バランスが崩れてしまい，消費からの生涯の満足度は低くなってしまう。一方，保険が存在する世界では，消費バランスの歪みを小さくすることができ，人々の生涯の満足度を高めることができる。

● 8.2.3　保険と情報の非対称性

　さて，すでに説明してきたように，保険がビジネスとして成り立つためには，事故の発生確率の把握がカギとなる。事故率が正確にわかれば，大数の法則を利用することで，保険金と保険料の適切な関係，そして保険料率を導出できるからである。しかし，事故率の値を正確に把握することはそれほど容易ではない。なぜなら，保険の世界においても，第 3 章で説明したように，情報の非対称性の問題が生じるからである。

　例えば，自動車保険の例を考えてみよう。保険に加入していれば，交通事故に遭った際の金銭的損失をカバーしてもらえる。すると，ドライバーは，細心

2　現実に照らし合わせれば，将来の年金制度が不安，つまり将来の年金支払いがないのではないかと思うと，若いうちに多めに貯蓄しようとする心理と同じである。

の注意を払って運転するインセンティブが弱くなり，事故が起きやすくなってしまうもしれない。これは，保険加入者によるモラルハザードの問題である。保険会社は，保険加入者が保険加入後にどんな運転をするかを監視することはできない。ドライバーの行動がモラルハザードを引き起こすなら，事故率は高くなる。当初15％の事故率を想定して保険料を設定していたとしても，モラルハザードによって事故率が上昇してしまうと，徴収した保険料では保険金が賄えないという事態が発生する。

　保険契約では，モラルハザードを回避するために契約内容の工夫がなされている。長期間事故に遭っていない優良ドライバーの保険料を減額する方法や，無事故の加入者に対して報奨金を支払う方法などがある。

　情報の非対称性によって生じる逆淘汰の問題も深刻である。事故率15％を想定して保険料が設定されているとしよう。ところが，ドライバーの事故率は一律に15％ではなく，事故率が20％と高い運転の乱暴なドライバーと事故率が5％と低い安全なドライバーの2種類のタイプが存在するとしよう。このとき，低リスクのドライバーからみると，自分たちの利得（期待収益）から考えると，15万円の保険料は高すぎる。一方，高リスクのドライバーは，自分たちの事故率から考えると，保険料は割安となる。すると，高リスクのドライバーは保険に加入する一方で，低リスクのドライバーは保険に加入しないという行動をとることとなる。極端な場合，高リスクのドライバーしか保険に加入しないという事態が生じるかもしれない。まさに逆淘汰が生じており，品質の低い人が保険に加入しようとし，品質の高い人は保険に加入しようとしなくなる。こうなると，当初の保険料15万円では，必要な保険金が賄えないことは明らかであり，保険そのものが成立しなくなる。

　逆淘汰の問題を回避するために契約方法において工夫が凝らされている。人々をリスクの程度に応じて分けて，それぞれのグループによって保険料を変えるという方法である。地震保険では，地震が起きる可能性が高いと想定される地域の保険料は高く設定されている。ただし，各グループに当てはまる人々の数が少ないと，大数の法則を応用することができず，事故率を高い精度で測ることができないため，保険料率の設定が困難になる。なお，公的保険（医療保険や年金保険など）は，すべての国民に加入をもとめることによって，

逆淘汰の問題を回避している[3]。

　情報の非対称性だけでなく，契約の不完備性の問題もまた生じる。保険会社は，事故後に調査を行い，支払額が適切であるかどうかを判断する仕組みを取り入れている。事故が起こると，保険契約者が支払った保険料より多額の保険金を受け取ることができる。すると，故意に事故を起こして保険金をだまし取ろうとする人が出てくる恐れがある。そのため，保険会社は疑わしい保険事故の真偽を確かめるために，独自に調査を行う。

■ 8.3　デリバティブ取引

　デリバティブ（Derivative）とは，直訳すれば"派生"という意味であり，デリバティブ取引で取引される金融商品は金融派生商品とも訳される。派生して生じる金融商品を指していることから，もとになっている資産（これをデリバティブと対比して原資産と呼ぶ）が存在する。デリバティブを取引する市場をデリバティブ市場，その原資産となる資産を取引する市場を原資産市場と呼んで区別する。

　図 8-2 に示しているように，デリバティブ取引における原資産は，実物商品と金融商品に大別される。実物商品を原資産とするデリバティブを商品デリバティブ，金融商品を原資産とするデリバティブを金融デリバティブと呼ぶ。商品デリバティブの原資産は，金，小麦，大豆，原油などであり，品質がおおむね均質で市場取引がしやすい商品を対象としている。こうした商品は「コモディティ」とも呼ばれる。一方，金融デリバティブの原資産は，株式，債券，通貨である。そのほか，株価指数や金利といった価格に関するものもデリバティブ取引において取り扱われている。

　デリバティブ取引の方法は，図 8-3 に示すように大きく 4 つに分類される。

　先渡取引や先物取引は，いずれも将来に受け渡しする原資産の価格と数量を現時点で決める取引であり，リスクマネジメントにおける「確定」に対応する。

3　ただし，公的保険の場合は，公的扶助の側面も備えており，保険の期待値での受け取れる額と支払額とのバランスという基本的な関係性は薄れ，支払える人が支払うという面もある。

図8-2　デリバティブの種類の図

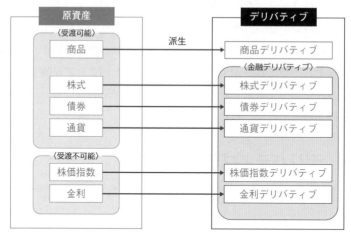

出所：大村敬一・俊野雅司『証券論』有斐閣，2014

図8-3　デリバティブ取引の方法

先渡取引が当事者の間での相対の取引であるのに対して，先物取引は取引所を通じた市場取引である。オプション取引は，オプションと呼ばれる，特定の資産をあらかじめ定めた価格で売買する「権利（選択権）」の取引であり，先物取引に保険機能，つまり「付保」の機能を組み合わせた取引といえる。

　スワップ取引（Swap）は，スワップという言葉から連想されるように，将来のキャッシュフローを「交換」する取引を指している。金利スワップや通貨スワップなどが典型であり，例えば，変動金利の取引からのキャッシュフローと固定金利の取引からのキャッシュフローを交換するといったように，スワップ取引では当事者間でリスクを交換している。

　デリバティブというと新しい金融取引という印象を持つかもしれないが，基

本的にはリスク回避の手法であり，それ自体は古くから存在している。古代ギリシャでは，哲学者ターレスが，翌年のオリーブの豊作を予見して，オリーブ絞り機を借りる権利をあらかじめ購入したという逸話が残っている。ターレスの思惑通り，オリーブが豊作となり，オリーブ絞り機への需要が高まって賃料が高騰したところ，彼は事前に割安な価格で契約していたので，安い賃料で絞り機を借りることができ，さらに借りた絞り機を人々に高い賃料で貸すことで大きな利益を得たといわれている。これは，現代のオプション取引の考え方と同じものといえる。

　日本においては，すでに江戸時代中期から，大坂の堂島米市場で先物取引が行われていた。これは世界で最初の本格的な商品先物取引市場であり，現代において商品先物市場で世界的に高い地位にあるシカゴ商品取引所が19世紀に設立された際，参考にしたといわれている。このように商品デリバティブは古い歴史を持っている。一方，金融デリバティブは17世紀にオランダで発達したが，今日的な整備は，金融の国際化・自由化や情報通信技術の発達などを背景に1970年代にアメリカを中心としてなされた。

● 8.3.1　先渡取引

　先渡取引の仕組みを，小麦を原資産とする商品デリバティブを例に説明しよう。ある製粉会社は1年後に10万ブッシェルの小麦を購入する予定があり，農家は1年後に10万ブッシェルの小麦を生産して販売する予定があるとしよう。1年後の小麦の価格は現時点ではわからない。そのため，1年後の取引が実現する時点まで，製粉会社は購入額を，農家は販売額を確定することができない。製粉会社は値上がりリスクを，農家は値下がりリスクをそれぞれ抱えることになる。

　このリスクを解消するために，当事者が価格を確定する「将来のあらかじめ定めた時点に受け渡しする小麦の価格と数量を現時点で決める取引」を行ったとしよう。例えば，現時点において，1年後に小麦を1ブッシェルあたり500円で取引することを約束するのである。この取引を先渡取引（Forward）と呼び，そこで結ばれる価格を先渡価格という。満期日に決められた価格で原資産を買う約束をすることは"ロングポジションをとる"，売る約束をすることは

"ショートポジションをとる"という言い方をする。

　先渡取引は，原資産（この場合，小麦）とその対価の受け渡しが，契約時点ではなく将来のあらかじめ定められた時点（つまり，満期日）に行われる点に特徴がある。先渡取引を行うことで，両者は1年後の取引額を現時点で「確定」して，不確実性を除去することができるのである。

　一方，その時々の価格で原資産が即時に受け渡しされる取引はスポット取引と呼ばれ，その価格はスポット価格と呼ばれる。先渡取引では，1年後の満期日を迎えると，小麦のスポット価格がいくらであろうと，製粉会社は1ブッシェルあたり500円を支払って農家から小麦を買い取ることができる。

　この意味を考えてみよう。1年後の小麦のスポット価格が700円に上昇したとしよう。先渡取引の約束をしていなければ，製粉会社は1ブッシェルあたり700円で小麦を購入するはめになっていたところを，先渡取引の約束をしていたおかげで1ブッシェルあたり500円で購入することができ，1ブッシェルあたり200円の利益を上げることができる。一方，農家のほうは，スポット取引では700円で売ることができるにもかかわらず，先渡価格の500円で売らなければならないので，1ブッシェルあたり200円の損失を被ることになる。

　逆に，1年後の小麦のスポット価格が400円に下落したとしよう。先渡取引の約束をしていなければ，製粉会社は1ブッシェルあたり400円で小麦を購入することができるところを，先渡取引の約束をしていたために，1ブッシェルあたり500円で購入しなければならず，1ブッシェルあたり100円の損失を被ることになる。一方，農家は先渡価格の500円で売却できるので，1ブッシェルあたり100円の利益を上げることができる。

　先渡契約を結べば，価格の変動で利益を上げる場合もあれば，逆に損失を被る場合もある。先渡取引は，契約を結んだ時点で価格変動リスクを回避して取引価格を確定できるという利点を重視して行う取引である。

● 8.3.2　先 物 取 引

　先物取引（Futures）は，先渡取引と同じように，「将来のあらかじめ定めた時点に受け渡しする原資産の価格と数量を現在時点で決める取引」である。この取引で結ばれる価格を先物価格という。先渡取引との大きな違いは，先渡

取引では取引当事者間で相対で契約が結ばれるのに対して，先物取引では，取引所を経由して市場取引が行われることである。つまり，製粉会社も農家も，多数の市場参加者の一人として先物取引に参加する。そのために，満期日に原資産の受け渡しと金銭の授受が行われないかもしれないというリスクを回避することができる。

　先物取引には，約定日に約束していた価格で原資産の受け渡しの決済をする「受渡決済」と，原資産の受け渡しをしない「差金決済」とがある。原資産の受け渡しをしないとは次のような意味である。差金取引の場合，先物の約束が"買い"の場合，スポットで"売り"の取引をすれば（この取引を反対売買という），原資産の受け渡しは行う必要がなくなり，先物取引での買値とスポット取引の売値の差額だけを決済すればよいということになる。

　ここで，差金決済を利用して小麦を購入するときの例を使いながらその仕組みを説明してみよう。先ほどの先渡取引の例と同様に，製粉会社は1年後に10万ブッシェルの小麦を1ブッシェルあたり500円で購入したいと考えているとする。そして同時に，先物取引を利用して価格変動リスクをできるだけ回避したいと考えている。

　製粉会社は，現時点で1年後に10万ブッシェルの小麦を1ブッシェルあたり500円で購入する契約を結ぶ（つまり，ロングポジションをとる）。さて，満期日の1年後を迎えたときに，製粉会社の利得はどうなるだろうか。

　スポット価格が1ブッシェルあたり700円に上昇したとしよう（表8-2のケース①）。製粉会社は，先物価格の500円で買い，反対売買でスポット価格の700円で売ることができる。製粉会社は，スポット価格と先物価格の差額の200円を受け取り，スポット価格の700円で小麦を購入する。こうして，実際の小麦の購入に先物取引の差額決済を組み合わせることで，1ブッシェルあたり500円で小麦を購入したのと同様の状況を作り出すことができるのである。先物取引を行うことで値上がりリスクを完全に回避することに成功している。

　次に，スポット価格が1ブッシェルあたり400円に値下がりしたとしよう（表8-2のケース②）。製粉会社は，先物価格の500円で買い，反対売買でスポット価格の400円で売らざるを得ない。製粉会社は，スポット価格と先物価格の差額の100円の支払いが発生し，スポット価格の400円で小麦を購入する。

表 8-2　先物取引を使った「確定」の方法

	取引	現時点	1年後	1年後のスポット価格		
				ケース① 700円の場合	ケース② 400円の場合	ケース③ 500円の場合
製粉 会社	先物取引	1年後に500円で買うと 契約（ロングポジション）	反対取引の実施に よる差金決済	+2000万円	−1000万円	0円
	スポット取引	──	スポット価格で買う	−7000万円	−4000万円	−5000万円
	キャッシュフロー計			−5000万円	−5000万円	−5000万円
農家	先物取引	1年後に500円で売ると 契約（ショートポジション）	反対取引の実施に よる差金決済	−2000万円	+1000万円	0円
	スポット取引	──	スポット価格で売る	+7000万円	+4000万円	+5000万円
	キャッシュフロー計			+5000万円	+5000万円	+5000万円

注：プラスの符号は受け取りを，マイナスの符号は支払いを表している。

やはりスポット取引の小麦の購入に先物取引を組み合わせることで，小麦を1ブッシェルあたり500円で購入したのと同様の状況を作り出すことができる。なお，スポット価格がちょうど500円であった場合（表8-2のケース③），スポット価格と先物価格との差額の0円となるので，先物取引からの利得はゼロである。この場合，先物取引で利益も損失も生じない。

　このように，スポット価格が値上がりしても値下がりしても，価格変動リスクを完全に回避しつつ，製粉会社は10万ブッシェルの小麦を"実質的に"1ブッシェルあたり500円で購入することができる。表8-2に示されるように，農家もまた，スポット取引の小麦の販売に先物取引を組み合わせることで，小麦を1ブッシェルあたり500円で販売したのと同様の状況を作り出すことができている。

　これまで，取引主体が先物取引を利用して原資産の価格変動リスクを回避するケースについて説明したが，先物取引は，原資産の売買に関心がなく，単に原資産価格の変動を利用して利得を得ようとする投機的な目的で活用することもできる。

　例えば，ある投資家が，1年後に実現すると期待されるスポット価格は，市場で取引されている1年後の先物価格よりも高くなると予想したとしよう。先物価格が500円で，1年後に実現したスポット価格が600円と，この投資家の

読み通り500円より高かったとする。この投資家は，先物価格の500円で小麦を買ってスポット価格の600円で売れば，差額の100円を儲けることができる。この投資家は先物市場でロングポジションをとることで利益を得ている。

　逆に，ある投資家が，1年後に実現すると期待されるスポット価格は，市場で取引されている1年後の先物価格の500円よりも低くなると予想したとしよう。1年後に実現したスポット価格は400円と，やはりこの投資家の読み通り500円より低かったとする。この投資家は，先物価格の500円で小麦を売ってスポット価格の400円で買えば，差額の100円を儲けることができる。この投資家は先物市場でショートポジションをとっておくことで利益を得ていることになる。通常，投機で儲ける場合，値上がりを予想して"買い"で儲けると考えがちであるが，それはスポット市場の取引に限定された話である。先物取引を使えば，"売り"で儲けることもできる。なお，収益を得ることができるのは，将来の予想が的中した場合である。一方で，予想が外れた場合には損失を被る。

● 8.3.3　オプション取引

　オプションという言葉は，日常でも耳にすることがあるだろう。例えば，携帯電話を購入すると，販売者からオプションサービスを提示される。"オプション"サービスと呼ばれるのは，追加費用を払うことで追加サービスを受けるかどうかを選ぶ権利（オプション）が携帯電話の購入者に発生するからである。同じように，金融取引におけるオプション取引は，オプション（Option）と呼ばれる「取引をする『権利』（選択権）」を取引する。

　デリバティブ取引におけるオプションは，「将来のあらかじめ定められた時点に，あらかじめ決められた価格（これを権利行使価格と呼ぶ）で，特定の資産を売買することを選択できる権利」をいう[4]。つまり，売買する権利を買うのであり，必ずしも売買する必要はないのである。「買う権利」をコールオプション，「売る権利」をプットオプションと呼び，通常は，略してコールおよびプットと呼ぶ。

4　オプションには，「将来のあらかじめ定められた時点に選択できる」というオプションのほか，「将来のあらかじめ定められた時点までに選択できるオプション」も取引されている。前者をヨーロッパ型，後者をアメリカ型と呼ぶ。

コール，プットともに，権利の買い手と売り手が存在し，買い手はロングポジションをとり，売り手はショートポジションをとる。契約の際，オプションの買い手は売り手に対してオプション料を支払う。満期日が来て，買い手が権利を行使する場合，売り手はその要求に応じなければならない。つまり，コールの場合，買い手は「買う権利」を行使すると，買い手は売り手から権利行使価格を支払って原資産を購入する。プットの場合，買い手は「売る権利」を行使すると，売り手は買い手に原資産を権利行使価格で売却する。

オプション取引を理解するためにコールの買い手となる取引を例に考えてみよう。「1年後に1万円でA社株を買う権利（オプション）」を購入するケースを考える。オプション料は1000円としよう[5]。この場合，1万円の権利行使価格は，権利を行使するかしないかの分岐点となる。

例えば，1年後のA社株の価格が1万2000円になったとしよう。権利を行使して権利行使価格の1万円を支払ってこの株式を買えば，1万2000円で売れば，2000円のキャピタルゲインを手に入れることができる。1000円のオプション料をすでに支払っているので，差し引き1000円の利益を得ることができる。このように，市場価格が1万円を上回れば，権利を行使するという選択をすることで利益を獲得できる。

一方，1年後の株価が1万円未満であれば，権利を行使しないほうがよい。例えば，1年後のA社株が7000円であったとしよう。権利を行使したとしたら，1万円でこの株式を買って7000円で売らなければならず，3000円のキャピタルロスを被る。オプション料と合わせて，4000円の損失を被る。逆に，権利を行使しなければ，損失はオプション料の1000円で済む。つまり，市場価格が1万円を割り込めば，権利を行使しないという選択をすることで損失を回避することができる。

オプション取引では，買い手は事前にオプション料を支払っておき，ある状況が生じたら利得が生じ，別の状況が生じたら利得は生じない。これは保険の仕組みと似ている。保険契約者は保険会社に事前に保険料を払っておき，保険

5　このオプション料は，オプションプレミアムとかオプション価格という呼ばれ方もする。ここでは，1000円に決まっているとして話を進めたが，オプション料の値段は，オプションから得られる価値に基づいて市場の需給で決まる。

事故が発生したら利得が生じ（つまり保険金が支払われ），保険事故が発生しなければ利得は生じない（つまり保険金は支払われない）。オプションの買い手を保険契約者，売り手を保険会社と置き換えれば，両者は同じ構造を持っていることがわかる。オプション取引は，先物取引に保険の機能を組み合わせたもの捉えるとわかりやすい。

◆ ま と め

　本章では，リスクの取引について学んだ。リスクマネジメントの手法を整理したうえで，どのようなリスクの取引手法が考えられてきたのかを学んだ。リスクを第三者に移転する代表的な手法として，保険やデリバティブ取引について説明した。

第 9 章

金融取引の分類

　これまで，銀行を中心とした取引，市場を通じた取引など，多様な金融取引を説明してきた。この章では，直接金融と間接金融，相対型取引と市場型取引，金融取引の機能別分類などいくつかの視点から金融取引を整理する。そのうえで，現実の金融を概観する。

■ 9.1　直接金融と間接金融

　金融取引を直接金融と間接金融に分類する方法がある [1]。直接金融とは，資金を提供する投資家が資金を調達する企業や家計へ資金を直接融通する方法である。対照的に，間接金融とは，資金を提供する投資家と資金を調達する企業を，金融機関が仲介する方法である。

　図 9-1 に示すように，直接金融では，資金を調達する企業が証券を発行し，その証券を投資家が直接に保有している。企業が発行する証券は本源的証券と呼ばれる。本源的証券の典型例は株式や債券である。

1　これは，ガーレイ（John G. Gurley）とショウ（Edward S. Shaw）による分類による。

図 9-1　直接金融と間接金融

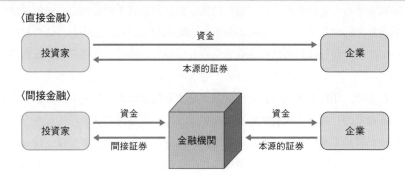

間接金融では，資金を調達する企業が発行する証券，つまり本源的証券を仲介する金融機関が保有し，そして金融機関が発行する証券を投資家が保有している。金融機関が発行する証券は間接証券と呼ばれる。

間接証券を発行する金融機関の代表例は，銀行である。銀行は，投資家から預金を集め，調達した資金を企業や家計に貸し出す。銀行から借り入れをする企業や家計は，銀行に対して借用証書（借金の返済を約束する契約書）という本源的証券を発行し，一方で，銀行は預金者に対して預金証書（預金通帳）という間接証券を発行する。

保険や投資信託もまた間接金融に分類される。保険会社は，保険契約者に対して保険証書という間接証券を発行して，調達した資金を金融市場で運用して株式や債券などの本源的証券を保有している。投資信託を仲介する金融機関は，受益証券という間接証券を発行して，調達した資金を金融市場で運用して株式や債券などの本源的証券を保有している。

間接金融において，仲介業務を行う金融機関は，本源的証券を間接証券に変換している。それは，取引期間や取引単位，リスクの程度など資産の性質を投資家のニーズに合わせることで，金融取引を活発にすることを意図しているためである。このように間接証券を発行することによって資産の性質を変換する機能は資産変換と呼ばれる。間接金融と直接金融の区別は，仲介者である金融機関が，資産変換を果たしているか否かによって決まるともいえる。

直接金融においても，金融機関を経由して資金が供給されることは一般的で

ある。例えば，企業が株式や債券などの本源的証券を発行するとき，投資家に直接販売することは少なく，一般には証券会社が売買を仲介する。投資家は，証券会社を経由してこれらの本源的証券を購入している。しかし，この取引において，証券会社は自ら間接証券を発行していないので，直接金融に分類される。

これまで，銀行や保険会社が仲介業務をする場合のように，本源的証券を発行する企業のリスクが投資家に及ばないように，安全性の高い間接証券を発行するのが間接金融の典型であると考えられてきた。一方，近年では，投資信託を仲介する金融機関のように，市場を利用した取引を用いてリスクを軽減する工夫はするものの，最終的なリスクは投資家が負担するタイプの間接金融も発達しつつある。これを市場型間接金融という呼び方をすることもある[2]。

■ 9.2　相対型取引と市場型取引

次に，取引方法による分類をみてみよう。取引当事者の双方が対峙して行う取引を相対型取引という。双方が対峙していることから，取引相手は特定化されており，お互いに顔がみえる間柄である。相対型取引の典型は銀行の貸出である。銀行貸出では，貸し手である銀行と借り手である企業（あるいは家計）は特定化されている。対照的に，市場型取引は，不特定多数の参加者の間での自由な取引であり，お互いに顔がみえない間柄の取引，つまり匿名の取引となる。

相対型取引は，個別のニーズに合わせたオーダーメイドの取引を特徴としている。取引の当事者が交渉を通じて価格や取引量を決める。一方，市場型取引は，不特定多数の参加者の取引を前提としており，標準化されたレディメイドの取引を特徴としている。価格は市場で決まり，標準化された単位をもとに数量が取引される。第5章で述べたように，債券や株式は，発行主体によってリスクや収益性はさまざまであるものの，発行形態や発行条件は一定の規格に

2　現代の金融仲介の発達の方向が市場型間接金融で特徴づけることができると指摘したのは池尾和人である。なお市場型間接金融の命名者は蝋山昌一である。

従っている。

　オーダーメイドの相対型取引は，個別対応となるため取引費用は高くなるが，情報の非対称性や契約の不完備性など金融取引の阻害要因を解決するためには有効である。対照的に，レディメイドの市場型取引は，情報の非対称性や契約の不完備性の問題が深刻であるときには適応が難しいが，これらの問題が軽微であるとき，市場で決まる取引価格を通じて取引ができるという利点がある。

　取引のかたちは必ずしも相対型取引と市場型取引の二者択一ではなく，その中間的なかたちも存在する。例えば，社債の多くは，店頭取引で売買されている。これは，証券会社の店頭で証券会社を相手に行われる取引のかたちである。第5章でも説明したように，債券の市場は株式ほどには標準化されていない。

　金融取引の発展の形態は，相対型取引から始まり，市場型取引に移行するのが典型的である。借金の契約は，貸し手と借り手の間の取引に始まり，銀行が企業に対して貸出を行う相対型取引のかたちで発展したが，企業が巨大化するにつれて，債券市場が整備されて市場型取引へと移行してきた。日本において，債券を発行する企業は比較的大きな企業に限られるが，それは，大手企業の情報開示が進んでおり，情報の非対称性の問題が比較的小さいとみなされるからである。

　契約型投資信託商品の多くは店頭で販売されており，相対型取引である。発行量が多い商品に関しては，上場投資信託（ETF）のように上場して市場型取引として展開されているものもある。また証券化は，相対型で取引された貸出債権を，証券のかたちに変換して市場型取引に発展させたものと解釈することができる。

　市場型取引といっても，誰でも参入できるものばかりではなく，参加資格を制限することもある。誰もが参加できる取引が行われる市場は「オープンマーケット」，参加者を制限して行われる市場は「クローズドマーケット」と区別される。例えば，東京証券取引所に設置されている TOKYO PRO Market は，市場参加者がプロの投資家に限定されるクローズドマーケットである。

　相対型取引で証券を発行する場合もある。縁故募集などの私募形式での証券発行はその典型例であり，プライベートエクイティ（Private Equity）と呼ばれる相対型の株式投資の手法もある。プライベートエクイティとは，ベン

チャーキャピタルや大型の企業買収ファンドのように，信用力が乏しいために株式市場からの資金調達が難しい企業に対して，年金基金などの機関投資家や個人の富裕層が直接的に資金を供給する手法である。なお，市場型取引の株式市場は，パブリックエクイティ（Public Equity）と称して区別されることもある。

　ここで，ベンチャーキャピタルについて少し説明しよう。ベンチャーキャピタルとは，萌芽的企業（ベンチャー企業としばしば呼ばれる）に資金を供給する金融機関である。萌芽的企業は，成長性はあるものの事業のアイデアが萌芽的であるがゆえに必然的にリスクが高く，外部からの資金調達は難しい。

　ベンチャーキャピタルは豊富な資金力を背景にリスク許容度が大きく，かつ萌芽的企業の事業内容や将来性への分析力が高い金融機関であり，自ら情報生産を行い，出資者として資金を提供する。萌芽的企業の特性として，事業が成功する確率は高くはない。ベンチャーキャピタルは，投資する萌芽的企業の成功確率を高めるために事業や経営へのアドバイスを行う。萌芽的企業は事業に成功すると，株式公開（IPO）を行ってさらにビジネスを拡大しようとする。IPO を行えるまでに成長した企業の株式は投資家のニーズが高く，IPO を実施して公開株に移行すると，株価は未公開株のときに取引された価格よりも高く評価される。ベンチャーキャピタルは，保有していた未公開株を公開時に売却することで多額の利益を得る。失敗することもあるが，成功した場合には高い利得を獲得しようとするビジネスを成立させているのがベンチャーキャピタルである。

■9.3　金融の機能別分類

　これまでの説明をふまえて，金融を機能別に整理してみよう。現実の世界では，既存の金融機関は絶えず変化しており，また時代とともに新たな金融機関も生まれつつある。すると，過去のイメージで金融機関の業務内容を決めつけてしまうと，金融機関が実際に担っている機能を見誤ってしまう恐れがある。例えば，銀行の本来業務は，決済，預金，貸出とされてきたが，現在では，資

産に占める貸出は必ずしも多くなく，証券などの資産運用の比重が高まっており，機関投資家として金融市場における主要なプレイヤーの一つとなっている。つまり，特定の金融機関が何を行っているのかを考えるとき，機能をもとに整理したほうがわかりやすい側面もある。

　ある特定の機能を担う主体が，時代とともに変化することもある。決済機能を担う金融機関といえば，かつては現金や普通預金などを取り扱う銀行が主流であったが，昨今では，情報通信産業が決済機能の担い手として台頭しつつある。

● 9.3.1　金融の6つの機能

　ここでは，金融の機能を大きく6つに整理する。第1の機能は，決済機能である。実際の取引を円滑に行うためには決済が必要であり，決済手段をどの主体が提供しているかが問われる。

　第2の機能は，投資家の資金を保管する機能である。貯蓄を投資につなげるためには，まずいずれかの主体が資金を集約する必要がある。

　第3の機能は，リスクマネジメント機能である。保管された資金は運用されるが，資金の運用は必然的にリスクをともなう。具体的には，資産運用の方針をどうするのか，そしてリスクを誰が負担するのかをいずれかの主体が決めることがもとめられる。

　第4の機能は，情報生産機能である。金融取引はほぼ常に，情報の非対称性の問題をともなっており，この問題を解決するために，何らかのかたちで情報生産を行う必要がある。情報の非対称性はリスクと不可分の関係にあり，この機能は第3のリスクマネジメント機能と密接に関係している。

　第5の機能は，情報発信機能である。市場価格は，売り手と買い手によって集約された市場の情報を発信したものである。価格がリスクとリターンを正確に反映させることができれば，投資家は，この価格という情報を頼りに，最適な意思決定をすることができる。

　第6の機能は，流動性の供給機能である。投資家が流動性不足に陥らないような環境が提供されなければならない。流動性の供給の仕方はさまざまであり，銀行のように直接に資金を貸し出す場合もあれば，市場型取引のように，証券

表 9-1　金融商品別にみた金融の機能の担い手

機能		金融商品		
		預金・貸出	株式・債券	証券投資信託
1	決済機能	銀行	なし	なし
2	資金を保管する機能	銀行	証券会社	信託銀行
3 リスクマネジメント機能	運用方針	銀行	投資家	運用会社 投資家
	リスク負担	銀行	投資家	投資家
4	情報生産機能	銀行	発行主体（企業） 市場	発行主体（企業） 運用会社
5	情報発信機能	なし	市場	運用会社 市場
6	流動性供給機能	銀行	発行主体（企業） 市場	市場 運用会社

の小口化と集約化を通じて流動性の供給を担っている場合もある。

　金融商品を，銀行を通じた預金・貸出，市場を介した株式・債券，そして証券投資信託と3つに分類して，個々の金融商品が供給される過程で，これら6つの金融の機能をどの主体が担っているのかを表9-1でまとめている。

● 9.3.2　預金・貸出における機能の担い手

　まず，銀行を通じた預金と貸出の取引についてみていこう。表9-1の左列をみてみよう。決済機能を担っているのは，銀行である。銀行は，要求払預金を供給するというかたちで決済機能を提供している。

　資金を保管する機能を担っているのは，銀行である。銀行は預金者から資金を受け入れるというかたちで保管機能を担っている。

　リスクマネジメント機能を担っているのは，銀行である。銀行は，リスク性のある事業に融資するという業務を通じて，運用方針を決定し，運用リスクを負担しているといえる。

　情報の非対称性に対処する情報生産機能を担っているのは，銀行である。銀行は自ら，貸出先に対して審査や監視，債権管理などの情報生産活動を行っている。

しかし，銀行は，情報発信機能を担っていない[3]。銀行は，情報生産によって得た貸出先の情報を，価格付けを通じて対外的に発信することはしない。むしろ入手した情報の優位性を生かして銀行は利益を得ようとする。

流動性供給の機能を担っているのは，銀行である。銀行は，決済手段としての要求払預金を預金者に提供し，また資金繰りに困った貸出先に融資をする。

預金と貸出の場合，金融取引にもとめられる機能の多くを銀行が集中的に担っている。

● 9.3.3　株式・債券における機能の担い手

次に，市場を介した株式や債券の取引についてみてみよう。表9-1の中列をみてほしい。資金を保管する機能は，証券会社が担っている。投資家は証券会社に口座を持ち，証券会社を通じて証券の売買を行っている。この場合，証券会社は，投資家の資金を会社の資金とは別に分別管理することが義務づけられている。

リスクマネジメント機能は，投資家が担っている。投資家自身がどの株式や債券を購入するのか，運用方針を決定し，運用リスクを負担する。

情報の非対称性に対処する情報生産機能は，基本的には，証券発行主体である企業が担っている。企業がさまざまな情報開示活動を通じて，投資家との間にある情報の非対称性を解決しようとする。さらに，市場を取り巻くさまざまな機関（格付機関，証券取引所，各種情報媒体など）が，情報の非対称性の軽減や解消に努めている。例えば，株式の上場制度は，証券取引制度による情報の非対称性を軽減する仕組みである。

情報発信機能は，証券取引所が担っている，証券取引所は，個別の株式や債券の価格，取引高，また各種指数（株価指数など）などの情報を公表して，投資家の売買における意思決定や証券発行主体である企業の意思決定を下支えしている。

流動性供給機能は，証券発行主体である企業と証券市場を取り巻くプレイヤーが担っている。企業は発行する証券の取引単位を小口化して，投資家が小

3　協調融資やシンジケートローンというかたちで，複数の銀行が貸出先の情報を共有することはある。

口で証券を売買できるようにするというかたちで投資家の流動性不足を緩和しようとしている。

　株式や債券の場合，投資家自身が金融機能を直接に担っている部分が大きい。さらに，いくつかの主体が，市場を下支えするかたちで金融取引の機能を分担している。

● 9.3.4　証券投資信託における機能の担い手

　では，投資信託はどのようになっているだろうか。表9-1の右列をみてみよう。株式や債券を組み入れた証券型投資信託を例にみていく。資金を保管する機能は，管理会社である信託銀行が，分別管理を行っている。

　資金を運用するリスクマネジメント機能は単一主体がすべて担っているわけではない。運用会社である投資信託委託会社が，投資信託商品を組成しており，組成された投資信託商品のなかから投資家が選択しているので，運用方針の決定は，運用会社と投資家が分担しているといえる。一方，運用リスクは投資家が負担する。

　情報の非対称性に対処する情報生産機能は，基本的には，証券発行主体である企業が担い，さらに，運用会社（投資信託委託会社）が，公開情報の提供や独自の分析や情報収集を通じて補完している。投資助言会社のサポートに頼ることもある。

　情報発信機能は，運用会社（投資信託委託会社）と市場が担っている。運用会社は，日々，投資信託商品の価格を基準価額として公表している。上場投資信託（ETF）については，証券取引所が価格を公表しており，市場もまた情報発信機能を担っているといえる。

　流動性供給機能は，基本的には，証券市場を取り巻くプレイヤーが担っているが，付け加えると，運用会社（投資信託委託会社）が，証券の小口化と集約化を通じて流動性の供給を下支えしている。

　証券投資信託の取引の場合，株式や債券の取引に比べて，金融の機能のより多くの部分を金融機関が担っており，投資家自身が担う部分は少なくなっている。

● 9.3.5　金融の機能のアンバンドリング化

　近年の金融の発達は，金融の機能を分解し，それぞれの機能を専門に特化した金融機関が担う方向に進みつつあり，この傾向はアンバンドリング化と呼ばれる[4]。これによって，専門性を生かした分業体制を確立して，投資家のニーズにより合致した金融商品を供給できるメリットが生じる。情報通信技術の発達が分業を細分化し，あるいは新たな機能を専業とする金融機関が登場することもありえる。一方，高度化と専門化によって分業のかたちが複雑となり，金融機関の間でどのようにリスクを分担しているのかがわかりにくくなったり，また金融機関同士の間で新たな情報の非対称性の問題を引き起こしたりという問題を潜在的に抱えるようになっている。

■ 9.4　利子率体系と国債

　世の中には，預金利子率，銀行貸出利子率，消費者ローン利子率，社債の利回り，国債の利回りなど数多くの利子率が存在する。

　これらの数多くの利子率は利子率体系を構成している。利子率体系は，返済が確実でリスクのない安全資産と呼ばれる資産の利子率であるリスクフリーレートを基準に，リスクの程度や満期などの流動性の違いによって，リスクプレミアムや流動性プレミアムが上乗せされるかたちで決まる利子率の集合体である。そして，利子率体系の要に位置しているのが安全資産の利子率である。では，何が安全資産といえるのか。

　現実の世界では完全に安全といえる資産は存在しないが，数多くの資産のなかで最も安全性の高い資産と考えられているのは，国家によって発行される国債である。政府は支出を基本的には税金で賄おうとするが，税金だけでは足りないとき，債券を発行して資金を調達しようとする。その債券が国債である。

4　バンドリング（bundling）とは，束ねることを意味し，アンバンドリングとは逆に，束ねられていたものを分解することを意味する。アンバンドリングは，投資リスクをデリバティブによって unbundling することを指す場合もあるが，ここでは金融が実現するために必要となるさまざまな機能を unbundling することを指す。

国債の発行は，国家の信用を根拠としているため，企業や地方公共団体が発行する債券よりも安全性の高い資産であるとみなされる。そして，この安全性の高い国債の利回りが，リスクフリーレートとして位置づけられている[5]。

　したがって，国債は，数多くの金融資産の価格付けの基準となる“アンカー資産”であり，その利回りは利子率体系の起点となる。第6章で説明したように，債券価格や株価は，リスクフリーレートを機会費用として決定される。よって，厚みがあり流動性のある金融市場を創ろうとすれば，まずもって国債市場の整備が必要ということになる。

　国債市場の整備が金融市場の発展をもたらした最もわかりやすい事例が英国である。17世紀後半，欧州は度重なる戦争によって資金調達が急務であった。英国は，ロンドンに証券取引所を設立し，さらに，国債引き受けを専門とする証券会社としてイングランド銀行を設立して，民間資金で公的債務を引き受けるという手法を導入する[6]。金融業者たちは仲介業務に乗り出し，国債を小口化して売った。こうして国債市場が整備される。19世紀においても，国債市場が整備されていたのは，世界で唯一，ロンドンであった。そのため，英国以外の国家が戦争などで巨額の国家支出を必要とするときには，ロンドンで国債を発行するのが一般的であった。そして，ロンドンの金融街であるシティを擁するイギリスの金融市場は，世界の金融センターへと成長していったのである。

　翻って日本をみてみよう。1970年代後半に国債の大量発行があり，規制の多かった日本の金融市場が自由化される契機となった。これ以前は，発行された国債を金融機関が全額引き受けていたが，売却を禁じられていたため，流通市場は存在しなかった。しかし，第1次石油危機によって政府の財政収支が悪化して大量の国債が発行されるようになると，利回りが低位に据え置かれた国債を保有することは，金融機関の経営を圧迫するようになる。そこで，金融機関は政府に対して国債の売却規制の緩和を要求した。国債を市中で売却することが認められるようになると，国債の二次市場である流通市場が生まれ，既発国債の利子率は自由に市場で決まるようになった。こうして日本の国債市場が

5　特に，1年物国債利回りは，1年あたりのリスクフリーレートとして利用される。

6　1694年，英国議会はイングランド銀行の設立を決定する。イングランド銀行は，はじめから中央銀行であったわけではない。

整備され，日本の社債市場の整備や預金利子率の自由化にもつながっていった。

■9.5　短期利子率と長期利子率

　利子率体系においてアンカー資産となるのは国債であることを述べた。国債には，満期が1年未満の短期国債から，満期が1年を超える長期国債まで，満期の異なる国債が多数存在している。ここでは，国債を例にとって，短期利子率と長期利子率がどのような関係を持つのかをみていこう。

　いま，1万円を2年間運用しようと考えている投資家が，1年満期の短期債で運用するかそれとも2年満期の長期債で運用するか思案しているとしよう。今年発行される短期債の1年あたりの利子率を r_{S1}，さらに1年後に発行される短期債の1年あたりの利子率の予想値を r_{S2} とすると，短期債を繰り返して2年間運用すれば，利子を複利で計算すると，1万円は2年後に $(1+r_{S1})(1+r_{S2})$ 万円となる。一方，2年後に満期日を迎える長期債の1年あたりの利子率を r_{L2} とする。長期債で2年間運用すれば，1万円は2年後に $(1+r_{L2})^2$ 万円となる。

　さて，短期債の利子率 r_{S1} と，長期債の利子率 r_{L2} の関係がどうなるのかを考えてみよう。2つの運用方法の間で裁定が働き，2つの選択肢の収益率は等しくなるように利子率は決まるので，

$$(1+r_{L2})^2 = (1+r_{S1})(1+r_{S2})$$

が成り立つ。ここで注意したいのは，短期債の利子率は，2期間を通じて必ずしも等しいとは限らないということである。例えば，今年，長期利子率が短期利子率よりも高い，つまり $r_{S1}<r_{L2}$ が成立していたとしよう。このとき，$(1+r_{L2})^2 = (1+r_{S1})(1+r_{S2})$ の関係が成立していることから，$r_{L2}<r_{S2}$，つまり，来年は逆に，短期利子率が長期利子率よりも高いという関係が成り立っていなければならない。2つの不等式をまとめると，

$$r_{S1}<r_{L2}<r_{S2}$$

となる。これは，今年から来年にむけての短期利子率 r_{S1} よりも来年から再来

図9-2　イールドカーブのイメージ

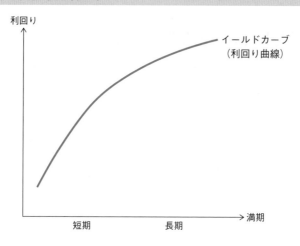

年に向けての短期利子率 r_{S2} のほうが高くなると市場は予想していることにほかならない。つまり，今年，長期利子率が短期利子率よりも高いとするなら，それは，来年あたりから景気が回復して，資金需要の高まりから利子率もまた上昇するだろうと人々が予想していることを表す。短期利子率と長期利子率の関係は，市場が将来の景気をどのように予想しているかを示唆するシグナルの役割を果たしている。

　横軸に満期（償還期限までの長さ），縦軸に利回りをとったグラフをイールドカーブと呼ぶ。イールド（**Yield**）とは利回りを表す。イールドカーブは，短期利子率と長期利子率についての情報を一目みてわかるように提供してくれる。

　図9-2のように，イールドカーブが右上がりの状態にあることを"順イールド"といい，短期利子率が将来上昇すると投資家が見込んでいるという投資家の予想を反映している。逆に，イールドカーブが右下がりの状態にあることを"逆イールド"という。

■9.6　日本の資金循環の現状と特徴

　ここで，日本における資金循環，つまり，どのように資金が流れているかを確認してみよう。図9-3は，家計，民間非金融法人企業（以下，法人企業），一般政府，金融機関，海外の5つを主体と捉え，これら5つの主体の間で資金がどのように流れているのかを表している。

● 9.6.1　資金運用の状況

　まず，図9-3の右側を見てみよう。家計，法人企業，一般政府の3つの主体（国内非金融部門）の「資金運用」の項目を計上しており，これらの主体がどのようなかたちで金融資産を保有して運用しているかを表している。

　家計，法人企業，一般政府を比べると，保有している資産額が最も多いのは家計であり，1900兆円を超えている。家計は，資産の50%以上を現金や預金のかたちで保有しており，残りを証券や保険・年金などのかたちで保有している[7]。法人企業は，400兆円を超える証券を保有しており，これは主として他企業が発行している株式などの証券を保有していることを表している。一般政府は中央政府，地方公共団体，社会保障基金からなり，約240兆円の証券を保有している。これは公的年金を運営する社会保障基金が，株式，債券，投資信託などで運用している状況を表している。

● 9.6.2　資金調達の状況

　次に，図9-3の左側をみてみよう。ここは「資金調達」の項目を計上しており，家計，法人企業，一般政府，海外がどのようなかたちで資金を調達しているかを表している。調達している資金の総額が最も多いのは法人企業であり，約1800兆円に達する。しかし，図の読み方には注意を要する。法人企業は，銀行などから借り入れたり，株式や債券など証券を発行したりして資金を調達しているが，証券の項目に記載される約1120兆円は，発行した証券の2021年

---

[7]　証券は，株式，投資信託受益証券，債務証券（社債や債務証書など），国債，金融債（金融機関が発行する社債），信託受益権などを含む。

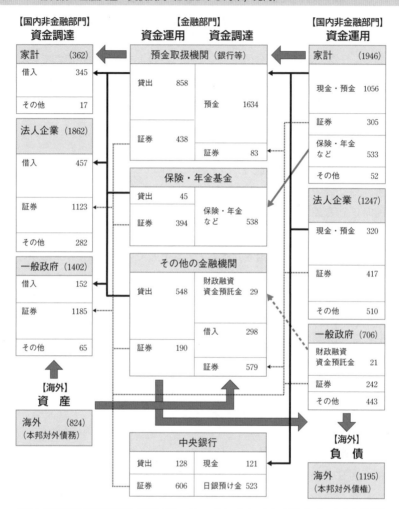

図9-3　部門別の金融資産・負債残高（2021年3月末, 兆円）

【国内非金融部門】
資金調達

家計	(362)
借入	345
その他	17

法人企業	(1862)
借入	457
証券	1123
その他	282

一般政府	(1402)
借入	152
証券	1185
その他	65

【海外】
資　産

海外	(824)
（本邦対外債務）	

【金融部門】
資金運用　　資金調達

預金取扱機関（銀行等）

貸出	858	預金	1634
証券	438	証券	83

保険・年金基金

貸出	45	保険・年金	
証券	394	など	538

その他の金融機関

貸出	548	財政融資 資金預託金	29
		借入	298
証券	190	証券	579

中央銀行

貸出	128	現金	121
証券	606	日銀預け金	523

【国内非金融部門】
資金運用

家計	(1946)
現金・預金	1056
証券	305
保険・年金 など	533
その他	52

法人企業	(1247)
現金・預金	320
証券	417
その他	510

一般政府	(706)
財政融資 資金預託金	21
証券	242
その他	443

【海外】
負　債

海外	(1195)
（本邦対外債権）	

出所：日本銀行の資金循環統計（URL：https://www.boj.or.jp/statistics/sj/index.htm）および『資金循環統計の解説』をもとに作成

3月末時点での市場価値の総額（時価総額）を表しており，必ずしも実際に調達した資金の総額ではない。例えば，株式を例にとれば，発行市場で株式を発行した時点よりも流通市場で株価が上昇していれば，時価総額は調達額を上回る。

家計が調達している資金の総額は，法人企業や一般政府と比べて小さい。家計の資金調達のほとんどは金融機関からの借り入れというかたちをとっており，主な内容は住宅ローンである。一般政府が資金調達している額は1400兆円を超えており，内訳は，国庫短期証券，国債，財投債，地方債，政府関係機関債を含み，合わせて「政府債務残高」と呼ばれる。資金調達の内訳をみると，証券の発行が約1180兆円と圧倒的に多く，その多くは国債が占めている。政府債務の大きさがしばしば議論されるが，政府の負債は約1400兆円，政府の資産（運用可能な金融資産）は約700兆円であり，政府の保有する金融資産を控除して計算された政府の"純債務"は，約700兆円ということになる。

● 9.6.3　金融部門の状況

　図9-3の中央に描かれているのが金融部門の資金運用と資金調達であり，金融部門が図の左側に記載された非金融部門の資金調達と右側に記載された資金運用を仲介している様子がわかる。まず，上段の預金取扱機関（主に銀行）をみてみよう。「資金調達」の列をみると，家計および法人企業から預金を約1600兆円受け入れていることがわかる。預金取扱機関の「資金運用」の列をみると，受け入れた資金をどのように運用しているかがわかる。預金取扱機関が貸出で運用しているのは預金の約50%にすぎず，残りの50%弱のうち約半分，つまり約25%を証券の購入に充てている。

　次に，中段の保険・年金基金をみると，資金調達の項目として，家計からの保険や年金が記載されており，資金運用の項目として貸出と証券が記載されている。これは，家計から受け入れた保険や年金の掛け金を主に証券の購入で運用している様子を表している。なお，ここでの年金基金は民間の年金基金である。預金取扱機関や保険・年金基金は，金融仲介機関として非金融部門の資金運用と資金調達をつないでおり，"間接金融"の資金の流れを捉えている。

　非金融部門の資金調達と資金運用をつなぐのは，必ずしも金融仲介とは限らない。家計や法人企業が資産として保有する証券は，金融仲介を経ることなく，直接に法人企業の資金調達の項目の証券と矢印でつながっている。これは，家計や企業が，企業が発行する株式や社債を直接に購入していることを表しており，本章の1節で説明した"直接金融"の資金の流れを捉えている。

なお最近では，金融のアンバンドリング化が進み，「その他の金融機関」の規模が拡大しつつあり，資金運用額は約 740 兆円に達する。その内訳は，証券投資信託，ノンバンク，公的金融機関，ディーラー，ブローカーなどを含む。

● 9.6.4　対外資産と対外負債

　図 9-3 の右側の最下段にある「海外」は，国内の主体が海外に約 1200 兆円の資産（つまり対外資産）を保有していることを表している。一方，左側の最下段にある「海外」は，国内の主体が海外から約 820 兆円の債務（つまり対外負債）を負っていることを表している。差し引いて，日本は海外に対して約 380 兆円の「対外純資産」を保有していることになる。

● 9.6.5　日米欧の比較

　さて，次に，家計の金融資産の運用状況と，法人企業の資金調達状況について，米国，ユーロエリアと比較してみることとしよう。

　図 9-4 は，家計の資産運用について示している。日本の特徴は，現金・預

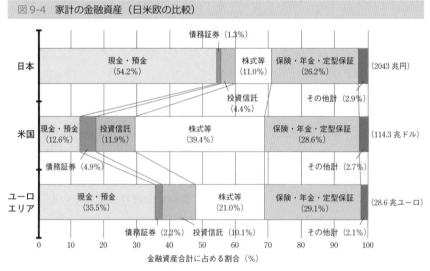

図 9-4　家計の金融資産（日米欧の比較）

注 1：「その他計」は，金融資産合計から，「現金・預金」，「債務証券」，「投資信託」，「株式等」，「保険・年金・定型保証」を控除した残差。
注 2：データは，2023 年 3 月末時点の値である。
出所：日本銀行調査統計局『資金循環の日米欧比較』（2023 年 8 月 25 日）

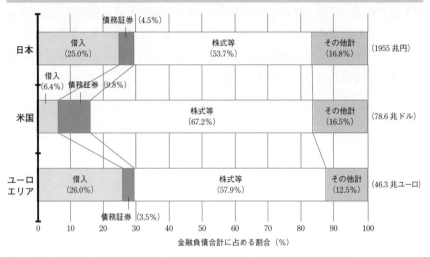

図9-5　企業の資金調達（日米欧の比較）

注1：「その他計」は，金融負債合計から，「借入」，「債務証券」，「株式等」を控除した残差。
注2：ユーロエリアは，民間非金融法人企業および公的非金融法人企業を含む，非金融法人企業の金融負債構成を示している。
注3：データは，2023年3月末時点の値である。
出所：日本銀行調査統計局『資金循環の日米欧比較』（2023年8月25日）

金比率が米国，ユーロエリアに比べて非常に高いことである。米国は現金・預金比率が非常に低い。現金・預金は，収益性が低い資産であり，日本の家計は資産の運用において収益性をそれほど重視していないことが見て取れる。保険等については，日米欧の3地域において資産に占める割合は同程度である。株式や債券，投資信託等での運用の程度が日米欧の資産構成の違いをもたらしている。

　次に，企業の資金調達の状況からみてみよう（図9-5）。なお，日本銀行は，借入だけでなく株式を含む調達資金全体を負債として表記している。株式による資金調達がいずれの地域でも多い。借入と証券（債務証券，株式等）との比率で検討すると，米国は，他の2地域に比べ，借入の割合が低く債務証券の割合が高いことが確認できる。

◆　ま と め

　この章では，直接金融と間接金融，相対型取引と市場型取引，金融取引の機

能などいくつかの視点から金融取引を分類した。預金・貸出，株式・債券，投資信託の機能の違いも整理されたと思う。また，国債という金融商品の安全資産としての特別な機能について説明し，そのうえで長期利子率と短期利子率の関係についても学んだ。最後に，これまで学んだ知識をふまえて，我が国の資金の大まかな流れについて概観した。

第10章

国 際 金 融

> ここまでは，国内の金融を暗黙の前提として話を進めてきた。この章では，国際金融について学ぶ。国内金融と区別すべき大きな特徴は，取引のなかで複数の通貨が利用されることである。すると，異なる通貨の交換比率を決める必要がある。それが為替レートである。為替レートはどのように決まるのか，そして「自国通貨の価値が高い」とはどのような意味なのかを学ぶ。

■ 10.1 国際金融と国際金融市場

● 10.1.1 国際金融とは

　ここでは国際金融について学ぶ。交易の歴史は非常に古く，国境を越えた取引は長く行われてきた[1]。現代においても，グローバル化の進展で国境を越え

---

　1 例えば，『華麗なる交易 貿易は世界をどう変えたか』（ウィリアム・バーンスタイン，鬼澤忍訳，日本経済新聞出版社，2010 年）を参照。

た交易だけでなく，資本の移動が活発化している。国境を越えた資本の移動は，債券や株式の購入などの証券投資のかたちをとることもあり，海外企業の経営権の取得をともなう直接投資といったかたちをとることもある。

国際金融とは，何らかの意味で「国際的な」金融取引を指す。それは「通貨」の場合もあるし，「取引主体」の場合もあるし，あるいは「取引の場」の場合もある。例えば，日本円と中国元の交換は，2つの国の通貨がかかわる取引である。また日本の銀行がインドの企業に資金の貸出をするという取引は，異なる国の取引主体による取引である。さらに，日本の投資家が米国で発行されている日本企業の債券を購入するという取引もまた国際的な金融取引である。なぜなら，日本の投資家が米国の債券市場という取引の場を利用しているからである。そこでは，使用される通貨は日本円でない可能性が高く（通常，米ドルが使われる），また適応される制度や法，規制，商慣習が日本と異なっている。

● 10.1.2　国際金融市場の成り立ち

さて，国際金融市場は，ある国の市場においてどの国の通貨で取引がなされているかによって，伝統的な市場とユーロ市場に区別される。伝統的な市場とは，ある国の市場においてその国の通貨で取引がなされている市場である。対照的に，ユーロ市場とは，ある国の市場においてその国の通貨以外の通貨で取引がなされている市場である。例えば，英国の金融市場で日本円建ての取引が行われるときや，日本の金融市場でシンガポールドル建ての取引が行われるとき，その市場をユーロ市場と呼ぶ。「ユーロ」という表現は，自国通貨以外の通貨による国際金融が発達したのが欧州であったことにちなんでおり，欧州の共通通貨のユーロという意味ではない。ユーロ市場で取り扱われる通貨はユーロ・カレンシーと呼ばれる。欧州を舞台とするユーロ市場で流通する米ドルはユーロ・ダラーと呼ばれる。

歴史上，自国通貨が基軸通貨として利用される国において，国際金融市場の発達は著しかった。基軸通貨とは，国際的に利用される通貨のうち，特にその利用される度合いが突出して高い通貨を指す。中世では，イタリアやオランダが国際金融市場の中心であり，その後，英国が覇権を握ると，英国のロンドンを中心に国際金融市場が発達し，英ポンドは基軸通貨となった。米ドルは，第

1次世界大戦後に国際通貨として台頭し，第2次世界大戦以降に基軸通貨としての地位を獲得した。

　米ドルを基軸通貨とする通貨制度（ブレトンウッズ体制と呼ばれる）が確立したものの，各国の金融規制のせいで国際金融市場はなかなか発展しなかった。転機は，冷戦中の1950年代，ソ連や東欧の旧東側諸国が米国に保有していた米ドル預金を，ロンドンを中心とした欧州に移管したことを発端に，ユーロ市場が生まれたことである。当時の米国では金利規制が厳しく，自由な金融取引をできなかった。一方，英国では，外貨取引に関する規制が弱く，運用と調達の両面で自由な取引が可能であり，また戦前の経験から，英国の金融機関が国際金融や外国為替の高度な技術を有していた[2]。その後，1970年代のオイルショックをきっかけに，産油国の潤沢な資金の流入によってユーロ市場は飛躍的に拡大し，ユーロ・ダラーを軸として自由な資本移動を前提とする国際金融市場が体裁を整えるようになった。さらに，米ドルだけでなく，ドイツマルクやスイスフランなどがユーロ・カレンシーとして取り扱われるようになり，また東京やシンガポールなどさまざまな国や地域で国際金融市場が発達した。

　1980年代に入ると，非居住者同士のみの取引を認める市場が創設されるようになる。この市場は，オフショア市場と呼ばれる。オフショアとは，"岸を離れている"という意味であり，国内取引から切り離されて，規制は少なく税制面で優遇されるという，比較的自由な取引を認めている。日本においても，1986年に東京オフショア市場（Japan Offshore Market; JOM）が創設されている。一方，1980年代からのデリバティブ市場の発達を受け，国際金融市場においても，伝統的な市場とユーロ市場のそれぞれに，原資産市場とデリバティブ市場が存在している。

● 10.1.3　国際決済の仕組み

　貿易や金融の国際取引は，異なる通貨を利用する経済主体の間の取引であることから，決済の方法は，国内取引と異なっている。国内取引の場合，第1章で説明したように，各銀行が日本銀行内に開設している当座預金口座の振り替

2　ロンドンは，第2次世界大戦後，米ドルに基軸通貨の地位を譲り，国際金融の地位が低下していたが，ユーロ市場の登場で，国際金融市場として存在感を復活させる。

えを通じて入出金を行い，銀行間の決済が完了する。しかし，国境を越える金融取引の場では，中央銀行がハブの役割を果たすことはない。国際取引の場合，一般の民間銀行がハブの役割を果たし，その銀行はコルレス銀行 (Correspondent Bank) と呼ばれる。そして，国際送金を行おうとする銀行は，コルレス銀行にコルレス口座を持つ。

　具体例をみてみよう。日本企業がタイの企業から商品を買い付けてタイバーツで支払いをしようとする場合，日本円を直接にタイバーツに交換することは難しい。日本円を米ドルに換え，米ドルをタイバーツに換える迂回路があれば，国際送金は可能となる。

　まず，日本の A 銀行とタイの B 銀行の双方が，米ドルを扱うコルレス銀行（シティバンクや J.P.モルガンなど）のニューヨーク支店にドル口座を持つ。日本企業が A 銀行に支払額を日本円で振り込み，A 銀行はこれを米ドルに換えてコルレス銀行の口座に預ける。コルレス銀行は，A 銀行の口座から B 銀行の口座に振り替えを行うと，B 銀行へ入金される。B 銀行は入金された米ドルをタイバーツに変えてタイ企業に支払えば，取引は完了する。

　このように，国際取引は，異なる通貨が交換される取引をともなう。そして，その取引の場は外国為替市場と呼ばれ，その市場で，異なる通貨の間の交換比率，つまり外国為替レートが決定する。次の節では，外国為替レートがどのように決まるかについて説明する。

■ 10.2　外国為替レート

　外国為替レート（Foreign Exchange Rate; 以下，為替レートと略する）は，日本円と米ドルのように異なる通貨を交換するときの比率である。"1 ドル 100 円" といった表現は，外国通貨を基準として自国通貨の日本円の価値を測る方法であり，自国通貨建てと呼ばれ，外国通貨 1 単位に対して自国通貨がいくらになるかを表している。自国通貨を日本円としているので，「邦貨建て」あるいは「円建て」という呼び方をすることもある。また，"1 円 0.01 ドル" といった表現もあり，「外国通貨建て」と呼ばれ，自国通貨を基準として外国通貨を

測る方法である[3]。

　為替レートの動きと外国通貨に対する自国通貨の価値の関係をここで確認しておこう。自国通貨を日本円，外国通貨を米ドルとするとき，為替レートを自国通貨建てで E(円/ドル) で表すとしよう。例えば，$E = 100$ の場合，為替レートは 1 ドルあたり 100 円である。

　さて，為替レートが $E = 100$ から $E = 200$ に変化したとする。この場合，円の価値は上昇したのであろうか，低下したのであろうか。数字が 100 から 200 へと大きくなっているので，円の価値が上昇したと短絡的に考えてはいけない。日本人の立場からすれば，1 ドルを入手するのに，これまで 100 円で十分であったものが，200 円を必要とするようになったのである。逆に，米国人の立場からすれば，200 円を入手するのに，これまで 2 ドルを必要としたのに，今は 1 ドルで十分となったのである。つまり，円の価値が米ドルの価値に比べて低下したのであり「円安・ドル高」になったといえる。逆に，為替レートが $E = 100$ から $E = 80$ に変化したとすれば，円の価値が米ドルの価値に比べて上昇したのであり，「円高・ドル安」になったといえる。このように，ある通貨の価値が他の通貨の価値に対して上昇することを増価（Appreciation），低下することを減価（Depreciation）という。第 1 章において，インフレのときの貨幣価値の変化を検討したが，その際，モノの価値に対する貨幣の価値を考えた。ここでは，外国通貨の価値に対する自国通貨の価値を考えているとみなすことができる。

　為替レートは通貨と通貨の組み合わせごとに存在する。よって，日本円の増価や減価は，米ドルに対してのみならず，米ドル以外の通貨，例えば，ユーロに対しても考えることができる。

3　どちらの通貨を基準とするかは慣習で決まっている。日本円，スイスフラン，カナダドル，アジア諸国などの通貨は自国通貨建てで，また，米ドル，ユーロ，英ポンド，オーストラリアドル，ニュージーランドドルなどの通貨は外国通貨建てで示される。

　為替レートは，自国通貨の外国通貨に対する交換比率，つまり相対価格なので，その値は，基本的には，外国為替市場における外国通貨と自国通貨の需給のバランスによって決まると考えることができる。

　図 10-1 は，日本円の需要と供給を表している。横軸には円の取引額がとられており，縦軸には日本円の強さがとられている。日本円の価値が高くなるほど，つまり円高になるほど，大きな値をとる。厳密には，縦軸は，自国通貨建ての為替レート（E）の逆数である外国通貨建ての為替レート（$1/E$）を表すと考えてよい。

　米ドルに対する日本円の需要曲線は，米ドルを売って円を買いたいという投資家の意図を反映している。円安・ドル高のときのほうが円高・ドル安のときに比べて，同じ金額の米ドルを売るためにより多くの円を需要することになるので，右下がりの曲線として描かれている。

　一方，米ドルに対する日本円の供給曲線は，米ドルを買って円を売りたいという投資家の意図を反映している。円高・ドル安のときのほうが円安・ドル高

図 10-1　為替レートの決まり方

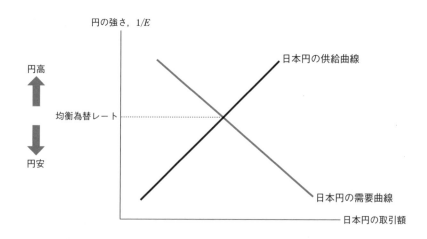

のときに比べて，同じ金額の米ドルを買うためにより多くの円を売ることになるので，右上がりの曲線として描かれている。

需要曲線と供給曲線が交わる点で需給が均衡し，為替レートが決定する。均衡での為替レートは均衡為替レートと呼ばれる。

第2章で均衡利子率の決まり方を説明したときと同様に，何らかの理由で需要曲線や供給曲線が変化すると，均衡為替レートもまた変化する。需要曲線の右方シフトが生じると円高・ドル安（E の値の下落）となり，供給曲線の右方シフトが生じると円安・ドル高（E の値の上昇）となる。

為替レートを変化させる要因として考えられる主なものが，物価と利子率である。両国の物価に着目した考え方を購買力平価説と呼び，両国の利子率に着目した考え方を金利平価説と呼ぶ。順に説明をする。

■ 10.4　購買力平価説

購買力平価説（Purchasing Power Parity; PPP）とは，2国の為替レートが，両国の物価水準の比率に等しくなるという考え方である。購買力平価説は，同じ財は同じ価格で取引されるとする一物一価の考え方に基づいているので，一物一価の考え方から話を進めていこう。

自動車（財 i として考える）を例にとって考える。全く品質が同じの日本製の自動車と米国製の自動車を考えよう。日本製の自動車の価格（p_i^J）が 100 万円で，米国製の自動車の価格（p_i^A）が 1 万ドルであるとする。今，為替レート（E）が 120(円/ドル)であるとすると，米国製の自動車の円建ての価格は，$E \times$ 米ドル価格で計算された 120 万円となり，日本製の自動車より高くなる（つまり $p_i^J < E \times p_i^A$）。すると，米国の消費者は割安な日本製の自動車を欲する。日本から米国へ自動車の輸出が増え，その結果，日本製の自動車は日本国内で品薄になり，日本製の自動車の国内価格（p_i^J）が上昇するだろう。一方，米国内では，日本製の自動車と競合する米国製の自動車の価格（p_i^A）は下がるだろう。日米の自動車の間で裁定が働いて，両国の自動車の価格が等しくなるところまで調整は進み，最終的に

$$p_i^J = E \times p_i^A \tag{1}$$

が成り立つ。両国で自動車は同じ価格で取引されるので，一物一価が成立している[4]。

　ここまでは，自動車という特定の財について考えてきたが，第1章で説明したように，世の中には多種多様な財が存在する。物価水準とは，一国で生産されるすべての財やサービスのそれぞれの価格の平均値である。すると，日米の自動車の価格が為替レートを通じて一物一価の法則が成立していたように，日米の物価水準と為替レートの間にも似たような関係があるのではないかと推測したくなる。

　結論からいえば，購買力平価説では，日本の物価水準を P^J 円，米国の物価水準を P^A ドル，為替レートを E（円/ドル）としたとき，

$$P^J = E \times P^A \tag{2}$$

という関係が成立する。式（1）と異なって，財 i を示す下付き文字がないことを確認してほしい。この式を素直に読めば，日本の物価水準と，米国の物価水準に為替レートを掛けて円建てで評価した値が等しくなるように，為替レートが調整されると読むことができる。式（2）の両辺を P^A で割ると，

$$E = P^J / P^A \tag{3}$$

となる。つまり，購買力平価説では，為替レートは2国の物価水準の比に等しくなるように決まる。例えば，日本にインフレが起きて物価水準が上昇すれば，為替レートは上昇して円安・ドル高になる。物価が上昇すれば，同じ額の通貨で買える財の量，例えば，20万円で買える財の量は少なくなる，つまり円の購買力は低下することになる。購買力平価説は，円安・ドル高は，日本円の購買力が米ドルの購買力に比べて低下したことによって生じたと捉える。

　例を使って考えてみよう。日本で1か月の生活必需品に要する額が20万円，米国でのそれが2000ドルであったとしよう。購買力平価説で測った為替レー

4　逆に，日本製の自動車価格が米国製の自動車の価格の円評価額よりも高いのであれば，米国から日本へ輸入が生じる。

図10-2 購買力平価と実際の為替レート（円/ドル）の推移

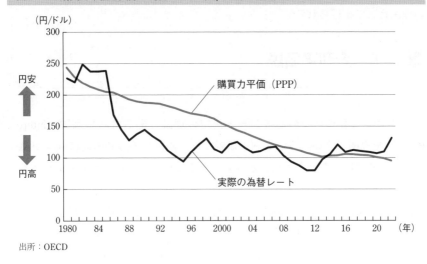

（円/ドル）

円安

円高

購買力平価（PPP）

実際の為替レート

出所：OECD

トは，100円/ドルとなる。インフレが生じて，1か月の生活必需品に要する額が，30万円に上昇したとしよう。すると，為替レートは150円/ドルに上昇して，円安・ドル高となる。

　図10-2は，絶対的購買力平価説に基づいて計算された為替レートと実際の為替レートの値を比較している。図からわかるように，購買力平価説が厳密に成り立っているわけではない。その理由の一つとして，現実の貿易は取引コストがゼロではないことが挙げられる。輸送費がかかるし，関税や非関税障壁などの貿易障壁もある。加えて，生活必需品のなかには，理髪などのサービスや建設など貿易に向かない財（＝非貿易財）が存在し，また，両国で生活習慣が異なっていれば生活に必要とする財の組み合わせもまた同じなわけではない。式（2）や式（3）で示される物価水準は，理論的には同じ財バスケットの価格である。しかし，各国で実際に計算されている物価は，第1章で説明したように，それぞれの国の財に基づいて計算されるので，全く同一ということはない。したがって，政府統計で公表される物価水準をもとに式（3）を計算しても，為替レートの値に等しくなるという保証はない。

　さらに，実際の資金取引において，財やサービスなどの貿易による取引額よ

りも，金融取引額のほうが大きいということも，購買力平価説が成り立ちにくい理由として挙げられる。

■ 10.5　金利平価説

　ここでは，もう一つの為替レート決定の理論である金利平価説（Interest Parity）を説明していこう。金利平価説では，両国間の金利の間に裁定が働き，両国で資産運用したときの収益が等しくなるように為替レートが決まると考える。

　ある投資家が手持ちの資産を日本で運用する場合と，米国で運用する場合を考える。まず，日本で運用する場合を考えよう。時点 t の日本の1年物債券の名目利子率を i_t^J とする。この債券へ1円を投資すると，1年後に $(1+i_t^J)$ 円が得られる。

　次に，同じ1円を米国で運用する場合を考えよう。米国の債券を購入するためには，まず米ドルを手に入れる必要がある。為替レートを E_t（円/ドル）とすると，1円を売って $(1/E_t)$ ドルを獲得する。時点 t の1年物の米ドル建ての米国債券の名目利子率を i_t^A とすると，$(1/E_t)$ ドルは1年後に $\dfrac{1+i_t^A}{E_t}$ ドルとなる。

　この投資家は，最終的にこのドル資産を円に変換しなければならない。このときに，1年後に為替レートがどうなるかが意味を持ってくる。予想される1年後の為替レート（将来の期待為替レートと呼ぼう）を E_{t+1}^e で表すと，$\dfrac{1+i_t^A}{E_t}$ ドルを日本円で換算すると，$\dfrac{1+i_t^A}{E_t}E_{t+1}^e$ 円となる。つまり，米国の債券に1円の投資をすると，1年後に $\dfrac{1+i_t^A}{E_t}E_{t+1}^e$ 円を獲得できるだろうと予想する。

　この投資家はリスク中立的であり，金融資産から得られる期待収益率のみに関心があり，リスクについては全く考えないものとする。投資家は期待収益率が高い資産を保有しようとするので，両国の資産の間に裁定が働いて，2つの資産の期待収益率は等しくなるように市場で調整される，つまり，

$$1+i_t^J = \frac{1+i_t^A}{E_t}E_{t+1}^e \tag{5}$$

が成り立つ。もし（左辺）＞（右辺）であるならば，日本で運用するほうが米国で運用するよりも儲かるため，投資家は日本で運用しようとする。資金が米国から日本へ流入すると，外国為替市場で米ドルを売って，日本円を買おうという動きが生まれる。日本円に対する需要が増えると，円高・ドル安となる，つまり為替レート E_t が低下するので，（右辺）の値が上昇し，等号が回復する。もし（左辺）＜（右辺）であるならば，やはり調整が働いて，為替レートが変化して等号が回復する。

式（5）は，

$$1+i_t^J = (1+i_t^A) \times \left(1 + \frac{E_{t+1}^e - E_t}{E_t}\right)$$

と書き直すことができ，さらに近似式として，

$$i_t^J = i_t^A + \frac{E_{t+1}^e - E_t}{E_t} \tag{6}$$

として表される[5]。このとき，金利平価説が成り立ち，日本の名目利子率が，外国の名目利子率に自国通貨建ての為替レートの期待変化率を加えたものに等しくなる。式（6）は，2国間の金利差が，将来の期待為替レート（E_{t+1}^e）を与えられたものとしたうえで，為替レート（E_t）を決めると読むことができる。

ここまでは，将来の為替レートは確実であるという前提で議論してきた。しかし，将来の期待為替レートが，実際に1年後に実現する為替レートと同じである保証は全くない。期待が外れて2つの為替レートが異なってしまうと，投資家は予期せぬ損失を被るリスクがある。この裁定取引には為替リスクが存在し，式（5）による金利平価は，リスクをカバーしていないという意味で，カバーなし金利平価と呼ばれる。一方，外国為替市場には先物市場が存在してお

5　近似値の計算では，$i_t^A \dfrac{E_{t+1}^e - E_t}{E_t}$ の項は微小な値をとるので，削除している。

り，将来時点で取引する為替レートを現時点で決めることができる。先物市場
での為替レートは，フォワードレートと呼ばれ，先物契約を結んでおけば，リ
スクをカバーして金利裁定を行うことができるようになる。現時点で決まる1
年後に取引するフォワードレートを$F_{t,t+1}$で表すと，フォワードレートで1年
後に円に変換するときの金利裁定の式は，最終的に，

$$i_t^J = i_t^A + \frac{F_{t,t+1} - E_t}{E_t} \tag{7}$$

と表される。リスクがカバーされているという意味で，カバー付き金利平価と
呼ばれる。

　この説によると，現在の為替レートは，自国と外国の利子率の差や，将来の
為替レートに対する期待（あるいはフォワードレート）によって決まる。将来
の期待為替レートが一定であるとすれば，為替レートは自国の利子率と外国の
利子率の差によって決まる。日本の利子率に比べて米国の利子率が上昇すると，
現在の為替レートは円安・ドル高の方向に変化する。また，自国の利子率と外
国の利子率の差が一定であったとしても，世界的な政情不安やエネルギー情勢
の変化によって将来の円安が予想されると，期待為替レートやフォワード
レートが変化して，現在の為替レートは円安・ドル高の方向に変化する。

■ 10.6　実質為替レート

　今まで分析してきた為替レートは，名目為替レートと呼ばれる。私たちが
ニュースや国際空港などで目にする為替レートは，名目為替レートである。一
方，経済主体の意思決定において興味があるのは，自国財と外国財の相対価格
であろう。

　日本の物価水準をP^J，米国の物価水準をP^Aであるとしよう。ある日本人が，
日本の財と米国の財の相対価格を考えるとき，比較するのは，日本の物価水準
P^Jと，為替レートを使って米国の物価水準を円建てで評価した価格水準，つ
まり$E \times P^A$である。この2つの価格水準の比を取った値は，実質為替レート

と定義される。日本と米国の実質為替レートは，

$$\text{実質為替レート} = \frac{E \times P^A}{P^J} \tag{8}$$

として表される。式 (3) と比較すればわかるように，購買力平価が成り立っていれば，実質為替レートは常に1になる。この場合，日米の財の相対価格は1である。しかし，実質為替レートは，購買力平価からどれだけ名目為替レートが逸脱しているかを表す指標であり，両国の購買力の差を測ることができる。

仮に，実質為替レートが1.5であったとしよう。それは，日本の財の価格に比べて，為替レートを使って米国の財の価格を円建てで評した価格が50%高いということを意味している。今，東京での1か月の生活費が30万円だったとしよう。実質為替レートが1.5であるということは，ニューヨークでの1か月の生活費が45万円もかかるということを意味する。それは，円安・ドル高のせいなのか（E の値が大きいせいなのか），それとも，米国の物価水準が日本に比べて高いせいなのか（P^A/P^J の値が大きいせいなのか），どちらであろうか。理由はいずれもありうる。このケースでは，1か月のニューヨーク滞在の生活費の高さに，「日本円，弱いな～」と嘆くだろう。その感覚は正しく，実質為替レートが1を上回るということは，日本円の米国内での購買力が，日本国内での購買力に比して低いことを表している。

■ 10.7　為替レートの変化による影響

為替レートの変化が経済に及ぼす影響を考えてみよう。変化の方向が円高なのか円安なのかによってその影響は全く逆になる。ここでは，円安の場合の影響について整理してみよう。

円安は，日本の人々が海外の財・サービスを購入するときにより多くの円を必要とすることを意味する。つまり，輸入品の国内価格が上がり，海外旅行のような海外のサービス価格も円ベースで上昇する。一方，円安は海外からみると，海外の人が日本の財・サービスを購入するときにより少ない外国通貨（彼

らにとっての自国通貨）で済むことを意味する。つまり，海外の人からみて，日本の財・サービスが安くなる。したがって，海外での日本製品に対する需要が増え，日本の輸出企業は輸出を増やすことができる。日本の輸出企業の円ベースでの売り上げも増えることになる。

資産運用の観点から考えると，円安が進めば，ドル建て資産の円で評価した値は大きくなる。そのため，今後円安が続くことが見込まれると，円資産よりもドル建て資産での運用を増やすことが投資家に利益を与える。そして日本国内から海外へと資金の流出をもたらし，外国為替市場で日本円を売って米ドルを買おうという動きが活発になる。その動きは，さらに円安を加速させるだろう。

■ 10.8 外国為替相場制度の分類

為替レートは市場の均衡条件を満たすように決定されるという前提でこれまで話を進めてきた。しかし，多くの国の政府は，目標（ターゲット）とする為替レートを公表したり，あるいは暗黙に想定したりして，自国にとって望ましいと考える為替レートを実現するように行動している。為替レートを市場メカニズムの決定に委ねると，その値が大きく変動することとなり，経済に大きな影響を及ぼす。政府は為替レートの急激な変動を好ましくないことと判断するからである[6]。国際通貨機関（International Monetary Fund; IMF）は，各国が採用している"事実上"の外国為替相場制度を，表 10-1 のように，変動相場制（Floating Regime），ソフトな固定相場制（Soft Peg），厳格な固定相場制（Hard Peg）と大きく 3 つに分類している[7]。2021 年時点で，変動相場制を採用する

6　ただし，為替レートの変化を阻止すると，国内の金融政策の自由度を失われるという弊害が生じる。そのため，それぞれの国は，為替レートの変動を阻止するのか，国内の金融政策の自由度を失うのかのトレードオフを考慮して，為替相場制度を選択しているといえる。トレードオフのメカニズムについては，このテキストでは扱わないので，興味のある人は，上級の教科書で学んでほしい。

7　"事実上"とは，その国が公表している制度によるのではなく，為替介入の実際の状況をみて，その実情から IMF スタッフが判断していることから，そのように述べている。

表 10-1　外国為替相場制度の分類

為替相場制度	採用比率 (2021 年)	代表的な採用国
変動相場制	33.2%	ブラジル，インド，韓国，タイ，マレーシア，日本，ロシア，イギリス，米国，EMU（欧州経済通貨同盟）
ソフトな固定相場制	47.7%	サウジアラビア，イラク，ネパール，モロッコ，カンボジア，シンガポール，エジプト，ニカラグア，ベトナム，中国，スイス
厳格な固定相場制	13.0%	エクアドル，コソボ，香港，ブルガリア
その他	6.2%	ミャンマー，ケニア

出所：IMF

国・地域が全体の 33.2%，ソフトな固定相場制が 47.7%，厳格な固定相場制が 13.0%である。それぞれの相場制についてみていくことにしよう。

変動相場制は，フリーフロート制と管理フロート制に大きく分かれる。フリーフロート制では，ほぼ完全に為替市場の需給によって為替レートが決まる。一方，管理フロート制では，政府がはっきりとした為替レートの目標値を公表しないが，為替レートが急激に変化したときに為替レートの操作を行う。変動相場制を採用している国の多くは，表にみるように，先進国である。

ソフトな固定相場制と厳格な固定相場制はいずれも，自国通貨をある外国通貨，もしくは，主要な貿易相手国の通貨を複数組み合わせた通貨（バスケット通貨と呼ぶ）に対して交換比率を一定に保つようにする[8]。固定相場制を採用している国の公式な為替レートを公定平価あるいは平価と呼ぶ。

ソフトな固定相場制では，自国の経済状況に合わせて，ある程度の為替レートの変動を許容したり，他国（米国である場合が多い）のインフレ率の変化に応じて目標とする為替レートを変更したりといった柔軟な対応を行う。公定平価を上げることを平価切り上げ（Revaluation），公定平価を下げることを平価切り下げ（Devaluation）と呼ぶ。ソフトな固定相場制もいくつかに分類される。主要なものとして，伝統的な固定相場制とクローリング・ペッグ制があ

8　固定相場制は英語で Peg というが，これは元来，「釘打ちすること」を意味している。これが為替レートについて適用されるように転じた。

る。伝統的な固定相場制は，目標とする為替レートの値に幅を持たせる制度である。目標とする為替レートを明示している場合と明示していない場合がある。一方，クローリング・ペッグ制（Crawling Peg）は，実質為替レートの動きを考慮して，名目為替レートをあらかじめ決めた速度でゆっくりと自国通貨安になるように設定する制度である[9]。

　厳格な固定相場制は，公定平価を厳格に守る制度である。方法の一つは，カレンシーボード制と呼ばれ，特定通貨に対する自国通貨の公定平価を法律で定めてしまう[10]。

　なお，ユーロ圏で用いられる共通通貨ユーロは通貨同盟によるものであり，加盟国は自国通貨の為替レートを加盟国同士で固定していると捉えることができる。そのため，ユーロは域内では固定相場制を取りつつ，域外とは変動相場制をとっている仕組みといえる。

■ 10.9　為替介入の方法

　これまでみてきたように，為替レートは，物価や金利の差，あるいは将来の為替レートの予想をもとに市場の需給で決まる。では，為替レートを公定平価に固定する，あるいは望ましい水準に誘導するために，どういった方法がとられているのであろうか。

　最も単純な方法は，政府が望むレートとは異なるレートでの取引を禁止することである。しかし，国際金融市場は世界中に存在し，世界各国の主体が取引に参加しているので，政府が望む為替レート以外での取引を禁止しても実効性がない。違反者に対して罰則を課そうとしても，国内の主体はともかく，外国の主体に課すことはほぼ不可能である。

9　クロールとは，のろのろ進むという意味である。クローリング・ペッグ制を採用している国のインフレ率は，ペッグする通貨の国（通常は米国）のインフレ率よりも高い。これらの国が，対ドル名目為替レートを固定すると，インフレが進むにつれて，実質為替レートが自国通貨高になる。つまり，自国の財の価格が米国の財の価格よりも高くなり，自国の財の国際競争力が失われてしまう。そのため，目標とする名目為替レートの値を徐々に変更する対応を行う。
10　カレンシーボードとは，通貨当局を指す。一般には，中央銀行か政府である。

図 10-3　為 替 介 入

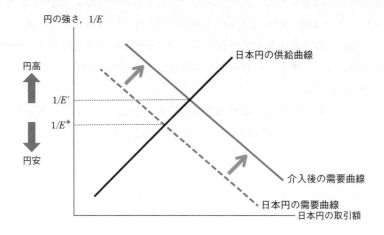

そこで，市場の需給に影響を与えることを通じて，政府が望む方向に為替レートを誘導する方法がとられる。これを為替介入と呼ぶ。政府が望む為替レートでは市場の需給が一致しない場合に，政府が外国為替市場で外国為替取引を行い，市場の需給を一致させようとするのである。

図 10-3 に示すように，市場の需給で決まっている均衡為替レートは E^* である（図では $1/E^*$ と表記されている）。政府が望むレートは市場で決まるレートよりも円高の E'（$E' < E^*$ または $1/E' > 1/E^*$）であるとしよう。E' では，日本円に対する供給が需要を上回っており，E' を実現するためには，日本政府は自らが保有する米ドル資産（これを外貨準備と呼ぶ）を売って円を買おうとする。すると，日本円への需要量が増えるので，図のように，日本円の需要曲線が右方にシフトする。最終的に，為替レートは E' となり，政府は介入によって円高・ドル安への誘導に成功するのである[11]。

為替介入によって円高に誘導しようとすると，政府が保有する外貨準備は減少する。つまり，自国通貨高を介入によって実現するためには，事前にある程度の外貨準備を政府が保有していなければならない。

11　逆に，為替介入によって円安に誘導するためには，日本円を売って米ドルを購入する。

カレンシーボード制を採用している国は，無制限に為替介入を行うという
ルールを自らに課すことで，法律で定めた公定平価を維持しようとする。しか
しながら，市場における圧力が強く，市場の決まっている為替レートが，目標
為替レートから大きく乖離しているとき，公定平価を維持するために大規模な
介入が必要になる。すると，あらかじめ保有していた外貨準備だけでは不足す
る状況が生まれる。

　市場は，この国はいずれ公定平価を維持できなくなって，平価の切り下げを
するだろうと予想する。平価切り下げを予想した投資家はこの国の通貨を外国
為替市場で売る。この売却額が大量になると，この国は，望まざる水準まで平
価切り下げに追い込まれる可能性がある。そのため，ソフトであれ厳格であれ
固定相場制を採用して公定平価を無理に設定することは，国内経済に大きな混
乱をもたらす危険性がある。

◆ まとめ

　この章では，国際金融について学んだ。異なる通貨の交換比率である為替
レートがどのように決まるのかを説明した。そして，名目為替レートと実質為
替レートを区別することによって，「自国通貨の価値が高い」とはどのような
意味なのかを理解できたと思う。

応用編

第 11 章

金融市場の制度設計

これまで，株式と債券の収益パターンは違うという前提から学んできた。この章では，その違いは"はじめから決められていた"ものではなく，なぜタイプの異なる証券が生み出されるに至ったかを説明する。すると，違いは情報の非対称性と深く関係していることがわかる。そして，金融市場の制度設計とは，情報の非対称性を解決する仕組みを"創る"ことであることを説明する。具体的な例として，株式市場の構築や企業統治を取り上げる。

■ 11.1 株式と債券の収益パターン

市場取引される代表的な証券である株式と債券は，取引形態や満期のあるなしなどいくつかの点で違っている。そして，最も大きな違いは，投資家の受け取る収益パターンにある。株式は，配当が企業業績に応じて変動する証券である。一方，債券は，利子の支払いが企業業績にかかわりなく一定となることを念頭に置いた証券である。

ここで，次節以降の分析のために，株式と債券の収益パターンの特徴を確認しておこう。まず，投資家がある企業の株式を保有しているときの株式の収益パターンを考えてみよう。なお，話を単純化して，企業の収益が発生するのは

図 11-1　株式の収益パターン

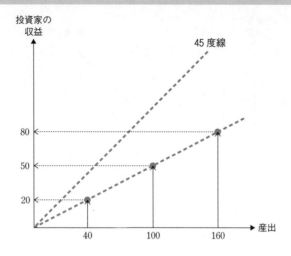

投資から 1 年後の 1 回限りであるとする[1]。

　図 11-1 は，横軸に異なる 3 つの産出の水準，40，100，160 を描いている。
3 つの産出の水準は，企業の業績の不確実性を反映している。業績が不振のと
きは 40 を，普通のときは 100 を，そして好調のときは 160 を産出する。

　縦軸は投資家の収益を描いている。産出のうちちょうど半分が配当として投
資家に支払われるとしよう。投資家は，産出が 40 のとき 20 の配当を，100 の
とき 50 の配当を，そして 160 のとき 80 と高額の配当を受け取る。このように，
株式の場合，投資家の収益は，産出の大きさに応じて変動する。

　次に，投資家が同じ企業の債券を保有しているとき，債券の収益パターンを
考えてみよう。企業が債券で資金を調達する場合，企業は，一定の利子
（クーポン）を投資家へ保証しようとする。

　図 11-2 は，先ほどと同じように，横軸に異なる 3 つの産出の水準，40，
100，160 を描いている。利子の支払額は 60 であるとしよう。投資家は，産出

1　ここでは，収益が発生したのち直ちに企業は清算されると想定している。第 5 章や第 6 章
では，株式には満期がなく，企業が清算されない限り，株主はいつまでも配当を受け取ること
ができると述べているが，そこでは企業は長期にわたって存続すると想定していることに注意
されたい。

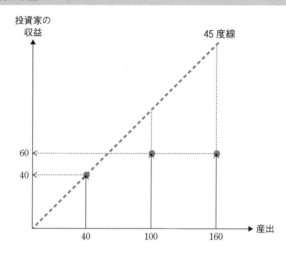

図 11-2　債券の収益パターン

投資家の
収益

45 度線

60

40

40　　　100　　　160　産出

が 100 のとき 60 の利子を受け取り，そして 160 のときも 60 の利子を受け取る。
しかし，産出が 40 と業績不振のとき，企業は約束通りに利子を支払うことは
できない。債券は支払い不能，つまりデフォルトの状態に陥ったことになる。
そして，投資家は産出のすべての 40 を受け取る。

　このように，投資家と企業家の収益パターンは，株式と債券とでは異なる。
株式の場合，投資家は，産出に応じて収益を獲得する。債券の場合，投資家が
受け取る収益は，比較的安定している。投資家の立場からは，株式は事業のリ
スクを企業家とともに分担するリスク性の高い証券であり，一方，債券は事業
のリスクを切り離して安定的な収益を保証する安全性の高い証券である。

　そもそも，リスクへの態度の異なる 2 つのタイプの証券はどのようにして生
まれたのであろうか。これまで株式と債券の違いは，"はじめから決まっている
もの" という前提で話を進めてきたが，実ははじめから決まっているものでは
ないのである。次の節では，この問いに答えていこう。

■ 11.2　債務契約

金融取引は，取引内容が契約で決まることが多い。収益の配分パターンなど契約内容を決めているのは商慣習だと思われがちであるが，契約内容は，契約の当事者を取り巻く情報構造が密接に関係している。前節で株式と債券を取り上げ，投資家の収益パターンが大きく異なっていることをみてきた。実は，この違いは，企業家と投資家を取り巻く情報構造が大きく関係していることをこの節では説明する。

● 11.2.1　契約理論からの説明

現実の金融取引においては，「情報の非対称性」が一般的に存在する。実際のところ，企業の生み出す産出額や収益を投資家が正確に観察することは難しい。事業を直接に執り行っている企業家は，収益の真の値を知っているけれども，事業に直接タッチしていない投資家は知らない。すると，企業家は儲かったとしても実は損をしたと嘘をつくかもしれない。そして損をしたので，支払いをいつもよりも低い額で我慢してほしいというかもしれない。

この問題を，契約をどのように結ぶかという観点から考えてみたい。金融契約を結ぶということは，当事者の間で生じる「情報の非対称性」を解決することと密接に関係している。なぜなら，資金を調達しようとする企業は，情報の優位性を利用して，投資家をだまそうとするインセンティブを持つ。この問題を解決しないと，投資家は安心して資金を提供しようとはしない。投資家がだまされないように情報構造を修正する必要があり，情報生産の在り方が，選択される契約のかたちを決めることとなる。契約理論とは，情報の非対称性を解決して約束を履行させるようなインセンティブを与える契約を考察する領域である。契約理論は，望ましい契約のかたちを見つけようとするだけでなく，契約を結んだ当事者の関係がいかなるものであるかを教えてくれる。

● 11.2.2　情報生産の費用をいかに節約するか

ここで，次のような情報構造を仮定する。企業家の事業によって生み出され

る産出額には情報の非対称性があり，企業家は産出額を観察することはできるが，投資家はコストなしで観察することができない。しかし，投資家は費用 C をかけることによって，企業家の産出額を観察することができる。

前節では産出がとりうる水準を3つに限定してきたが，企業が直面する不確実性は数多く，産出がとりうる値はもっと多いと考えるのが自然である。より一般的なケースを考えて，資本1単位あたりの産出がとりうる値を一般に X，平均値を X^M，最低をゼロ，最大を $\overline{X}$ とし，その間の領域の値をすべてとるとする。産出のためには資本 K 単位を必要とし，投資家に利子率 r を保証するとき，投資の機会費用は $(1+r)K$ となる。

ここで企業家と投資家はどのような契約が結ぶであろうか。最も単純な契約のかたちは，企業家が事業を実施して産出額を申告したら，企業家が申告した産出額が真の値であるかどうかを調べるために，投資家は費用をかけて産出額を観察するというものである。そうすれば，情報の非対称性の問題は完全に解決し，常に履行可能な契約を結ぶことができる。しかし，産出の大きさを常に観察するということは，情報生産コストも常にかかることを意味している。この事業から期待される収益の期待値は

$$\{X^M-(1+r)\}K-C$$

となり，情報生産のための費用 C が低ければよいのだが，あまりに高すぎると，事業の期待収益より情報生産費用が高くなりすぎてしまって，結果として，事業の実施が困難になるといったことになりかねない。

すると，情報生産にかかる費用を節約できないかと思いたくなる。企業家が申告した産出額が大きかった場合，投資家はわざわざ費用をかけて真の産出額を観察する必要はなく，費用をかけてまで産出額を観察するのは，企業家が申告した産出額が小さかった場合に限定していいのではないかと考えるようになる。最終的に，情報生産活動を実施するかどうかは，企業家が産出の大きさを申告してから判断すればよいだろうというところに落ち着く。

こうした流れを，情報生産活動がある確率 p で生じると表すことにしよう。期待値で測った情報生産費用は $p \times C$ で表されることから，事業から得られる期待収益は，

$$\{X^M - (1+r)\}K - pC$$

と表される。そして，当事者の目的は，情報生産の費用を最小にするように契約のかたちを決めることになる。

● 11.2.3　債務契約の収益パターン

ここで最適なものとして選択されるのは，次のようなかたちの契約である。まず，企業家と投資家の間で，ある一定額 R を投資家への支払額とする契約が結ばれる。産出 X が支払額 R を上回る限り，企業家は約束を履行し，約束された支払額 R を支払う。しかし，産出 X が支払額 R を下回ると，企業家は支払額 R を支払うことができず，契約は不履行となる。不履行が明らかになった段階で，投資家は費用 C をかけて産出を観察しようとする。そして投資家は実際の産出を観察したうえで産出 X をそっくり回収する。

この状況を図示してみよう（図 11-3）。横軸には産出がとられており，縦軸には投資家の収益がとられている。契約で決められた R に等しい産出 X_0 が，契約が履行されるかどうかを決める分岐点となる。産出が X_0 を超える限り，投資家は契約で決められた支払額 R を受け取る。これが，契約で決められる

図 11-3　債務契約の収益パターン

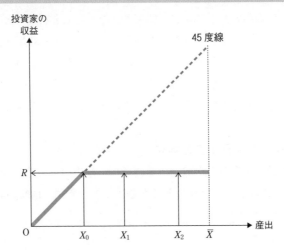

支払額 R にあたる。そして，産出が X_0 を下回ると，企業は契約不履行の状態に陥り，投資家は情報生産活動を経て，産出をすべて回収する（投資家の収益パターンは太線で描かれている）。そして，この契約のかたちが最適となる[2]。

　契約不履行の状態に陥ったとき，投資家は産出をすべて獲得するのは，企業家も合意の上であり，決して"懲罰"のためではない。費用をかけて産出を観察したときに，産出のより多くの部分を回収すれば，支払額 R の値を小さくすることができ，ひいては情報生産が起きる確率をより小さくすることができるからである。仮に，X が R より低い場合，費用をかけて産出を観察しても，投資家の取り分が X ではなくゼロであるとしよう。この場合，X が R を上回るときしか投資家は取り分（つまり R）を得られないので，事前の契約において，投資費用を回収するためには，より高い R を要求することになる。結果として，情報生産活動が生じる収益の領域が増加し，情報生産の確率 p が上昇するので，情報生産費用は増加してしまう。つまり，契約の履行を分岐させる R の点をできるだけ小さくすることが，情報生産費用を節約することにつながり，そしてそれが最適契約となる。

　この契約のかたちは，前節で学んだ債券の収益パターンに似ている。つまり，債券が発行される環境は，ここで考えられた情報構造と似ていると考えてよい。この契約のかたちは，一般に債務契約（Debt Contract）と呼ばれ，企業と銀行の間で結ばれる資金貸借契約のなかに典型的にみられる。債務契約では，資金の借り手が，資金の貸し手に対して約束された一定額を利払いとして支払う。しかし，借り手が約束通りに支払えないとき，貸し手は，費用をかけて産出を確認して残余の産出を差し押さえる。しかし，費用がかかるのは契約不履行の局面に限定されるため，債務契約が比較的安上がりな契約形態であることが知られており，債券発行や銀行貸出など多くの金融取引で利用されている。

● 11.2.4　インセンティブの両立

　興味深いのは，金融取引が成立するために，産出の真の値を投資家は"常には"観察する必要はないということである。このように，情報の非対称性が部

2　実際には，産出の水準 X が X_0 を下回ると，投資家は情報生産費用 C を負担するので，取り分は，$X-C$ となる。

分的にしか解決しないにもかかわらず，取引が実現するのは，企業家が嘘をつくよりも正直に行動したほうが得となるように制度設計を工夫しているからである。現実の産出が大きかったとき，投資家は実際には情報生産をしないけれども，産出が低かったと嘘をついたら，情報生産が起きるだろうと予想され，その予想が企業家に対する"脅迫"として働いて，企業家は正直に約束通りの額を支払うのである。このように，取引の当事者双方にインセンティブが両立している状態は，誘因両立性（Incentive Compatibility）が成り立っているという。

債務契約では，デフォルトが生じたときにのみ情報生産活動が行われるため，約束通りに支払いがなされる通常の局面では，企業家と投資家は，情報の共有という点に関していえば比較的淡白な関係にあるといえる。

借り手がデフォルトに陥ったとき，一般的には，貸し手である銀行が情報生産活動を行い，その具体的な内容は次のようなものである。企業が約束通りに返済できないときには，銀行は，企業の収益状況について帳簿を調べるなどの調査を行う。場合によっては自行の行員を派遣し，内部の状況をくまなく調べる。そして，企業資産や残余の産出を差し押さえる。差し押さえの過程では，裁判所の仲介を通じて担保で差し押さえた資産を売却するなどの行為を行う。これら一連の行為にはすべて費用がかかるので，いったん企業がデフォルトすると，情報生産費用はかなりの額に達すると考えられる。

■ 11.3 持 分 契 約

債務契約は，デフォルトのときに集中して情報生産活動が起きるのが特徴である。実際にデフォルトが起きると，銀行は借り手企業の破綻処理をしなければならず，費やされる費用はかなり大きくなる。債務契約が結ばれるのは，デフォルトの確率が比較的低い事業に限定されるのが現実である。すると，リスク性の高い事業の資金調達は，債務契約を利用する銀行貸出にはなじまないということになる。では，どのような契約が適しているのだろうか。

● 11.3.1　持分契約の収益パターン

　債務契約の場合，事業を完了して，企業家が産出額を申告する段階で情報生産活動が生じるが，事業が開始する段階で，情報生産が生じるケースも考えることができる。この場合，企業家が，費用 C^E をかけることによって，投資家が産出額を観察することができるような環境を整備できるとしよう。

　企業家は，費用 C^E をかけて情報開示活動を行い，投資家と契約を結ぼうとする。当事者が契約を結ぶ段階では，すでに情報の非対称性が解決される環境が整っており，投資家は産出額を常に観察できることが保証されている。この契約が結ばれると，事業から得られる期待収益の平均値は，

$$\{X^M - (1+r)\}K - C^E$$

となる。こうした環境が整うと，企業家と投資家の取り分を定めることができ，産出額に応じて投資家が収益を確保できるような契約を結ぶことができる。例えば，企業家と投資家が産出額をある一定の比率で配分するような契約を結ぶことができる。

　この状況を図示してみよう（図11-4）。横軸には産出がとられており，縦軸には投資家の収益がとられている。企業家と投資家の取り分を1対1とすると，

図11-4　持分契約の収益パターン

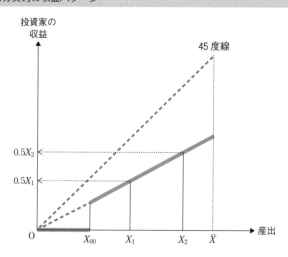

産出が X_1 のとき，投資家は半分の $0.5X_1$ を獲得し，産出額が X_2 へと上昇すると，やはり半分の $0.5X_2$ を獲得する。ただし，産出が X_{00} 以下のとき，投資家の取り分はゼロとなる（投資家の収益パターンは太線で描かれている）。

　この契約のかたちは，前節で学んだ株式の収益パターンに非常によく似ている。つまり，株式が発行される環境は，ここで考えられた情報構造と似ていると考えてよい。株式の保有が，投資家の企業資産への持分の保有とみなされることから，この契約のかたちは持分契約（Equity Contract）とも呼ばれる。持分契約では，株主への支払いである配当は，産出の大きさに応じて決まる。産出の水準が高く，企業の業績がよければ，株主に対して多くの配当が支払われる。一方，産出の水準が低く，企業の業績が悪化すると株主は配当の支払いを受けない「無配」の状態に甘んじる。このように，持分契約では，株主は，収益に応じて高い利得を獲得できる，つまり「アップワードリターン」を確保できる。一方で，「ダウンワードリスク」も被る。株主は，銀行や社債権者などの他の債権者に比して劣後する残余請求権者であり，企業の業績が悪化したとき，請求権を放棄するのが一般的である。株主は，企業経営が厳しいときには，経営者と一蓮托生で業績悪化のリスクを共有するインサイダー，つまり"身内"となる。企業の立場からは外部からの資金であっても，債券や銀行借入が他人資本と呼ばれることとは対照的に，株式が"自己資本"と呼ばれる所以である。

● 11.3.2　情報開示と規律づけの必要性

　では，本来は情報の非対称性があるにもかかわらず，あたかも情報の非対称性がないような状況を生み出すにはどのようにしたらよいのだろうか。それは，企業による情報開示に加え，その内容に信頼性を持たせるための制度や信頼性に疑義が生じた場合の解決の方法について法的あるいは社会的な制度を事前に整備しておくということである。詳細については次節で述べる。

　持分契約では，株主は企業の"身内"であることから，産出額を確認し資金を回収するという行為だけでなく，自らの利得が大きくなるように，経営を監視するようになる。株主は，経営者を選任する権限を持ち，株主総会における議決権の行使を通じて経営への発言権を持つ。経営者が経営努力を怠れば，株主総会で経営に注文をつけ，場合によっては経営者の交代をもとめることもある。

株式の収益パターンそれ自体が「株主による規律づけ」機能を併せ持っており，経営者がまじめに働くように規律を与える役割を果たすことになる。

● 11.3.3　情報構造と金融契約

　これまで説明してきたように，契約理論は，利益配分のパターンは当事者を取り巻く情報構造と整合的でなければならないと主張する。そうでなければ，契約を書面に記載できても履行できない。情報に非対称性があるという制約のなかで，契約を履行させるためには，当事者が嘘をつくよりも正直に行動した方が得だと納得させるような契約を結ぶしかない。言い換えるならば，利益配分のパターンが情報構造と整合性を欠くとき，その契約のかたちを維持することは難しい。つまり，情報開示が不十分であれば，株式に魅力を感じる投資家は少なく，株式を通じた資金調達は難しくなる恐れがある。

■ 11.4　株式市場を"創る"

　第9章で述べたように，日本においては，家計の資産に占める預金の割合が大きく，預金から株式への資金シフトの必要性がしばしば主張される。しかし，単なるスローガンや税制面での優遇だけで話が進むほど，事態はそれほど単純ではない。というのも，それは同時に，契約という観点からいえば，債務契約から持分契約への移行を意味するからである。これまで学んだように，債務契約を取り巻く情報構造は比較的単純で，持分契約を取り巻く情報構造は複雑である。契約のかたちを決めている情報構造を変える制度設計を試みてはじめて，預金から株式への資金シフトが生じる。

● 11.4.1　持分契約への移行がもたらすもの

　こうした観点をふまえて，持分契約と債務契約の特徴の違いについてもう少し掘り下げて考えてみよう。まず，収益パターンの違いがもたらす効果についてである。持分契約では，事業の収益に応じて配当というかたちで，投資家は利得を確保できる，つまりアップワードリターンを確保できるので，投資家は，

収益の向上を目指す行動を企業家に促すインセンティブを持つ。一方，債務契約では，事業から得られる収益が決められた額を下回らない限り，投資家は安定した収益を得るので，低い収益が実現しないよう安定した事業の実施をもとめることになる。端的にいえば，持分契約の収益パターンが，企業家が革新的な事業にチャレンジを働きかけるインセンティブを投資家に与えるのに対して，債務契約の収益パターンは，企業家が安定した事業にとどまるようにインセンティブを投資家に与える。つまり，契約のかたちの違いが，経営方針に異なる影響を及ぼす。そして，イノベーションを引き起こすためには，債務契約から持分契約へ移行したほうが望ましいということになる。

　さらに，持分契約と債務契約は，事業のリスクに対して異なった反応をする。債務契約を結んだときの事業からの期待収益は，$\{X^M - (1+r)\}K - pC$ であり，デフォルト確率が上昇すると，期待利益は減少する。一方，持分契約を結んだときの期待収益は，$\{X^M - (1+r)\}K - C^E$ であり，デフォルト確率によって影響を受けない。この2つの式から明らかなように，債務契約はリスク性のある事業を嫌い，持分契約は事業のリスクに対して中立的である。将来の経済や社会に対して利益や進歩をもたらす革新的な事業は一般的にリスク性が高いことを考えると，この点からも，債務契約から持分契約へ移行したほうが望ましいということになる。そしてそれは，情報生産費用を比較したとき，

$$C^E < pC$$

となるような仕組みを構築するということである。つまり，情報開示の費用 C^E を引き下げる仕組みを構築する必要がある。そしてそれは，株式による取引が実現できるように市場を"創る"ということである。

● 11.4.2　品質保証と仕組みの必要性

　市場を創るための第一歩は，第5章で述べたように，企業家が，さまざまな情報開示のための活動を行って，投資家との間の情報の非対称性を解消する努力をすることである。企業理念や経営方針などを公表し，損益決算書や貸借対照表などの財務情報を定期的に公表するなど，投資家が必要とする情報を提供しなければならない。

しかしながら，企業単独の情報開示の努力には限界がある。企業自らが作成する情報が虚偽の内容を含まないという保証はないからである。業績は好調であったにもかかわらず，知り合いの会計士と共謀して，業績が悪かったかのように財務諸表を取り繕うかもしれない。逆に，業績が悪かったにもかかわらず，株式市場での評価を高めようとして，粉飾決算で見た目を取り繕おうとするかもしれない。個々の企業家の努力だけでは，情報開示費用が上昇するばかりで，それにもかかわらず，株式取引は投資家の信頼を得ることができない。自由放任では市場を創ることはできない。

株式市場が投資家から信頼を得るためには，品質保証をする仕組みをつくるのが一つの方法である。株式の上場制度は，不誠実な企業家を誠実な企業家から切り離して，株式市場に参加する企業が，誠実な企業の集まりであることを保証するための工夫である。第5章で説明したように，証券取引所は，企業が上場するにあたって，上場審査基準を設けている。

しかし，上場するためには企業は費用を要する。大企業はともかく規模の小さい企業には大きな負担となる。言い換えるならば，多額の費用をかけても投資家の信頼を得たいと思うかどうか，企業をふるいにかけることによって，上場制度が企業の信頼を保証する制度として機能する。結果として，企業による情報生産活動の効率性は高まり，より少ない費用で，企業家は株式市場の信頼を獲得することができる。すなわち，上場制度の導入は，情報生産費用 C^E を押し下げることができる。

● 11.4.3　政府の役割

市場を創るためには，当事者である企業や投資家だけでなく，政府の役割もまた重要となる。つまり，金融取引で情報が流れる仕組みを構築するために，情報インフラという公共財を供給することが，情報生産費用 C^E を押し下げ，株式市場の発達に貢献する。

会計制度の確立もまた情報インフラの一つである。損益決算書や貸借対照表などの財務諸表に記載されている内容が，企業の収益や資産を正確に表していないとすれば，財務情報は企業価値を正しく捉えていないこととなり，投資家に誤った情報を与えることになる。会計士の質もまた重要である。国は公認会

計士制度を設け，難易度の高い試験を合格したものだけを会計士と認定する制度を設けており，会計士の質を維持しようとしている。

　株主の権利を保護する法的枠組みを整備することもまた，市場を創るためにもとめられる。株主の権利とは，企業資産に対して持分を請求する権利であり，株主総会に出席して，経営内容について質問する権利である。企業の粉飾決算が明るみに出た場合，企業の経営陣を訴えて，損害賠償を請求する権利を保有しており，また経営陣を刑事訴追することもできる。裁判手続きはルール化すべきであり，裁判の決定が迅速でなければいけない。裁判に時間がかかりすぎると，損害賠償請求自体が意味を持たなくなる。裁判官の質もまた大事である。裁判官の能力やモラルが低く，裁判に公平性を欠くようでは困る。国は司法試験制度を設け，難易度の高い試験を合格したものだけを弁護士，検事，裁判官と認定する制度を設けており，法律関係者の質を維持しようとしている。

　情報インフラは公共財であるがゆえに，いったん整備をしてしまえば，その後，多くの金融契約のために投資家や企業家が利用しようとも追加的費用はそれほど掛からない。したがって，制度が整備され，持分契約が多く結ばれれば結ばれるほど，1件あたりの契約において発生する費用は小さくなるという特徴がある。全体としての情報インフラの整備が，情報生産費用 C^E を押し下げる。

　市場には，市場の抱える複雑性を処理できるように設計された仕組みが必要である。市場に直接かかわる企業家や投資家などの当事者だけでなく，彼らを取り巻く会計士や弁護士，証券会社，証券取引所もまた必要である。そして彼らの質を高めるために政府の果たす役割も少なくない。市場設計をするのは，市場か国家かではなく，市場と国家の両方の問題なのである。

■ 11.5　企業統治と規律づけ

● 11.5.1　エージェンシー問題への対処

　ここまで企業家が収益を正直に公表するかどうかに焦点を絞って述べてきたが，企業と投資家の間に存在する情報の非対称性は多岐にわたる。今までの話

は，事業ごとの契約について言及してきたが，株式会社への出資は，事業ごとではなく，複数の事業を同時に行う会社への出資である。そのため，そもそも株主の利益に沿った事業を選択しているかどうかも疑わしい可能性がある。将来性は高いが多大な経営努力を必要とするタフな事業を敬遠して，簡単な事業を選択するかもしれない。あるいはタフな事業を選択したものの，まじめに経営に取り組まないかもしれない。外部の投資家が，事業の選択や経営者の仕事ぶりを監視することは難しい。

　企業家は投資家の資金を使って，投資家の代わりに事業を行う代理人とみなすことができる。つまり投資家と企業家の関係は依頼人と代理人の関係となる。両者の間に情報の非対称性の問題があるとき，代理人が依頼人の意図通りにまじめに仕事をしない懸念が生じる。いわゆるエージェンシー問題（Agency Problem）である。

　個人経営の企業や中小企業など規模の小さい企業であれば，エージェンシー問題はさほど深刻でないかもしれない。しかし，20世紀に入ると，経済発展とともに企業規模が大きくなり，「所有と経営の分離」の流れとなった。大企業ともなると仕事の内容や組織も複雑となり，内部者しか知り得ない情報が飛躍的に増大し，外部の投資家は経営者の行動を監視することはほぼ不可能となってきた。経営者と投資家の距離が遠くなると，経営者のモラルが問われるようになる。経営者が，自らを株主の忠実な代理人と位置づけ，自らの仕事は株主の利益を高めることであると謙虚に受け止めるような経営者ばかりならば，なんら問題は生じない。しかし，自らの野望や名声の実現にまい進するような人が経営者になると，自らの虚栄心を満足させるために華美な本社ビルを建てたり，規模拡大のための非生産的な投資を実施したり，株主の利益を損ねて自らの利益をもとめるようになる。

● 11.5.2　企業統治はなぜ必要か

　アダム・スミス（Adam Smith）は，有名な『国富論』のなかで彼が株式会社制度の致命的な欠陥だと考えるものを指摘している。それは，株式会社の経営者たちが，「自分自身のお金というよりも，他人のお金を管理している人々である」ということであり，彼らが，それが自分自身のお金であるときと比べ

て，「同じような細心の用心を払って，それを管理する」ことを期待すること
は難しい，という点である。

　株式市場を創るとは，言い換えれば，「経営者が細心の用心を払って他人の
お金を管理する」ように制度を工夫することである。経営者の暴走を食い止め
て，経営者の行動を株主の利害と一致させる制度的工夫がもとめられる。ここ
から企業統治，つまりコーポレートガバナンスという概念が登場する。

　企業統治の根拠となる法律は，一応，会社法にもとめることができるが，企
業統治という概念を包括的に捉えているとは言いがたく，その意味で企業統治
を義務づけることを明記した法律はない。そこで策定されたのがコーポレート
ガバナンス・コードである。このコードは，株主を含む利害関係者が企業に対
して統治と監視を実施するためのガイドラインであり，上場企業は適用を義務
づけられる[3]。このコードは，株主の権利・平等性の確保，株主以外のステー
クホルダーとの適切な協働，適切な情報開示と透明性の確保，取締役会等の責
務，株主との対話など5つの基本原則を柱に細目を決めている。

　近年，コーポレートガバナンス・コードの充実にともなって，いくつかの対
策がとられている。その一つが，暴走する経営者を監視するための，取締役会
の機能の強化である。取締役会の機能とは，取締役会メンバーが，企業の利益
を損ねても自らの野望を実現しようとする経営者を，株主の代わりに"取り締
まる"ことである。しかし，内部昇格者がほとんどを占める取締役会は，経営
者をうまく制御できない。社長である経営者と取締役との関係は，同じ会社の
先輩と後輩の関係であり，上司と部下の関係である。"部下"である取締役が社
長である"上司"を取り締まることは難しい。この弊害を防ぐために，社外取締
役の制度が存在する。法律や規制で，社外取締役の必要数や必要比率を義務づ
けることもある。

● 11.5.3　経営者を規律づけるには

　企業統治を，企業の自主的な活動に留めておくことは，その実効性において
不十分である。企業統治をしっかりと実現するよう，経営者にまじめに働いて

3　コーポレートガバナンス・コードは，金融庁と東京証券取引所が中心となって2015年に
とりまとめたものである。

もらうための規律づけの仕組みも重要である。

一つの方法は，経営者の報酬を企業業績に連動させることである。業績とは異なる基準で報酬が決まっていれば，経営者は怠けるであろう。しかし業績に応じて報酬が増えるような報酬体系にしておけば，たとえ投資家が外部から経営努力を観察することができなくても，経営者は収益を高めるために努力するだろう。また経営努力を促すために，経営者が一定の業績を達成できないときには解雇する契約を事前に結ぶことも考えられる。解雇されることを恐れた経営者はまじめに働くと考えられる。ストックオプションは，経営者に企業の株式を付与する権利を与えるもので，企業業績が向上して株価が上昇したときに経営者は株式を売却することで大きな利益を得ることができる。業績に応じて報酬が増える仕組みの一つである。

そのほかに，株式市場を利用するという方法もある。1つ目は委任状争奪戦である。株式市場で議決権を行使して自らの意見を反映させるためには，より多くの株式が必要である。経営者に提案を飲ませたい投資家が多くの株式を保有していない場合には，他の株式保有者から委任状を獲得して，多数派となり，経営陣に経営改善の提案をしようとすることができる。

2つ目の方法は企業買収である。企業買収とは，投資家がある企業の株式を大量に購入して，企業の実権を握ることによって，経営陣の退陣による経営陣の刷新を目指す場合が多い。現経営陣の経営のまずさのために株価が低迷しており，経営陣を刷新すれば企業価値が高まると予想されるときに，使われる手法である。委任状争奪戦も企業買収も，経営陣の経営能力の低さが企業業績の低迷の原因であると思われているときに生じるのがしばしばである。株価が低迷している企業は常に企業買収の恐れがあり，経営者は解雇されるリスクがあるので，株式市場の存在そのものが，経営者に規律を与える役割を果たしているといえる。

● 11.5.4　株式会社は "Public" な存在

株式会社制度への理解と意識の高くない企業が，企業統治のための法令順守（コンプライアンス）を単なる制約あるいは義務と受け止めているうちは，本来の目的への到達は遠い。また，監督官庁の金融庁もまたコーポレートガバナ

ンス・コードを規制強化の一つとしか考えていないかという懸念がある。この
コードは，株式会社の本来あるべき理念の理解を企業に促すためのガイドライ
ンであり，規制ではない。企業が義務だと受け止めると，例えば，「外務取締
役を増やせばよいのでしょう」という単なる数合わせの発想となり，外部取締
役の増加を通じて取締役会の透明性を高めて株主との距離を短くするという本
来の目的があいまいとなってしまう。

　株式会社制度とは，経営者が，株式を公開した瞬間に，その企業は株主に開
かれた公共的な存在であると認識するところから始まる。英語で，株式公開は，
"Go Public"であり，上場企業は，"Public Company"である。西欧の英語圏では，
企業が上場した瞬間に，もはや"従業員だけのもの"ではないことを理解してい
る証拠である。公的な存在であるから，当然のことながら，企業と株主の間に
は情報の格差があってはならない。経営者や従業員同士の身内意識が高く，株
主をよそ者と排除して，企業の大事な情報を株主から隠せばいいと平気で考え
ているなら，その企業は株式会社制度を理解しているとは言いがたい。

◆ まとめ

　この章では，まず，債務契約と持分契約という２つのタイプの金融契約を取
り上げ，それぞれの契約のかたちが，当事者を取り巻く情報構造のもとで最適
な契約になっていることを学んだ。そして，金融市場の制度設計とは，情報の
非対称性を解決する仕組みを"創る"ことであると説明した。こうした観点から，
株式市場を"創る"とはどういうことか，そしてなぜ企業統治という考え方が必
要なのかを学んだ。

第 12 章

経済成長と金融

- ■12.1 経済成長の考え方
- ■12.2 金融仲介と経済成長
- ■12.3 株式市場と経済成長
- ■12.4 非効率な投資と経済成長
- ■12.5 金融発展と経済成長
- ■12.6 無形資本と金融の相性

　金融は経済成長と結びついている。この章では，これまで学んできた金融の仕組みが一国の経済成長とどのように結びついているのかを考えていく。まず，経済成長の基本的な考え方を説明する。銀行の金融仲介が経済を成長させる仕組みについて説明し，次に，株式市場が経済を成長させる仕組みについて説明する。

■ 12.1 経済成長の考え方

　経済成長を決めるのは産出量と実物資本の関係である[1]。実物資本とは，生産に必要な工場や機械，設備などを指す。より一般的には，実物資本だけでなく，労働力や技術を組み合わせることによって，財やサービスが産出されると考えると，一国全体の生産をもたらす関係は，

1　ここで「資本」という表現が出てきたので，少し説明を加えておく。資本とは，その所有者に対して何らかの価値や便益をもたらす，すぐには費消してしまわないものを表しており，工場や機械，特許権などの知的財産や金融資産など対象は広い。企業が事業を行うために購入する機械や建設する工場は実物資本と呼ばれ，事業の元手となる資金や金融資産は金融資本と呼ばれる。

$$産出量 = F(実物資本，労働力，技術水準) \tag{1}$$

のように表される[2]。式 (1) は，実物資本，労働力，技術水準の生産要素を組み合わせることによって，産出量が生み出される関係を表しており，生産関数と呼ばれる。生産関数は，一般的には，労働力を一定として，実物資本が増加すると産出量も増加し，また実物資本を一定として，労働力が増加すると産出量も増加するという性質を持つ。さらに，技術水準を表す値が上昇すれば，実物資本と労働力は一定のままでも産出量は増加するという性質を持ち，このような状態は，技術進歩あるいはイノベーションと捉えられる。

● 12.1.1 経済成長と投資

とりあえず，全体の見通しを良くするために，技術水準と労働力を一定とみなして，進めよう。一国の経済全体においては，ある一定期間に生産された産出量は，一国全体で稼いだ所得を合計したものに等しくなるという性質があるので，産出量と所得の間に次のような関係がある。

$$産出量 = 所得 \tag{2}$$

この関係はあくまで，一国全体の関係であり，個人レベルでは必ずしも成立していないことに注意されたい。

所得が人々に分配されると，その所得は消費と貯蓄に配分される。ここで貯蓄とは，所得のうち，消費されなかった所得のすべてを指す[3]。例えば，稼いだ所得のうち，7割を消費するとしよう。このとき，残りの3割は貯蓄であり，貯蓄率は30%となる。一般的に，次の関係式が導かれる。

$$貯蓄 = 貯蓄率 \times 所得 \tag{3}$$

---

2 生産要素として原材料を含めることもある。例えば，石油価格の上昇が経済問題となるときは，石油を生産要素に含めて考える。

3 貯蓄はさまざまな意味で使われることがあるので，注意されたい。例えば，政府のスローガンの「貯蓄から投資へ」における貯蓄は，消費されなかった所得のうち現金・預金へ向かう部分を指しており，一方，投資は，株式や債券，投資信託などへ向かう部分を指している。

なぜ人々は貯蓄するのかといえば，現在の消費を節約して将来の消費に充てたいと考えるからである。その場合，残された所得をそのままのかたちで来期以降に残しておくのではなく，少しでも多くの収益を稼ぐために金融投資を行う。金融投資というかたちで運用された資金は，さまざまな金融取引の経路を通じて，最終的には，実物投資つまり，実物資本を購入するための支出に用いられる。つまり貯蓄は将来の収益の拡大を目指した実物投資に使われるのである。このことから，次の等式が成立する。

$$\text{貯蓄} = \text{実物投資} \tag{4}$$

さて，実物資本を購入するための支出という意味で実物投資という表現を用いたが，この場合，実物投資とは，一定期間（統計上は1年が一般的）に購入された新しい機械や新たに建設される工場や建物である。実物投資は，すでに存在する機械や建物の総体を意味する実物資本に付け加えられる。実物資本が変化した部分が実物投資となるので，

$$\text{実物資本の変化分} = \text{実物投資} \tag{5}$$

と表される。

実物資本の変化分は，今期の資本と前期の資本の差であるから，ストックとしての実物資本とフローとしての実物投資の間には，次のような関係が成立する，つまり

$$\text{今期の実物資本} = \text{実物投資} + \text{前期の実物資本} \tag{6}$$

である。おおざっぱにいえば，実物投資の規模が大きければ大きいほど，実物資本の蓄積が進み，より大きな産出量を生み出す。そして産出量の成長率，つまり経済成長率は次のように表すことができる。

$$\text{経済成長率} = \frac{\text{今期の産出量} - \text{前期の産出量}}{\text{前期の産出量}} = \frac{F(\text{今期の資本，労働力})}{F(\text{前期の資本，労働力})} - 1 \tag{7}$$

産出量を集計するとき，国内総生産（Gross Domestic Products; GDP）が使われ，一国の経済成長率は一般にGDP成長率と表現される。なお，以降の記載

図 12-1　実物資本と産出量の循環

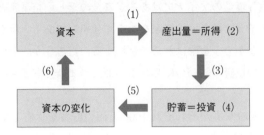

においては，簡略化のために，生産や経済成長にかかわる実物資本は資本，実物投資は投資として表記する。

　これまでの話を図 12-1 のようにまとめることができる。資本が生産活動を通じて産出量を生み出し，産出量に等しい所得の一部が貯蓄となり，貯蓄は投資される。その投資が将来の資本に付け加わって，さらに大きな産出量を生み出していくのである。このような資本と産出量の循環が経済成長をもたらす。

● 12.1.2　資本収益率の役割

　このモデルで説明された世界を単純なかたちで考えてみよう。この経済には，1 万人の家計が存在している。この貯蓄を収益の高い投資に運用したいと考えているが，収益を生み出す事業のアイデアを持っていない。一方，この世界には 100 人の企業家が存在しており，資本 1 単位を投資すれば 1 年後に A の大きさの付加価値（＝収益）を生み出す事業のアイデアを持っている。問題を単純化して，生産のために労働は使われないとする。この生産技術は，生産関数（式（1））を次のように特定化する。

$$産出量 = A \times 資本 \tag{8}$$

この生産技術では，資本 1 単位が生み出す産出量が A の値と等しくなり，A の値がそのまま資本収益率となる。

　事業のアイデアを持つ企業家が十分な資金も持っていれば，自前の資金で起業してアイデアを実現して利益を生み出せばよい。しかし，企業家は事業のアイデアを実現するための資金を十分には保有していないとすると，企業家と投

資家を結び付ける何らかの金融の仕組みがもとめられる。金融とは、一言でいえば、利益を生む事業のアイデアはあるが資金の乏しい企業家と資金を持っているけれどもアイデアはない投資家をつなぐ仕組みである。はたして、経済が成長する過程のなかで、金融はどこで登場するのだろうか。それは、貯蓄された資金が実物への投資に結びつけられる局面、つまり「貯蓄＝投資」（式（4））である。

例えば、1万人の家計がそれぞれ1000万円の貯蓄を保有しているとき、経済全体では貯蓄は1000億円に達し、その1000億円が事業への投資のために使われる。仮に、100件の事業が実施されるとなると、1件あたりの投資額は10億円となる。経済が成長すれば、翌年には貯蓄は増え、事業への投資額もまた大きくなる。

ここで、経済が成長するプロセスを描写してみよう。あるt年（例えば今年）において、企業家がK_t単位の資本を使って、式（8）の生産技術を用いる事業に従事すれば、1年たてば、AK_t単位の産出が生み出される。1国全体で同じタイプの事業が100件存在するので、1国で1年間に生み出された産出の合計は$100AK_t$となる。産出されたものは、事業を行った企業家と投資家である家計に分配される。企業家と家計の所得の合計は、ちょうど1国で生み出された産出の合計の$100AK_t$に等しくなる。

貯蓄率をs（$0<s<1$）とすると、生み出された産出量（＝所得）のうちsの割合が貯蓄されるので貯蓄は$100sAK_t$となる。今期の資本に今期の貯蓄が投資として加わると、今期から次期にかけて資本は、$100K_t$から$100(1+sA)K_t$へと増加する。そして、$100K_t$の資本が$100AK_t$を産出したように、次期においては、$100(1+sA)K_t$の資本が$100A(1+sA)K_t$を産出する。式（7）を使って経済成長率を計算すると、

$$\frac{100A(1+sA)K_t - 100AK_t}{100AK_t} = (1+sA)-1 = sA$$

と表される。経済の成長率を決めるのは、貯蓄率を表すsと資本収益率のAである。特に重要なのは資本収益率のAであり、資本収益率の高い事業への投資が進めば進むほど、経済は成長するといえる。

■ 12.2 金融仲介と経済成長

　ここまで，確実に収益を生み出す堅実な事業への投資を念頭に置いて考えてきた。しかし，一般に企業の生産活動はさまざまであり，事業の内容が異なれば，事業を取り巻く不確実性もまた異なっている。既存の技術を応用した事業であれば，不確実性は小さく，収益は安定したものになるであろう。一方，新技術を使った新製品の開発を目的とした事業は，一発当たれば堅実な事業よりも高い利益を期待することができる。しかし革新的であるがために，商品は思ったほど売れず，事業は失敗する可能性もまた高い。

● 12.2.1　革新的事業への投資

　ここで注目したいのはリスク性のある事業への投資である。この経済には，確実に収益を生み出す堅実な事業のアイデアを持つ 100 人の企業家だけではなく，革新的な事業のアイデアを持つ 100 人の企業家がいたとしよう。後者の企業家は進取の気性に富み，革新的な事業を企てようとする。これまでになかった魅力的な商品や斬新なサービスを市場に提供しようとする。

　革新的な事業は，資本 1 単位を投資すれば，80％の確率で事業は成功して 1 年後に A^* の収益を生み出し，しかし 20％の確率で事業は失敗して収益はゼロとなる（表 12-1）。事業の資本収益率は期待値で評価すると $0.8A^*$ となり，堅実な事業の資本収益率の A を上回るとする。つまり A^* の値は A の値に比べて十分に大きく，

$$A < 0.8A^* \qquad \text{（仮定 P）}$$

であるとしよう。例えば，$A^* = 0.1$（つまり 10％）とすれば，事業の資本収益

表 12-1　堅実な事業と革新的な事業

	成功確率	収益率
100 人［堅実な事業］	100％	A
100 人［革新的な事業］	80％	A^*

率の期待値は，$0.8 \times 0.1 = 0.08$（つまり8%）となり，例えば，$A = 0.05$（つまり5%）であれば，上式を満たす。

　ここで，事業の生み出す収益について情報の非対称性の問題があり，事業が成功したのかあるいは失敗したのかを，外部の投資家はコストなしでは観察できないとしよう。この場合，この問題を効率的に解決する一つの方法は，銀行を設立することである。銀行は預金というかたちで投資家から集めた資金を企業家に貸し出す。銀行は企業家との間に債務契約を結び，貸出利子率を設定して資金を貸し出す。銀行は，個人投資家と異なり，さまざまなかたちの債権回収の技術を持っており，費用をかけて貸出金の返済を完遂させることができる。

● 12.2.2　銀行による金融仲介の意義

　銀行が数多くの預金者から資金を集め，その資金を革新的な事業のアイデアを持つ100人の企業家それぞれに K_t 単位の資金を貸し出すとしよう[4]。全体で100件と多くの事業があるので，「大数の法則」の考え方を応用することができる。個別の事業でみれば，成功する事業もあれば，失敗する事業もあるが，全体としてみれば，100件のうち80件に近い数の事業が成功すると予想を立てることができる。仮にちょうど80件の事業が成功すると仮定すると，銀行は，20%の確率で事業が貸し倒れになることを織り込んで，企業家に貸し出せばよいということになる。

　一般に，貸出利子率を R とすれば，K_t 単位の資本を使って事業を行う企業家は，事業が成功したとき，$(A^* - R)K_t$ を自らの取り分として確保し，残りの RK_t を銀行に支払う。銀行への支払いは最終的に預金者へ支払われるので，$A^* K_t$ の所得が，企業家と預金者である家計に分配されていることになる。100件の事業のうちちょうど80件の事業が成功するとすると，$80A^* K_t$ の所得が経済全体として生み出されることになる。

　堅実な事業を実施した場合に生み出される経済全体の所得は $100AK_t$ であり，（仮定 P）のもとでは，革新的な事業を行った場合の所得のほうが多い。所得の増加は，実施される事業の資本収益率は A から $0.8A^*$ へと上昇しているこ

4　ここでは話を単純化するために，全体で100件の事業に投資すると考える。

とを反映している。その結果，前節の経済成長のプロセスが示すように，経済成長率もまた sA から $0.8sA^*$ へと上昇している[5]。

銀行が金融仲介を通じて革新的な事業へ資金を貸し出せば，資本収益率は高まり，経済成長率もまた上昇する。一方で，家計は預金者として，約束通りの収益率を保証されることとなり，銀行は，リスク性のある貸出を安全性のある預金に変換させる資産変換機能を果たしている。つまり，銀行の金融仲介機能が働いて，経済は成長する。

■ 12.3　株式市場と経済成長

● 12.3.1　銀行による金融仲介の限界

銀行の金融仲介機能が経済を成長させると述べてきた。銀行は，家計の貯蓄をリスク性の高い革新的な投資に結びつける過程で，大数の法則を使ってリスクを管理していることを思い出してほしい。しかし，銀行の行うリスクマネジメントは万能ではない。

ここまで，100 件の革新的な事業の資本収益率はすべて同じであり，事業の成功確率も同じであると仮定してきた。しかし，現実は異なっており，革新的な事業といってもさまざまである。事業が成功したときの資本収益率がそこそこで成功確率もそれなりに高い事業もあるが，成功したときの資本収益率がとてつもなく高い代わりに，成功確率がきわめて低い事業もある。第 11 章で示したように，銀行は事業に資金を貸し出すとき，企業家との間で債務契約を結ぼうとするが，成功確率が低い事業は，債務契約に向かない。

例えば，事業のうち，リスクの小さな事業が 100 件，リスクの大きな事業が 10 件あるとしよう（表 12-2）。前者の事業はこれまでと同じように，成功したときの資本収益率を A^*，成功確率を 80% とする。後者の事業は成功したと

---

[5]　革新的な事業を行った場合，$80A^*K_t$ の所得が新たに生み出されるが，このうち s の割合が貯蓄されるので，貯蓄は $80sA^*K_t$ となる。今期の資本に今期の貯蓄が加わると，資本は今期の $100K_t$ から，次期において $(100+80sA^*)K_t$ に増加する。この資本を用いて，次期においてさらに革新的な事業を行ったとすれば，経済成長率が計算できる。

表 12-2　リスクの小さな事業とリスクの大きな事業

	成功確率	成功したときの収益率
100 件［リスクの小さな事業］	80%	A^*
10 件［リスクの大きな事業］	40%	A^{**}

きの資本収益率を A^{**} とし，成功確率を 40%としよう。いずれも失敗したときの収益はゼロとする。リスクの大きな事業の資本収益率は期待値で評価すると $0.4A^{**}$ となり，期待値で測ったリスクの小さな事業の資本収益率の $0.8A^*$ を上回るとする。つまり，A^{**} の値は A^* の値に比べて十分に大きく，

$$0.8A^* < 0.4A^{**} \qquad \text{（仮定 Q）}$$

であるとしよう。しかしながら，期待値で測った資本収益率が高くても成功確率の低い事業は，デフォルト時の破綻処理の費用がかさむので，銀行は貸出をしようとしない。すると，以前のように，銀行は 100 件のリスクの小さな事業に貸出をすることになる。期待収益率がどんなに高かったとしても，銀行はリスクの大きな事業へ融資することはできず，結果として経済成長の機会は失われていることになる。

● 12.3.2　株式市場の意義

　成長の機会を失わないための有効な方法は，株式市場を利用することである。株式市場を通じて，企業家が投資家に対してリスク性のある証券，つまり株式を発行することによって，リスク性の高い事業への投資を実現することができる。

　リスクの大きな事業のアイデアを持つ企業家は，K_t 単位の資本を調達しようとして投資家に株式を発行する。企業家は，事業が成功して，$A^{**}K_t$ の産出が生み出されると，$(1-d)A^{**}K_t$ を自らの取り分（d を 0 以上 1 以下の数とする）として確保し，残りの $dA^{**}K_t$ を配当として株主に支払う持分契約を結ぶ。この持分契約では，収益率で評価すれば，株主は，事業が成功したときに dA^{**} の収益率を獲得し，失敗したときに収益率はゼロとなる。

　これまでと同じように 100 件の事業が実施されるとすると，（期待収益の大

表 12-3　事業のリスクの違いが産出額に及ぼす影響

100件の事業の内訳	使用される資本	生み出される産出額（所得）
リスクの大きな事業：10件	$10K_t$	$4A^{**}K_t\ (=0.4 \times 10A^{**}K_t)$
リスクの小さな事業：90件	$90K_t$	$72A^*K_t\ (=0.8 \times 90A^*K_t)$
リスクの小さな事業：100件	$100K_t$	$80A^*K_t\ (=0.8 \times 100A^*K_t)$

きい事業から実施するのが効率的なので）10件のリスクの大きな事業は株式市場を通じて資金が提供され，90件のリスクの小さな事業は銀行によって融資を受ける。10件のリスクの大きな事業のうちたまたまちょうど4件の事業が成功し（リスクの大きな事業は40％の確率で成功する），リスクの小さな事業90件のうちちょうど80％，つまり72件の事業が成功すると仮定すると，経済全体の所得は $4A^{**}K_t + 72A^*K_t$ となる（表12-3）。

　一方，株式市場が存在せず，100件のリスクの小さな事業が銀行の金融仲介によって実施されるときの所得は $80A^*K_t$ である。（仮定Q）が成立するとき，前者の所得は後者の所得を上回る。この所得の差が，株式市場が存在することのメリットである。経済全体での平均的な資本収益率もまた，$0.8A^*$ から $0.72A^* + 0.04A^{**}$ へと上昇しており，経済成長率は $0.8sA^*$ から $0.72sA^* + 0.04sA^{**}$ へと上昇する。

　ただし，株式市場が機能するためには，第11章で説明したように，株式市場が投資家から信頼される仕組みを作る必要がある。そうしてはじめて，革新的な事業への投資は株式市場を通じて実施される。

　要約すると，期待された資本収益率が高かったとしても，事業の不確実性が高いとき，銀行の金融仲介を通じて資金を供給することは難しい。リスク性が高いけれども将来の経済成長につながる事業を実施するためには，株式市場で資金を調達できるように市場設計をすることが望ましいということになる。

　株式市場による資金の供給は，投資家との間で結ばれる契約のかたちを通じてさらなるメリットを生む。株主が企業家と結ぶ持分契約では，株主は，収益に応じて高い配当，つまりアップワードリターンを確保できるので，企業家に収益を高めるようにより一層の経営努力をもとめることになる。ひいては，成功したときの資本収益率を A^{**} よりさらに大きな値に上昇させることもありえ

る。つまり，株式市場を通じた資金の供給それ自体が，資本収益率を高める効果を及ぼす。

■ 12.4　非効率な投資と経済成長

● 12.4.1　非効率な投資

ここまで，革新的で期待収益率の高い事業への投資を実現して経済成長に結びつけるためにはどのような金融の仕組みが望ましいかを考えてきた。ここでは，全く逆に，時代遅れで収益率の低い投資を温存してしまう可能性について考えてみよう。理論的には，投資家が保証してほしいと思う利子率を下回る収益率の低い事業への投資は生じないはずであるが，現実にはなぜか収益率の低い事業が存在している。なぜそういったことが起きるのであろうか。これには，銀行の意思決定のかたちが関係していると考えられる。

経済活動は多くの予測に基づいて意思決定が行われるが，それらの予測はあるものは正しく，あるものは間違っている。市場経済がうまくいくのは，予測が常に正しいからではなく，誤った予測の結果をチェックして判断を修正できるところにある。

もちろん株式市場も予測を誤ることがある。企業の将来性を見誤って，実は資本収益率がさほど高くない企業の株価が高騰することはしばしばあることである。この企業は，株式市場での人気を追い風に株式を発行すれば，多額の資金を調達することができるであろう。しかし，企業の業績が次第に明らかになるにつれて，株価は低下して資金もまた集まらなくなる。株式市場における株価は，企業の将来性について多数の投資家が日々行っている評価の結果である。多数の人間の評価を経るので，時間がたつと評価は適切なところに落ち着き，誤った予測の結果を修正することができる。このように，株価の情報発信機能の長所は，誤りを修正することにある。

対照的に，銀行の意思決定は，銀行内の比較的少数の人間に独占されているので，誤りを修正する力が外部から働かず，銀行内部の人間が誤りに気づいて修正をしなければならない。しかし，銀行が長年融資をしてきた企業の収益率

が低下してきたとき，難しい判断を迫られる。

　ある企業が3年続けて事業を失敗し，利子の支払いが滞ったとしよう。さて，銀行はどう考えるのであろうか。3年続けて事業が失敗したけれども，今後は持ち直してくるだろうと予想するのか，あるいは逆に，3年間続けて事業が失敗したのだから，資本収益率そのものが低下してしまったのかと予想するのかどちらであろう。匿名の人間関係を前提とする株式市場では，企業の実力が低下したと評価され，将来の回復の見込みが立たないと多くの投資家が評価した結果，瞬時に株価は低下する。

　一方，銀行と企業の関係にあっては，企業が3年間，利子を滞納しているという事実を厳しく評価しつつも，この情報は外部には発信されることなく，過去からの歴史と実績をふまえて融資を継続する傾向となりやすい。さらに，銀行は，預金保護や資本規制など政府から強い関与を受けている立場から，国家の政策の影響を直接的に受けやすい。政府が，中小企業や零細企業に対する保護を政策の重要課題と考えるとき，銀行は好むと好まざるとにかかわらず，収益率の低い企業への貸出をもとめられる。

　このような理由で，非効率な投資が継続した場合，経済成長にはどういった影響が及ぶであろうか。

● 12.4.2　経済成長への影響

　例えば，ある経済には，K_t の資本を使えば，80％の確率で A^*K_t の産出を生み出すが，20％の確率で産出はゼロとなる革新的な事業が100件存在するとする。同時に，100％の確率で，産出がゼロ，つまり資本収益率がゼロの事業（時代遅れとなった企業の事業）が20件存在するとしよう。

　これまでのように，100件の事業に銀行が貸出をしたとするが，過去の経緯から，そのうち20件の時代遅れとなった企業の事業へ銀行は優先的に貸出をしたとしよう。時代遅れの事業は全く所得を生み出さないので，所得は80件の革新的な事業からしか生み出されず，$64A^*K_t(=0.8 \times 80A^*K_t)$ となる。

　一方，株式市場による資金調達によって，100件の事業が実施される場合を考えてみよう。投資家は，革新的な事業を持つ企業の株式を購入しようとするが，収益率ゼロの企業の株式を購入しようとはしない。すると，投資家の資金

は 100 件の革新的な事業へ向けられるということになる。すると，株式市場を通じて 100 件の革新的な事業が実施され，所得は $80A^*K_t (= 0.8 \times 100A^*K_t)$ となる。

両者を比較すると，時代遅れの事業が実施された場合，所得の水準が $80A^*K_t$ から $64A^*K_t$ へと低下している。収益を生み出さない事業が 20% 存在していることを反映して，経済全体での平均的な資本収益率もまた $0.8A^*$ から $0.64A^*$ へと低下している。経済成長率もまた $0.8sA^*$ から $0.64sA^*$ へと低下している。収益を生み出さない事業に資金が配分されると，資本収益率は低下し，経済成長率は低下する。

収益率が低い事業でも実施しないよりはしたほうがましだと思うかもしれないが，実はみえないかたちで社会的に機会費用が発生している。つまり，収益率の低い事業に資金が使われなかったとしたら，その資金は収益率の高い事業に使われるからである。つまり，銀行による生産性の低い企業への継続的な融資は，非効率な資金配分をもたらし，成長機会の喪失をもたらす。対照的に，株式市場は，収益率の高い事業に資金が集中するするような仕組みを備えており，より高い経済成長を実現する。

「貯蓄＝投資」の式（式 (4)）をみる限りにおいて，貯蓄が投資に向かいさえすれば，経済成長に結びつくかのように思うかもしれないが，それは必ずしも正しくない。重要なのは，貯蓄が，資本収益率の高い事業への投資に向かうことである。

■ 12.5　金融発展と経済成長

シュンペーター（Joseph A. Schumpeter）は，『経済発展の理論』のなかで，経済成長や経済発展における銀行の果たす役割を重視している。彼は，銀行が提供する金融仲介機能を，貯蓄を集め，事業の収益性とリスクを評価し，経営者を規律づけ，取引を容易にすることと捉え，これらの機能がイノベーション（技術革新）と経済発展を促す大きな動機となることを主張した。

ゴールドスミス（Raymond W. Goldsmith）やマッキノン（Ronald I.

McKinnon）は，経済発展に成功したいくつかの国の事例を挙げながら，それらの国が金融発展をともなっていることを突き止めた。彼らは，一国の預金に現金を加えた額を GDP で割った値を金融の深化（Financial Depth），つまり金融発展を表す指標であると捉えた。この値が大きいということは，GDP に比して預金と現金，特に預金が多く，それは銀行を通じた金融仲介が経済のなかで大きな役割を果たしているということを意味している。そしてこの値が1人あたり GDP の大きさとともに上昇している経験的事実を実証した。

　彼らの貢献は，金融発展と経済発展の間の因果関係をめぐって，大きな論争を引き起こす。ゴールドスミスやマッキノンのような研究者は，金融発展が経済発展を引き起こしたと主張し，一方，経済が成長したから金融もまた発展したのであり，金融発展は経済成長の結果にすぎないと金融の役割を軽視する研究者もいた。さらに，金融発展と経済発展を同時にもたらした別の要因（例えば，教育）が存在し，それが両者の間の相関関係を生み出している可能性があり，両者の間に直接の因果関係はないという主張もある。

　1990 年以降に大きく発展を遂げた成長回帰分析という分野は，この問題に一応のけりをつけた。キング（Robert G. King）とレヴィン（Ross Levine）は，金融仲介の発達を表すいくつかの指標を提示し，先進国と発展途上国を含む57 か国のデータを使って，"ある時点"でのこれらの指標が，"その時点以降"の経済成長を促している傾向があるかを検証している[6]。具体的には，1960 年における金融発展の指標が，1960–1989 年の1人あたり GDP の成長率を促した

6　彼らが設定した指標は次の4つである。1つ目の指標は，金融機関以外が保有する通貨と銀行などの金融仲介機関が発行する当座性預金と定期性預金の和を GDP で割った値である。これは，ゴールドスミスやマッキノンが金融発展の指標とした変数とさほど変わらない。2つ目の指標は，非金融民間部門への貸出を GDP で割った値である。この指標は，預金ではなく，実際に預金のうちどれだけ民間企業への貸出に向けられているかを金融仲介の指標と考えている。単に預金が増えるだけではなく，貸出に資金が向かうことで民間企業の投資が促進されてはじめて，金融仲介が発達したといえるという考え方に立脚している。3つ目の指標は，預金銀行の資産を中央銀行を含む全銀行の資産で割った値である。途上国において中央銀行が自ら金融仲介の機能を果たす場合が多く，しかしながらそこで提供されるサービスは，民間銀行より劣ると考えられる。したがって，この指標は，金融仲介機関の提供するサービスの品質を表す指標と考えることができる。4つ目の指標は，非金融民間部門への貸出を全貸出で割った値である。途上国では政府や政府系企業への貸出が多く，その貸出の多くは民間に貸すときほど厳正な審査やリスク管理がなされていないと考えるのが自然であるためである。

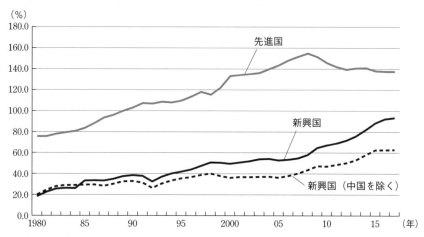

図 12-2　不均衡な金融発展

(%)

先進国

新興国

新興国（中国を除く）

注：金融発展の指標は，一国の銀行貸出残高を GDP で割った値として計算されている。
出所：World Bank Financial Development and Structure Dataset (updated September 2019),
　　　https://www.worldbank.org/en/publication/gfdr/data/financial-structure-database

かどうかを検証している。このような時間のずれを意図的に使うことで，「金
融発展 → 経済成長」の因果関係を捉えようとしている。結果は，いずれの金
融仲介の発達を示す変数も，その後の経済成長にプラスの影響を及ぼしている
ことを示すというものであった。この実証結果は，本章の 2 節で説明したよう
に，銀行の存在が経済成長を促すという理論的な結果を支持しているといえる。

　法制度と金融システムの関係に注目する研究もまた生まれた。シュライ
ファー（Andrei Shleifer）を中心とするグループは，約 50 か国にわたる金融に
関する法律を調べ上げ，倒産に際しての債権者の権利が保護されている国では
銀行制度が発達しており，株主の権利が法律で保護されている国では，株式市
場が発達している傾向があるという結果を示している。

　ここまで話をすれば，金融発展の水準が，先進国と新興国で同じ程度である
と考えるほうが不自然であるということに気づくであろう。一国の銀行貸出残
高を GDP で割った値を金融発展の指標として定義して，時間を通じての動き
をみたのが図 12-2 である。

　先進国と新興国，いずれのグラフも右上がりであり，金融発展が経済発展と
ともにある様子を鮮やかに物語っている[7]。先進国のほうが新興国よりも常に

高い値を示しており，リーマンショックのあった 2009 年の値で比較すると，先進国の銀行貸出残高は GDP 比で 150％を超え，他方，新興国の数字は 65％程度にすぎない。この結果は，先進国の金融発展に新興国がいまだ追いついていないという現実を物語っている。

■ 12.6　無形資本と金融の相性

ここまで，実物資本といえば，機械や工場，建物を取り上げてきたが，生産に貢献する資本はそれだけではない。ローマー（Paul M. Romer）が提唱した内生的成長理論の世界では，実物資本と労働だけでなく，"知識" が生産要素として重要な役割を果たす。人的資本や研究開発によって生み出された知識が，物的資本とバランスよく蓄積されるとき，長期的な経済成長を実現する。つまり，この世界では，知識や技術を体化した労働はもはや使い捨ての商品ではなく，経済の進歩や教育を通じた個人の努力によって蓄積されたれっきとした資本であり，"人的資本" あるいは "知識資本" と呼ばれる。その場合，労働力は，式（1）の生産関数において，「労働の質×労働力」として表現される。そして労働の質が時間を通じてどんどん高くなるとき，労働はもはやもう一つの資本とみなすことができる。

知識資本とはやや漠然とした概念であり，最近の研究では，無形資本（Intangible Capital）として理解されつつある。企業が保有する実物資本は，建物や機械設備など目にみえる有形資本（Tangible Capital）と，目にみえないけれども企業に収益をもたらす無形資本から構成される。知識資本，つまり無形資本とは，質の高い労働力が創り出した知識の集積であり，特許や著作権，デザインなどの知的所有権は言うに及ばず，研究開発，マーケティング，ブランディング，組織資本，情報通信企業では必須といえるデータベースやソフトウェアなどを含む[8]。

無形資本の台頭は著しく，いくつかの先進国では，無形資本への投資が，有

7　先進国を OECD 主要 23 か国で定義し，先進国を除くすべての国を新興国と定義している。

形資本への投資を上回りつつある。このトレンドを後押ししているのは，情報通信技術の発達である。スマートフォンさえあればタクシーの手配が完了する便利なタクシー配車サービスがあるが，運転手と顧客を直接に結び付ける広大なネットワークが，その会社にとっての無形資本である。配車ビジネスの生産性を劇的に上昇させたのはスマートフォンの出現であることは言うまでもない。IT 化の波に乗って，無形資本への投資を拡大させ，生産性を向上させる企業は絶え間なく出現している。とりわけ，情報通信企業にその傾向が強く，資本といえるものはそのほとんどが無形資本であり，機械や建物などの有形資本の占める割合は小さい。

　資本の中身が有形資本から無形資本へ移行するにつれて，組織形態や雇用制度が変化をもとめられるように，人やカネの結びつき方も変わってきている。それにともなって，金融システムも変化をもとめられるようになってきている。

　銀行は企業に貸出をするとき，債務契約を結ぼうとする。銀行は，貸出金の返済を完遂させるためにさまざまなかたちの債権回収の技術を持っている。そのうち効果的な方法の一つが，返済が不履行になったとき，企業家の保有する資産を担保として徴収する条項を債務契約のなかで盛り込むことである。

　しかし，この方法は台頭する情報通信産業には有効ではない。例えば，巨大IT 企業の一つであるグーグルの生産活動とは，自らの情報検索エンジンを通じて獲得した莫大なデータを保管・解析することによって新たに情報を生産することである。設備投資の中心は研究開発投資であり，主な支出項目はデータ解析の専門家へ支払う高額な給与である。グーグルにとって資本とはそのほとんどが人的資本という無形資本であり，有形資本といえるのは本社ビルとデータ貯蔵庫くらいのものである。このように，資本のほとんどが人的資本という無形資本であるとき，その無形資本を担保にできるであろうか。土地や建物などの有形資本であれば，担保で徴収して市場で売却することによって損失の穴埋めをできる。しかし，人的資本を担保にとろうとしても，優秀な人材を借金のカタにとって市場で売却することはできない。優秀な人材であればある

8　企業特有の生産のネットワークは組織資本の一つであり，代表的な例はトヨタの「かんばん方式」である。取引関係各社との間で生産計画を摺り合わせてはじめて構築される在庫ゼロシステムは，多品種少量生産を効率的に実現するためにつくり上げられた組織資本である。

ほど，他企業での雇用機会に恵まれており，企業の経営危機とともに流出してしまうからである。つまり，無形資本は担保とならない。無形資本を担保にできない銀行は，無形資本が多い情報通信企業に融資することが難しい。

　無形資本の多い産業に対しては，担保を使って債務契約を履行させようとする金融取引は有効ではない。担保を利用できないとなると，金融取引を実現するためには，企業と投資家が密な関係を作って情報の非対称性を解消する一層の努力をするよりほかはない。企業の情報開示を通じて投資家との情報共有を前提とした持分契約による金融取引のほうが有効であるように思われる。今後の技術進歩が，資本に占める無形資本の割合が増えてくる方向に進むならば，銀行を通じた資金調達よりも株式市場を通じた資金調達のほうが，将来性があるかもしれない。

◆ ま と め

　この章では，これまで学んできた金融の仕組みが一国の経済成長とどのように結びついているのかを説明した。銀行の金融仲介や株式市場が，資本収益率を向上させ，経済を成長させる仕組みについて説明した。リスク性の高い革新的な事業の資金調達については，銀行の金融仲介よりも株式市場のほうが向いていることを明らかにした。

第 13 章

資産価格バブル

証券価格は本質的価値に等しくなるように調整されると第 6 章では説明したが，常にそうなるわけではない。この章では，まずは，身近なバブルとして貨幣を取り上げ，なぜそれがバブルといえるのかを学ぶ。そのうえで，資産価格にバブルが生じる可能性について考える。バブルを考えようとすれば，合理的ではない投資家の存在が浮き彫りになる。さらに話を進めると，投資家がたとえ合理的であっても，バブルが起きる可能性を考えることができる。その場合，利子率と成長率の関係がバブルの発生を考えるうえで重要であることも学んでいく。

■ 13.1 身近なバブル：貨幣

　我々がバブルというとき，まず思い浮かべるのが株式市場のバブルであり，土地や住宅などの不動産バブルかもしれない。しかしながら，実のところ，バブルの性質を最もよく表している資産は，我々の生活の身近なところに存在する。それは貨幣である。日本銀行が発行している日本銀行券こそ代表的なバブルである。そういわれてあまりピンとこないとしたら，それはたぶん貨幣が信用を失うといった修羅場に出くわした経験がないからであろう[1]。

● 13.1.1　一万円札はなぜ 1 万円か

　第 1 章で説明したように，「価値尺度」「交換手段」「価値貯蔵」の 3 つの機能を兼ね備えているとき，我々はそれを「貨幣」と呼ぶ。日本銀行が発行する一万円札は，まぎれもなくこの 3 つの機能を兼ね備えており，まさしく貨幣である。では，なぜ一万円札に 1 万円の価値があると思っているのであろうか。この一万円札自体にどれだけの利用価値があるかと問えば，それ自体はほとんど何の価値もない。ティッシュペーパーとして鼻をかもうにも手を洗ってハンカチの代わりにしようにもきわめて使い勝手が悪い。しかし実際には日本国内どこへ行っても，一万円札で 1 万円分の商品に交換することができる。それはなぜか。それは，日本銀行が発行する一万円札に 1 万円の価値があると人々に信じられているからである。

　一万円札はただの紙切れだということは誰でも知っている。同時に，そこに 1 万円の価値があるとも信じている。百貨店で 1 万円のブルゴーニュワインを購入しようとしたとする。一万円札で支払おうとすれば，店員はこのただの紙切れを喜んで引き取ってくれる。では，なぜ百貨店の店員はただの紙切れを喜んで引き取ってくれたのだろうか。それは，この一万円札があれば，百貨店もまた商品を手に入れることができると信じているからである。つまり，それ自体に価値がないことは皆知っているけれども，この紙切れがあれば 1 万円分の商品を手に入れることができると信じているからである。こうして，それ自体の原価は 10 円か 20 円ぐらいのただの紙切れが 1 万円の価値を持つ。

　それ自体の価値に比べて非常に高い価格で取引される現象をバブル（Bubbles）と呼ぶ。一万円札 1 枚の利用価値が金額で評価して 20 円程度であったとしよう。ところが，1 万円という価格で流通する。この場合，差額の 9980 円がバブルということになる。それ自体が持っている価値と実際に世の中で流通している価値が異なる場合，その差額がバブルである。

1　貨幣がバブルだとしたら，貨幣にもバブル崩壊がある。1923 年のドイツでは，物価が天文学的な数字に上昇するハイパーインフレーションが起こり，日用品を買うために，紙幣を鞄いっぱいになるほど持ち運ばなければならない事態となり，貨幣がもはや取引手段として意味をなさなくなった。ハイパーインフレーションは，まさしく貨幣のバブル崩壊である。

● 13.1.2 信頼 ── バブル成立の根拠

　こうして考えてみると，我々は実はバブルのなかで暮らしていることに気がつく。一万円札への信頼が揺るがない限り，価値の安定したバブルといえよう。では一万円札への信頼の根拠はどこからくるのであろうか。それは日本銀行券と印刷されていることが大いに関係している。つまり一万円札を発行している主体が国家の銀行である日本銀行だからである。

　では，国家の銀行が発行しているから信用されるのはなぜか。普段はあまり意識していないことであるが，実のところ，我々は漠然とではありながら国家主権に対して揺るぎない信頼を持っている。仮に，私が自分の名刺に1万円と書いて，商品と交換に手渡そうとしても誰も受け取ってくれないであろう。それは，私自身に日本の国家主権ほどの信用がないからである。つまり，一万円札は日本という国家の信用をもとに発行された証券なのである。

　この事情は新興国や発展途上国に行くとよくわかる。日本の通貨が円であるように，例えば韓国にはウォン，中国には元，インドネシアにはルピアという貨幣が存在しており，それぞれの国内で貨幣として流通している。しかし発展途上国に行って決済をするとき，その国の通貨よりもむしろ日本円や米ドルが好まれるケースが少なくない。インドネシアのバリ島のホテルで支払いをするときに必ずしもルピアで決済をしない。ルピアないし米ドルでの決済を選択できる。インドネシアは，金融危機などの混乱を乗り越えて最近発展が著しいが，いまだ新興国の優等生とはみなされていない。アンコールワットのあるカンボジアのホテルでの決済は米ドルである。街へ出て食事やショッピングをしても米ドルでの決済が基本である。政治的に不安定で経済的にもいまだ発展途上にあるこの国の通貨の信頼性は低い。

　フリードマン（Milton Friedman）はいみじくも，「人々がそれを貨幣だと認識するから貨幣なのである」と指摘している。ここで，貨幣の背後にある人々の心理を少し詳しく覗いてみよう。人々が一万円札に1万円の価値があると思うのは，昨日まで1万円の価値があったからなのだろうか，それとも明日からも1万円の価値があると思うからなのだろうか。昨日までの経験と明日への期待は不可分に結びついており，両方とも必要なようにもみえる。昨日まで一万円札が利用されてきたという実績があるから，人々は明日からも一万円札

が価値を持ち続けるだろうという期待を抱くと考えるのは自然である。しかしながら，実は切り離して考えることができる。

　結論からいえば，人々が一万円札に1万円の価値があると思うのは，明日からも1万円の価値があると思うからである。現在だけでなく，明日も，1年後も，そして2年後も価値を持ち続けると思っているということが本質的であり，そう思っているから，一万円札で支払った場合に，一万円札を受け取った人は1万円分の商品を渡してくれる。一万円札をもらった人がこの一万円札を使うのは将来のいつか，それは1週間後かもしれないし，半年後かもしれない。現在，価値があると思っているだけでなく，将来にわたってそれが価値を持ち続けるということを信じているから，1万円の価値は維持される。

■ 13.2　期待の連鎖

　貨幣が現在の価値を持つのは，将来もまた価値を持つと思うからである。だとするならば，将来の価値が保証されれば，たとえそれが紙切れのように本質的価値がほとんどない財であっても本当に交換手段として流通するのであろうか。仮に価値を持つとしたら，そのとき，人々はどのような期待形成をしているのであろうか。

● 13.2.1　期待の連鎖がとぎれるとき

　このあたりのところをより深く理解するために，次のような設定を考えよう。
　図13-1では，左から順番に1，2，3……とN人が順番に並んでいる。各人は財を1単位保有している。自分の財から幸福度を得るが，左隣の（自分より数字の大きい）人の財のほうに強く魅力を感じるとしよう。なお右隣の（自分より数字の小さい）人の財には全く魅力を感じないとする。例えば，1番の人は，自分の財である財1よりも2番の人が保有する財2からより多くの幸福度を得る。しかしながら「欲望の二重の一致」は成立しないので，物々交換ではこの交換は実現しない。つまり，1番目の人は財2に魅力を感じるけれども，2番目の人は財1に魅力を感じないからである。

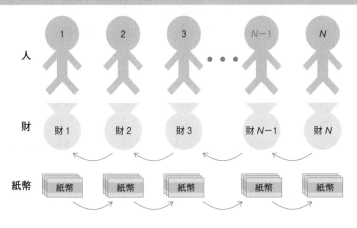

図13-1　貨幣による交換（参加者が有限のケース）

　ここで"紙幣"を用意して，これを交換手段として使うというアイデアを考えよう。紙幣といってもそれ自体何の価値もないただの紙切れである。ただの紙切れを人々が貨幣のように交換手段として受け入れてくれれば，交換は成立する余地がある。1番の人が紙幣を2番の人に手渡す代わりに2番の人の財をもらうとしよう。次に，2番の人は3番の人に紙幣を手渡して3番の人の財をもらい，さらに……という流れでもって紙幣と財の交換は進む。1番の人の幸福度は増加し，2番の人の幸福度も増加し，さらにといった具合に話は進むかにみえる。しかし，N番目の人のところで問題が生じる。N番の人は，財Nを$N-1$番の人に提供する代わりに紙幣をもらっても，この紙幣を使って財を入手することができない。

　N番目の人の左隣には紙幣を受け取ってくれる人はいないので，使い道のない紙幣をもらっても，財を失って幸福度は低下することになる。紙切れでは財の代わりにはならない。つまり，紙幣を導入すると，1番目の人から$N-1$番目の人はより幸せになるが，それはN番目の人の犠牲のうえに成り立っていることになる。損をすることに気づいたN番の人は紙幣の受け取りを拒否するであろう。N番の人が紙幣を受け取ってくれないとなると，$N-1$番目の人も受け取りを拒否する。すると期待の連鎖が働いて，$N-2$番目の人も受け取りを拒否して，さらには……。こうして，紙幣を流通させて貨幣のように使う

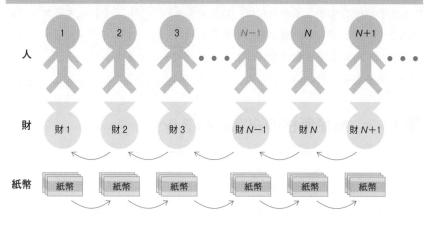

図 13-2　貨幣による交換（参加者が無限のケース）

戦略は失敗する。もちろん，財の交換は生じない。

● 13.2.2　期待の連鎖がとぎれないとき

　次に，N 番目の人の左隣には紙幣を受け取ってくれる人が必ずいる世界を考えよう（図 13-2）。そしてそれは，無限の数の人が順番に並んでいるケース，つまり N が無限大のケースを考えることである。N が無限大とは，N 番目の人の隣には必ず $N+1$ 番目の人がいる。すると，先程の N 番目の人の不幸は生じなくなる。自分の左隣には紙幣を受け取ってくれる人が必ずいると確信できるので，人々は安心して紙幣を受け取る。そして紙幣を手渡す代わりに財を入手することができる。

　1 番の人の幸福度はもちろん，2 番以降の人の幸福度も増加する。すべての人の幸福度は増加するので，紙幣を交換手段として使う戦略は成功する。人々は喜んで紙幣を受け取り，財の交換が生じる。紙切れの流通が人々を幸せにする。

　紙幣はただの紙切れにすぎず，その本質的価値はほぼゼロに等しい。しかし，人々が紙幣を財と交換しているということは，少なくとも財の価値に等しい価値を紙幣に認めていることになる。紙幣の持つ交換手段としての価値は期待によって支えられたバブルといえる。

なお，人間の数を無限としたのは，一種の比喩である。実際の人間の数が有限なのか無限なのかと問われれば，有限である。しかし，それは本質的な問題ではなく，まるで人間の数が無限であるかのごとく，すべての参加者が，自分の保有している紙幣を受け取ってもらえると確信できるときに，たとえそれが幻想であるかもしれないけれども，バブルが起こりうることを示唆している。

■ 13.3　資産価格の決定とバブル

● 13.3.1　復習：資産価格の決定

　前節の話をふまえて，資産価格の決定について再び考えてみよう。毎期の配当がD円（1株あたり）の株価について考えてみよう。第6章で説明したように，「裁定式」が資産価格を決める基本式である。そこでは，株式を買うための費用と買うことによって得られる利益が等しくなっている。

　仮に，現在の株価がP_t円であったとしよう。株式を買うための費用は機会費用で表され，P_t円で株式を買う代わりに他の資産（例えば，国債）を買ったときに得られる利益を指す。国債利回りをrとすると，現在の株価P_tに$(1+r)$を掛けた値である$(1+r)P_t$として表される。一方，利益は，1年間，株式を保有したことで得られる利益なので，$D+P_{t+1}$と配当プラス1年後の株価で表される。すると，裁定式は次式のように書かれる。

$$(1+r)P_t = D + P_{t+1} \tag{1}$$

注意深くみてみると，この裁定式には，現在の株価と1年後の株価という2つの変数が入っており，現在の株価と1年後の株価の関係を表しているにすぎない。つまり，この式だけからは現在の株価は決まらない。現在の株価を知るためには，1年後の株価を知る必要がある。1年後の株価を知るためには，2年後の株価を知る必要がある。そして2年後の株価を知るためには，……と，期待の連鎖は将来の先へ先へと無限の彼方に続くことになる。

　とはいいつつ，問題の見通しをよくするために，おおざっぱに考えてみよう。期待の問題をまじめに考えるのは面倒そうなので，投資家は1年後の価格は現

在の株価は等しい，つまり $P_t = P_{t+1}$ と予想すると "勝手に" 仮定して，裁定式を解いてみよう。すると，

$$P_t = \frac{D}{r}$$

となり，「現在の株価＝配当/国債利回り」と表され，意味のありそうなかたちが導かれる。第6章で説明したように，この値は，企業価値を正確に表現しているという意図を込めて本質的価値あるいはファンダメンタルズと呼ぶ。

例を使って考えてみよう。毎期の配当が30円（$D=30$），国債利回りが3％（$r=0.03$）とすると，本質的価値で表された株価は1000円（$P_t=1000$）となる。では，株価は常に1000円となるであろうか。もし市場で株価が1000円を超える値がつけば，つまり $P_t > \dfrac{D}{r}$ ならば，割高感を感じた投資家は株式を売るので，価格は下落するであろう。逆に，もし市場で株価が1000円を下回る値がつけば，つまり $P_t < \dfrac{D}{r}$ ならば，割安感を感じた投資家は株式を買うので，価格は上昇するであろう。市場の調整プロセスを経て，実際の株価は1000円となるであろう。株価は本質的価値に等しい価格に調整される。第6章では，このような説明をした。

● 13.3.2　期待の連鎖とバブル

しかし本質的価値に等しい1000円という価格が，この裁定式から導かれる唯一の価格なのだろうか。この価格以外に実現する可能性のある価格は存在しないのだろうか？ 1年後の価格も現在の株価と変わらないと投資家が予想していたから，1000円という本質的価値に等しい株価が実現したのかもしれない。この疑問に答えるべく，この期待についての仮定を外して，株価はどうなるかを考えてみよう。

仮に，1000円を超える価格，例えば，2000円という価格が成立する可能性を考えてみよう。$P_t=2000$ を（1）式の裁定式に代入してみよう。すると，

$$(1 + 0.03) \times 2000 = 30 + P_{t+1}$$

となり，$P_{t+1}=2030$ となる。なんと，現在の価格2000円と1年後の価格2030

円という組み合わせは，裁定式を満たしているではないか。これをどのように解釈すればよいのであろうか。前節では，将来の価値が現在の価値を決めると説明した。同じように，1年後の株価の期待が現在の株価を決める。つまり，来年，株価が2030円に上昇すると予想しているので，裁定式を通じて，現在の株価は2000円に決まる。計算上は，現在の株価の2000円が決まって，その次に1年後の株価の2030円が決まっているかのようにもみえるが，そのように理解してはいけない。

"1年後の価格は現在の株価に等しい"と予想に関する仮定を置けば，本質的価値に等しい1000円という価格が導かれる。しかし，この仮定を外せば，現在よりも1年後に向けて株価が高くなるケースを簡単に見つけることができる。

本質的価値に等しい1000円を超える価格が市場でついているにもかかわらず，株価は下落するどころかむしろ上昇している。では，この価格上昇の背景で，投資家はどのような期待形成をしているのであろうか。そしてそれは，なぜ来年，2030円に上昇すると投資家は期待をしたのかについて答えることである。来年，つまり1年後の裁定式を考えてみよう。すると，

$$(1+r)P_{t+1} = D + P_{t+2}$$

となる。$P_{t+1} = 2030$ を裁定式に代入すると，$P_{t+2} = 2061$ となる。これは，2年後に株価はさらに2061円に上昇すると予想しているので，1年後，株価が2030円に決まることを意味している。つまり，株価はさらに上昇するだろうという期待の連鎖が働いてはじめて，本質的価値を超える2000円という現在の価格が実現しているということになる。この場合，2000円の価格のうち，本質的価値の1000円で説明できない部分である1000円がバブルということになる。

実のところ，価格の経路は期待に応じて複数存在する。図13-3には，3つの価格経路が描かれている。

最も下には，投資家が株価を1000円と予想したときの価格経路が記載されている。この価格は，本質的価値をズバリ予想したときの価格であり，時間を通じて1000円で変わらない。真ん中のグラフは，投資家が株価を2000円と予想したときの価格経路を表している。価格は1000円に向かって下落するどこ

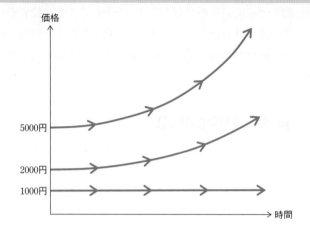

図 13-3　複数の価格経路

（縦軸）価格
（横軸）時間

5000円
2000円
1000円

ろか，時間を経るにつれて徐々に上昇している。一番上のグラフは，投資家が株価を 5000 円と予想したときの価格経路を表している。やはり，時間を経るにつれて徐々に上昇している。全体としてみると，最初の予想が高いときほど，その後の上昇ペースもまた大きくなる様子を見て取れる。

　ここでは 3 つの価格経路を描いているが，理論的には，本質的価値を超える価格の経路は最初に予想された価格の数だけ，つまりバブルの経路は期待に応じて無限個存在する。そしてバブルの価格経路を決めるのは将来への期待である。

　現在の株価を知るためには，1 年後の株価を知る必要がある。1 年後の株価を知るためには，2 年後の株価を知る必要がある。そして 2 年後の株価を知るためには，……と，期待の連鎖は将来の先へ先へと無限の彼方に続くことになる。資産価格の決定は，“将来の期待が現在の価値を決める”という性質を持っており，この性質のために，本質的価値は 1000 円であるにもかかわらず，「期待の連鎖」が続けば，株価は上がり続ける。つまり，バブルは生じる。

　はたして，バブルとわかっていながら，“1 年後の価格は現在の株価よりも高いに違いない”と投資家が予想してしまうのであろうか。投資家は，配当だけを期待して株式を買うわけでない。株価の値上がり益，つまりキャピタルゲインをも期待して株式を買う。値上がりするに違いないと確信すれば，投資家は株式を買う。多くの投資家がそう思えば，株価は自己実現的に上昇していく。

株価が高騰していく過程で，裁定式は成立しており，その限りにおいて投資家は合理的な行動をとっているのである。バブルが起きても，投資家は非合理的な行動をとっているわけではない。バブルは，次から次へと現れる将来の買い手が，さらに高い価格で買い続けてくれるだろうという期待の連鎖が継続する限り持続する。

■ 13.4　再論：効率的市場

　バブルの話を進める前に，議論の出発点として，バブルを否定するような摩擦のない競争市場の世界では，そもそも人々はどのような意思決定をしているのかを振り返ってみよう。第6章で説明したように，価格が"その時点で利用可能なすべての情報"を正しく反映して形成されるような市場は「効率的市場」と呼ばれる。そこでは，情報は瞬時に株価に織り込まれ，資産価格はその本質的価値に近くなると結論づけた。この世界では，価格が本質的価値よりも割高であると判断されれば，瞬時に調整が働いて価格は下落するので，価格がバブルを含むことはありえない。

　価格に影響を与えるような情報とは，過去の情報や公的な情報だけでなく，私的な情報をも含む。私的な情報も価格に瞬時に反映されるということは，資産に関するある情報に対してすべての投資家が合理的に行動するという事実を，すべての投資家が共有しているということでもある。つまり，自分は合理的に行動するし，自分以外の皆も合理的に行動するということを自分は知っているし，その事実を自分以外の皆も知っているということである。この概念は共有された認識（Common Knowledge）と表現される。人々が共有された認識を保有してはじめて，私的なシグナルがすべての投資家にとって利用可能な情報となるのである。この結果，私的なシグナルがすべての投資家にとって利用可能な情報となり，瞬時に株価に織り込まれる。すると，投資家は，私的に知りえた情報を利用して大儲けすることはできないことになる。言い換えれば，「何人も市場に打ち勝つことはできない」という衝撃的な結論に達する。

　効率的市場は利用可能なすべての情報を価格に織り込む。もし情報がタダな

らば，その通りだろう。しかし，情報の入手には費用がかかると考えるのが自然であり，投資家がコストをかけて情報生産をするという話を何度か述べてきたことを思い出してほしい。すると，次のような疑問を抱くかもしれない。もし私的に入手した情報は他人にもタダで利用できるのであれば，費用をかけてわざわざ情報を入手しようとする人はいなくなってしまうだろう。そうすると，市場は情報を集約する機能を失ってしまい，市場そのものが成り立たなくなってしまうのではないか。すると，効率的市場が想定するような，私的なシグナルがすべての投資家にとって容易に利用可能な情報となるというのは幻想ではないかと考えざるを得ない。やはり投資家がコストをかけて情報生産をしていると考えるのがもっともらしいのではないかと思いたくなる。

　現代の金融市場では，巨大な金融機関が多数存在しており，莫大な費用をかけて市場の情報を分析している。もし効率的市場仮説が正しいとするなら，彼らの行動は報われないはずである。金融機関は，情報の優位性を利用することができなくなるばかりか，情報の分析に費やした費用を回収できずに赤字に陥ってしまうだろう。彼らの存在を正当化するためには，金融機関は一般投資家に対する情報の優位性から利益を得ていると考えざるを得ない。私的なシグナルは「利用可能な情報」には"完全にはなりえず"，金融機関は費用をかけて私的に知りえた情報から利益を上げていると考えるのが自然であろう。そしてそれは，効率的市場が想定する世界とは矛盾している。

■ 13.5　効率的でない市場

　価格が利用可能な情報を正しく反映するとは，投資家は，新たに生み出された情報から何かを学ぼうとしているということでもある。言い換えるならば，価格に影響しそうなシグナルから投資家が何も学ぼうとしなくなれば，効率的市場は成立しない。実際，世の中のすべての投資家が，他者から学ぼうとする謙虚で賢明な投資家ばかりとは限らない。以下では，合理的ではない投資家がいるために市場は効率的とはならず，バブルが発生する可能性についていくつかみていくことにしよう。

● 13.5.1　自信過剰な投資家

　それぞれの投資家が自分の予想に絶対の自信を持っており，取引を繰り返しても投資家の間で予想の食い違いが解消されないとき，本質的価値で計算された価格よりも割高な価格で取引がなされるだろうか。

　次のようなケースを考えてみよう。現在は不況で業績は不振の企業を考えよう。投資家Aはこの不況はそう長くは続かないと予想しており，不況の後にやってくる好況もまた長くは続かないだろうと予想している。一方，投資家Bはこの不況は長く続くだろうが，不況が終われば好況もまた長く続くだろうと予想している。いずれの投資家も自らの信念に絶対の自信を持っており，市場で何が起きてもこの信念を変えない。

　すると，投資家Aの立場からすれば，好況になった瞬間に好況の持続性を楽観視する投資家Bに売れば，高く売れるということになる。投資家Bの立場からすれば，不況になった瞬間に不況の持続性を楽観視する投資家Aに売れば，高く売れるということになる。実際の市場では，より高い価格をつけた投資家が株式を買うので，不況期には不況の持続性を楽観視する投資家Aが株式を保有し，好況期には好況の持続性を楽観視する投資家Bが株式を保有する。好況と不況を経ながら株式の保有者は変化しつつも，常に，楽観主義者が株式を保有するということになり，投資家Aがずっと保有しているときよりも，また投資家Bがずっと保有しているときよりも，高い価格で実際に取引されることになる。こうして，自信過剰の投資家ばかりの市場ではバブルが生じる。

● 13.5.2　"したたかな"投資家

　では，自信過剰の投資家ばかりの市場に合理的な投資家が参入したらどうなるのだろうか。かつてフリードマンは，合理的な投資家は価格が安いときに買い，高いときに売るので，バブルの鎮静化に貢献すると主張した。この説からいえば，合理的な投資家の存在は，市場を安定化させる方向に作用するのではないかと推論されるが，はたしてそうであろうか。

　シュライファー（Andrei Shleifer）を中心とするグループは，株価の上昇トレンドでは買い増し，下降トレンドでは売る，いわゆる"チャーティスト"と呼

ばれる投資家の存在を念頭に置き，合理的な投資家と共存する世界を考察した。チャーティストは，過去の株価パターンをもとに投資行動を決める投資家で，新たな情報から学ばないという意味で先ほどの自信過剰な投資家と似ている[2]。

彼らが導き出した結論は，合理的な投資家の存在は，バブルの鎮静化に貢献するどころか，むしろバブルを煽るという衝撃的なものであった。何かの理由で株価が上昇を続け，チャーティストは買いを増やしたとしよう。合理的な投資家の立場からすれば，株価が割高な水準に到達している。合理的な投資家は，割高だと思った瞬間に売るだろうか。"ふつうの"合理的な投資家は割高だと思った瞬間に売るかもしれないが，"したたかな"合理的な投資家は割高だと思ったとしてもすぐには売らない。むしろ，株価の吊り上げを仕掛けるためにさらに買いを入れる。するとチャーティストは買いをさらに入れるので，株価は高騰する。したたかな投資家はこのタイミングで売り，株価の暴落を仕掛ける。そして莫大な利益を手に入れる。投資家が真に合理的ならば，市場の価格だけを頼りに売買の判断をするのではなく，チャーティストの行動パターンを見抜いて売買の判断をする。賢明な投資家は，バブルを仕掛けてチャーティストに損失を押し付けて大儲けできるのである[3]。

フリードマンは，市場の攪乱を煽る投機家は結局のところ損失を被って市場から淘汰されるという自然淘汰の議論を展開して，市場は最終的に合理的な投資家しか存在しなくなるはずだと主張したが，それは少しばかり単純化されすぎた世界観といえる。損失を被って淘汰される投資家もいるだろうが，新たに市場に参入をする投資家もいるのである。合理的とはいいがたい投資家が絶え間なく市場に参入してくる限り，彼らは合理的な投資家にとって価格操作のインセンティブを与えてくれるカモであり，そしてバブルは頻発するということになる[4]。

2　チャーティストとは，過去の株価の推移を表すグラフであるチャートに基づいて将来の株価の予想をすることからこのように呼ばれる。

3　投機家として有名なジョージ・ソロスは，この手法で莫大な富を築いたといわれている。彼は，1960年代のアメリカのコングロマリット・ブームのさなか，まず買いを入れて株価の上昇を仕掛け，一般投資家を煽って株価の高騰がピークに達したタイミングで，大量の売りを仕掛けて株価を下落させて大儲けしたといわれている。

● 13.5.3　バブルに乗じる

　ヘッジファンドなどの金融機関は，一般の個人投資家よりも情報の収集や分析能力に優れている。投資家の間で保有する情報に格差があるとき，バブルがある一定期間持続することが知られている。

　資産価格の上昇が本質的価値の上昇によるのか，それともバブルなのかを見極めることは難しい。市場情報の分析能力の高い金融機関は，どこかのタイミングで価格上昇がバブルのせいなのかどうかを見極めることができるかもしれないが，分析能力で劣る個人投資家はできないかもしれない。すると，バブルかどうかを見極める情報を入手するタイミングが投資家によって異なると想定することは不自然ではないであろう。ある投資家が他の投資家に比べて早い段階で情報を入手したと推測したとき，価格上昇をバブルだと確信しつつもすぐには資産を売却しない。バブルに"乗じて"利益を上げることを目論んで資産を保有し続け，そして，多くの投資家がバブルであることに気づいたと判断した段階で売却することが最適な戦略となる。こうしてバブルは一定期間持続して，やがて崩壊することになる。

　このように，投資家の間に情報の格差が存在するかぎり，バブルは発生し，そして持続するといえる[5]。バブルだとわかった瞬間に崩壊するという効率的市場仮説の予測が必ずしも当たらない。

　4　なお，これらの話を支えているのは，空売りが禁止されているという仮定にあるという点は指摘しておく必要がある。空売りとは，自ら保有している株式を売るのではなく，証券会社などから借りた株式を売ることである。借りた株式を返却する時点では，売った株式を買い戻さなければならず，その時点で株価が下落していれば，その差額を儲けることができる。空売りが可能なとき，株価が割高だと予想していれば，空売りで儲けようとする投資家が現れると考えるのが自然である。資産市場のなかには，株式市場や外国為替市場のように先物市場が存在する場合もあれば，不動産市場のように先物市場がない場合もある。実際，住宅市場や土地市場では，株式市場と異なり，かなりの期間にわたって価格が明らかに誤った状態で持続することがしばしばあり，先物市場の不在がバブルの持続性に一役買っているといえそうである。
　5　アメリカ大統領であったジョン・F・ケネディの父，ジョセフ・P・ケネディは1920年代の株式市場で大儲けして財を築いた人であった。アメリカが株式ブームの沸き返っていたある日，靴磨きの少年がやたら株の話をするのを聞いて，もはや株式市場が過熱した段階に達したと判断した彼は手持ちの株式をほとんど売り払ってしまった。その直後に大恐慌の発端となる暗黒の木曜日（1929年10月24日）が訪れた。彼は絶妙のタイミングで株式を売り抜けたのである。

■ 13.6 バブルにおける利子率と成長率

　現実の資産市場は、効率的市場仮説が想定する世界とは異なっており、合理的な投資家もいれば、合理的でない投資家もいる。そしてバブルが生じる余地が十分にある。

　この節では、資産価格の決定の式に立ち戻って、今一度、市場にどんな条件が成立したときに、バブルが生じるのであろうかを考えてみよう。

● 13.6.1 バブルと利子率

　第6章の分析と同じように、今期の裁定式に来期以降の裁定式を代入するプロセスを無限回繰り返せば（つまり、$T \to \infty$）、

$$P_t = \frac{D}{(1+r)} + \frac{D}{(1+r)^2} + \frac{D}{(1+r)^3} + \cdots + \lim_{T \to \infty} \frac{P_{t+T}}{(1+r)^T}$$

となり、最終的に、今期の価格は

$$P_t = \frac{D}{r} + \lim_{T \to \infty} \frac{P_{t+T}}{(1+r)^T}$$

と表すことができる。$\lim_{T \to \infty} \frac{P_{t+T}}{(1+r)^T}$ とは、時間 T を無限先まで近づけたときの $\frac{P_{t+T}}{(1+r)^T}$ の値を記述する方法である。右辺の第1項は本質的価値を表し、第2項は"遠い将来（無限先）の株価の割引現在価値"ということになる。もしこの項がプラスの価値を持つなら、株価は本質的な価値を上回ることとなり、株価にバブルが存在するということになる。この場合、株価とバブルの関係を

株価＝本質的価値＋バブル

と表すことができる。

　このバブルの項をどう考えるかが、資産価格の決定において大事なポイントとなる。第6章では、この項をゼロと置いたが、果たしてゼロと仮定して差し支えないのだろうか。

効率的市場仮説を信奉する主流派の経済学者は次のように考えた。人々が現在から将来にわたって合理的な意思決定をし，市場に関する情報を共有しており，かつ円滑な取引を阻む摩擦が市場に存在しなければ，バブルの項をゼロと置いて差し支えないと"決めてしまった"。そうすれば，資産価格の決定はきわめて簡単な問題に置き換えられる。株価は常に本質的価値に等しい。

　しかし，効率的市場仮説のように勝手にゼロと置いてしまうのも少し乱暴なような気もする。仮に，この項はゼロではないとすると，どのようなことが起きるか考えてみよう。バブルの項を素直に読めば，遠い将来の予想された価格 P_{t+T} を，利子率 r を使って複利計算で無限回割り引いている。将来の彼方の株価をどうやって予想できるのだろうと思うかもしれない。

　どんな価格を予想しているのかは難しいところであるが，とりあえず，あるプラスの価格を想定してみよう。すると，次のように考えることができる。利子率 r がプラスのとき，$1+r$ は 1 を上回るので，時間 T が大きくなるにつれて $(1+r)^T$ はどんどん大きくなり，やがて無限大の大きさとなる。そして，バブルの項はゼロに収束する[6]。株価は第 1 項の本質的価値のみで表されることとなり，"利子率 r がプラスならば，バブルは発生しない"という結論に達する。

　投資家が将来の先の先まで考えるほどに合理的であるならば，バブルの項をゼロと仮定してしまった「効率的市場仮説」は，利子率がプラスであることを認めれば，一応は支持されるのである。もっともこの結果は，利子率がプラスならば，バブルは決して生じないと主張しているわけではない。たとえ利子率がプラスであっても，前節で説明したように，市場から学ばない投資家のように合理的ではない投資家が市場に存在すれば，話は変わってくる。合理的ではない投資家は，たとえ利子率がプラスであっても，バブルの項を客観的にゼロであると捉えず，プラスであると評価している可能性は十分にありえる[7]。

　では次に，利子率 r がマイナスのとき，どのように考えればよいであろうか。利子率 r がマイナスならば，T が大きくなるにつれて $(1+r)^T$ はどんどん小さくなり，やがてゼロに収束する。バブルの項は決してゼロに収束しない（厳密

6　利子率 r がプラスならば，$(1+r)$ は 1 より大きな値をとり，1 より大きな値，例えば，1.05 を何乗も繰り返すと，値はどんどん大きくなる。1.05 を無限回かけると，無限大の大きさとなる。つまり $\lim_{T \to \infty} (1.05)^T = +\infty$。

には無限大となる)。そして，株価は本質的価値を上回り，"利子率がマイナスならば，バブルは発生する"という結論に達する[8]。

　ここまでの議論をまとめてみよう。投資家は合理的であるとき，バブルが生じるのは，利子率がマイナスのときである。

● 13.6.2　バブルと成長率

　ここで議論されている利子率は，名目利子率ではなく実質利子率である。マイナスの実質利子率が永遠に持続する経済を想像するのは難しいと思うかもしれない。そこで，実質利子率がプラスの値をとってもバブルが生じるケースを考えてみよう。そしてそれは，成長する企業や経済を考えることである。

　企業が成長する一般的なケースを考えてみよう。第6章の分析と同じように，配当は毎年 g の率で増加するとしよう。株価は最終的に

$$P_t = \frac{D_t}{r-g} + \lim_{T \to \infty} \frac{(1+g)^T}{(1+r)^T} \tilde{P}_{t+T} \tag{2}$$

と表される。なお，$\tilde{P}_{t+T} = \dfrac{P_{t+T}}{(1+g)^{t+T}}$ であり，実際の価格から成長の影響を取り除いた理論上の価格を表す[9]。すると，第2項のバブルの項がゼロになるかどうかは，利子率 r と成長率 g の大小関係で決まるということになる。利子率 r が成長率 g を上回れば，時間 T が大きくなるにつれて，$\dfrac{(1+g)^T}{(1+r)^T}$ はゼロに収束し，$\dfrac{(1+g)^T}{(1+r)^T} \tilde{P}_{t+T}$ の項もまたゼロに収束する。そして，株価は第1項の本質的価値のみで表されることとなり，"利子率 r が成長率 g を上回れば，バブルは発生しない"という結論に達する。

　逆に，利子率 r が成長率 g を下回れば，時間 T が大きくなるにつれて，

7　将来の彼方は，機械的に考えれば無限先なので，バブルはゼロに収束するが，現実の投資家は誰も無限先のことまで考えて株式の売買をやっていないのはほぼ自明である（そもそも無限先には生きていない）。せいぜい，投資家が織り込むのは，10年先あるいは20年先の情報までであろう。その先をどのように考えるかによって，バブルの項がプラスになることは十分にありえる。

8　現実の経済では，この単純な理論モデルとは違って，不確実性や取引費用などさまざまな摩擦が存在するので，利子率 r が低ければ，バブルは発生しやすいと，ざっくりと理解しておいたほうが賢明かもしれない。

9　この理論上の価格についてはここでは深く考えなくてよい。

$\dfrac{(1+g)^T}{(1+r)^T}$ は無限大となり，バブルの項はゼロに収束しない（無限大となる）。すると，株価は本質的価値を上回り，"利子率が成長率を下回れば，バブルは発生する"という結論に達する。すると，「利子率がプラスならば，バブルは発生しない」という表現は成長率がゼロのときにのみ成り立つ表現であり，実は一般性を欠くことに気づく。成長する企業を念頭に考えて，"利子率が成長率を上回れば，バブルは発生しない"と理解するのが自然ということになる。

　もういちど議論をまとめると次の通りである。投資家が合理的であるとき，バブルが生じるのは，利子率が成長率を下回るときである[10]。

　バブルが発生している状態は，「無限先の株価の割引現在価値＝ゼロ」とは整合的ではない。効率的市場仮説が成立する世界は，この状況を人々の合理的な行動と両立しないとして切り捨てたが，実のところ事態はそれほど単純ではない。つまり，将来の株価の割引現在価値がゼロとならないのは，厳密にいえば，利子率を使った複利の計算で資産が割り引かれるペースを上回るスピードで株価が上昇し続けるときである。利子率が高ければ，こうした状況を想定するのは難しいかもしれないが，利子率が極端に低くなる状況が続けば，バブルは一般的に起きると考えるのは決して不自然ではないのである。

◆ まとめ

　この章では，資産価格のバブルについて述べた。一般に予想されるように，投資家が合理的でないとき，バブルが発生するメカニズムをいくつか述べた。そのうえで，たとえ投資家が合理的であったとしても，バブルが起きる可能性について述べた。その場合，利子率と成長率の関係がバブルの発生を考えるうえで重要であることも学んだ。

10　合理的でない投資家が存在するとき，前節の議論のように利子率と成長率の関係いかんにかかわらずバブルは生じる。

第 14 章

バブルの発生から崩壊へ

　金融は経済を不安定にするときがある。この章では，前章で学んだバブルの理論を
ふまえて，バブルがどのように発生して，そして崩壊するのか，そのメカニズムにつ
いて学ぶ。1980 年代の日本のバブルを例にとって，発生から膨張を経て崩壊に至っ
た経緯を説明する。人々はなぜ非合理的な期待を抱くのか，そしてなぜ銀行はリスク
を顧みずに貸出を拡大させてしまうのかを学んでいきたい。

■ 14.1　バブル：理論から現実へ

　金融歴史家のキンドルバーガー（Charles P. Kindleberger）は，『熱狂，恐慌，
崩壊：金融危機の歴史』のなかで，夥しい数の歴史的事実を紐解きながら，バ
ブルの熱狂がやがて金融危機に至るメカニズムを論じた。原題の「熱狂
（Mania）」という表現にもあるように，キンドルバーガーは，人々がときどき
合理性とはかけ離れた行動をとることに注目する。彼は，市場の合理性につい
て次のように述べている。

「より一般的な仮定として，市場が合理的であるということをどのように考えたらいいのであろうか。大多数の市場が合理的に機能しているということなのか，それともすべての市場がほとんどの期間において合理的に機能しているということなのだろうか，あるいはさらに，すべての市場がいついかなる時にも合理的に機能しているという意味なのだろうか。このいずれを採るかによって違いが生じる。すべての市場は常に合理的に機能していると仮定するよりも，大多数の市場がほとんどの期間において合理的に機能していると仮定するほうが，同意を得ることは容易いであろう。」

(C. P. Kindleberger, *Manias, Panics, and Crashes: A History of Financial Crises*, Macmillan, p.25, 1978. 筆者訳)

キンドルバーガーは，合理的期待を根拠とした効率的市場という市場観を信用していなかったのである。彼は，かなりの期間にわたって，市場は誤った状態であり続けるとの見解を持っていた。彼はまた，もし市場が合理的であるならば，歴史的に枚挙にいとまのないバブルや投機の例をどのように説明できるのかと主張した。

第13章で説明したように，資産価格の決定は「将来の期待が現在の価値を決める」という性質を持っており，この性質のために，本質的価値を超えて株価は上昇し続けることがありえる。このとき，自分が買った価格よりも高い価格で転売できるだろうという期待の連鎖が，投資家の間に共有されている。そして，バブルは生じる。

しかし，この楽観的な期待の連鎖は永遠には続かない。本質的価値に比べて価格が著しく上昇すると，いくら市場で高い価格がついているといっても，"株価は少し高すぎるのではないか"と価格に割高感を抱く投資家は次第に増えてくる。すると，これまで強気であった投資家も次第に弱気になり，誰か他の投資家が売りを仕掛けて，それをきっかけに価格は下落してしまうのではないかと弱気に考えるようになる。疑心暗鬼にかられた投資家のなかから，価格が下落する前に売り抜けようとする投資家が現れ，これをきっかけに雪崩を打ったように多くの投資家が資産を売却しようとするので，価格は一気に暴落することになる。

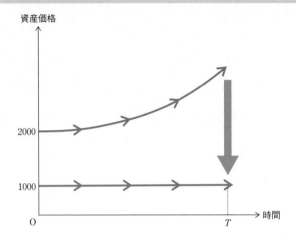

図 14-1　バブルの発生から崩壊へ

　図 14-1 は，T 期を境に価格は暴落して本質的価値の 1000 円に戻ろうとする様子を表している。この T 期における資産価格の下落をバブル崩壊と呼ぶ。バブルが崩壊すると，T 期に資産を高い価格で保有していた投資家は損失（キャピタルロス）を被ることになる。投資家の期待が楽観的になると価格は高騰し，悲観的になると価格は暴落する。このように投資家の期待の変化だけで資産価格の高騰と暴落が起きる。

　図 14-2 は，日本においてバブル期と呼ばれている 1980 年代後半の株式市場の高騰と暴落の様子を表している。日経平均株価は，1985 年末には 1 万 3000 円台であったが，1989 年末には 3 万 9000 円台をつける。この 4 年間の年率の変化率を計算すると，年率で約 32％ も上昇していたことになる[1]。この時期，投資家は強気一辺倒で，株価はどんどん上昇すると信じていた。

　1980 年代の日本経済に資産価格のバブルにおいて，特に価格の高騰が目立ったのが，株価と地価であった。バブル期に株価と同時に不動産価格が上昇するのは国際的にも一般的であるが，1 点だけ日本に特有の現象がある。それは，不動産価格の上昇が土地価格の上昇に顕著に生じたという事実である。国際的には，不動産価格の上昇といえば，住宅価格を指すことが一般的である。

1　この数字は，$(39000/13000)^{\frac{1}{4}} - 1 \fallingdotseq 0.32$ から計算される。

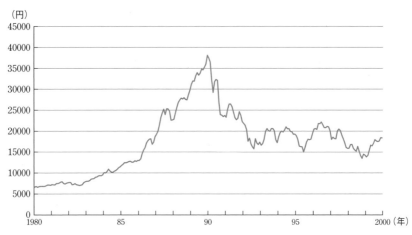

図 14-2　日経平均株価の推移

（円）

出所：日本経済新聞社

2000 年代前半の米国における不動産バブルといえば住宅バブルであったし，
2023 年の段階でまだ生じている中国のバブルも住宅バブルが中心的な役割を
果たしている。理論的に考えれば，いかなる資産にもバブルは生じる余地はあ
るので，おかしいことではないのだが，どの資産にバブルが生じるかは，それ
ぞれの国が持つ制度，歴史，人々の選好や社会規範などが影響すると考えられ
る。次節では，日本の状況について説明していこう。

■ 14.2　「土地神話」から始まった

　人々は物語に反応する。事実や理論が脚色されて人々が共有しやすい物語に
仕立て上げられたとき，その物語は人々の心を動かし，時には経済をも動かし
ていく。戦後の経済復興と急速な経済成長のなかで，地価はほぼ一本調子で上
昇を続けた。人々は地価が上昇することを織り込んで経済活動に従事するよう
になると，地価が下落する可能性をまじめに考えることをやめた。そしていつ
の頃からか，地価は下落するはずがないという土地神話を人々は本気で信じる
ようになった。

図 14-3　地価上昇率

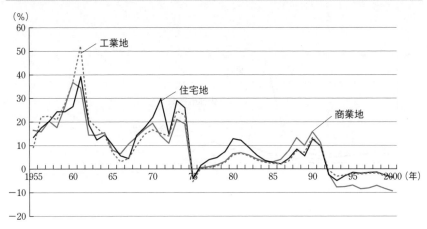

出所：日本不動産研究所「全国市街地価格指数」

　1950 年代から 1970 年代半ばにかけて，日本は平均 10％程度の GDP 成長率を達成する"高度成長"の時代を経験した。高い経済成長率は，土地に対する旺盛な需要を生み出し，地価もまた同等かそれ以上のペースで上昇している。図 14-3 は，戦後日本経済の住宅地，工業地，商業地の地価上昇率の動きを示している。

　地価が大きく上昇したのは，まず 1950 年代（昭和 30 年代）である。この時期は，工業地の地価上昇率が住宅地の地価上昇率を上回っている。大企業が地方各地の沿岸部に大規模な用地を取得して，工業団地やコンビナートを続々と建設しており，これが地価上昇の主な要因であった。次に地価が大きく上昇したのは，1968 年頃から 1973 年頃までの期間（昭和 40 年代）である。この時期は，住宅地の地価上昇率が工業地の地価上昇率を上回っている。大都市の郊外にニュータウンが続々と建設され，これが特に大都市における宅地需要を押し上げた。1980 年代になると，2 度のオイルショックを経た日本経済の重心は製造業からサービス業へと移り始める。それにともなって，地価上昇のけん引役になったのが商業地であった。

　商業地の地価上昇の状況を少し詳しくみていくことにしよう。図 14-4 は，商業地の地価上昇率を全国平均，6 大都市平均および東京都に分けて表してい

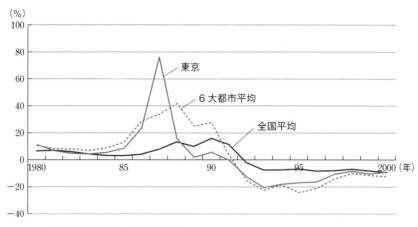

図 14-4 商業地の価格上昇率

東京

6 大都市平均

全国平均

出所：日本不動産研究所「全国市街地価格指数」

る[2]。1970 年代までの地価上昇のパターンは，全国一律の傾向が強かったこと
とは対照的に，地域ごとに地価の動きにばらつきがみられるようになる。1984
年あたりを境に，全国平均に比べて 6 大都市平均の地価上昇率が明らかに高く
なっている。1986 年になると，その違いはさらに鮮明となり，6 大都市は平均
で 20％を超える地価上昇率を示すようになる。経済のサービス化は，地方か
ら大都市への人口集中をもたらし，東京や大阪を中心とする大都市の商業地の
地価を押し上げるようになったのである。東京と大阪では，わずか 5，6 年で
地価がほぼ 3 倍に上昇した。東京に着目してみると，その傾向はさらに強く，
1987 年に年率の地価上昇率は 76％に達した。東京が国際金融センターになれ
ば，外資系金融機関のオフィス需要が増加し，東京の地価が上昇するとの期待
が強まったのである。こうしてみてくると，バブル期といわれる 1986 年くら
いから 1991 年くらいまでの時期において，大都市を中心に地価上昇率が異常
に高くなった様子を確認することができる。

2　6 大都市は，札幌，仙台，東京，名古屋，大阪，福岡を指す。

■ 14.3 銀行貸出とバブル

　第12章で説明したように，銀行による金融仲介の拡大は，一国の長期的な経済成長を促進する。他方で，銀行貸出の拡大が，経済に負の影響をもたらすという見解もある。キンドルバーガーやミンスキー（Hyman P. Minsky）は，銀行貸出の急速な拡大は当初，資産価格を高騰させるが，やがて資産価格は暴落して，金融危機や長期不況を引き起こすと主張している。彼らの指摘は，銀行貸出の急速な拡大こそが資産バブルと金融危機のシグナルとなると解釈することができる。実際，バブルが生じているときには，銀行貸出が増加していることが多い。

● 14.3.1　信用膨張から信用収縮へ

　図14-5は，1980年代以降に起きた21の不動産バブルとして認められる事例（19か国）を対象として，バブル崩壊の前後におけるGDP成長率と銀行貸出の成長率の平均値の推移を描いている[3]。各事例のバブル崩壊の年を「時点0」と設定しており，例えば，日本では1992年に，米国ではリーマンショック

図14-5　信用膨張から信用収縮へ

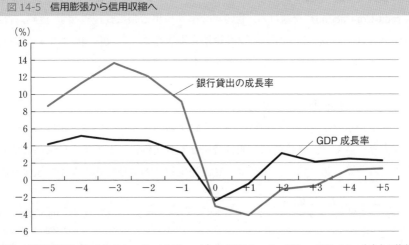

出所：国際決済銀行（Bank for International Settlements）および International Financial Statistics をもとに筆者作成。

が起きた2008年としている。

バブル崩壊前の「時点-5」から「時点-1」に至る時期は，資産価格が高騰した拡張期であり，バブル景気の時期を反映している。GDP成長率は4%程度とかなり高めである。バブルが崩壊した「時点0」では，GDP成長率はマイナスとなっている。「時点+1」から「時点+5」に至る時期は，バブルが崩壊した後の不況期を反映しており，GDP成長率は徐々に回復に向かい，「時点+2」以降は，プラス成長に転じるが，成長率は2%程度と低成長に陥り，バブル期のブームには及ばない。

次に，銀行貸出の成長率の動きをみていこう。「時点-5」から「時点-1」に至るバブル景気の時代には，貸出成長率はきわめて高く，GDP成長率を大きく上回っている。バブル好景気にあたる3年間（「時点-3」から「時点-1」）の平均の成長率を比較すると，貸出成長率は12.6%であり，GDP成長率の4.4%に対して約3倍弱と大きく上回っている。バブル期には，実体経済の成長を上回る信用の拡大があることを示唆している。

一般に，貸出成長率がGDP成長率をある一定の期間にわたって上回る現象は信用膨張（Credit Expansion）と呼ばれる。データはまさに信用膨張がバブル景気を支えている様子を表している。そして，いったんバブルが崩壊すると，その後何年間かは貸出成長率がマイナスの値を示しているように，信用収縮（Credit Contraction）を続ける。図14-5は，信用膨張は長続きせず，むしろ行きすぎた貸出の成長はいずれバブル崩壊を引き起こし，反作用としての信用収縮と経済成長の減速をもたらすことを示している。

● 14.3.2 土地担保融資の役割

データが示すように，不動産価格が高騰するバブルにおいて，銀行貸出の役割が大きい。では，具体的に，銀行貸出と不動産価格はどのように関係しているのだろうか。第4章で，銀行は，貸出先企業との債務契約のなかで担保を設

3　21の事例は，ノルウェー，フィンランド，スウェーデン，日本（以上は1980年代に発生），香港，韓国，シンガポール，インドネシア，マレーシア，タイ（以上は1990年代に発生），スペイン，フランス，英国，アイルランド，ニュージーランド，米国，ベルギー，カナダ，デンマーク，ノルウェー，スウェーデン（以上は2000年代に発生）である。

定し，約束通りに返済ができなかったときに，貸出先の保有する資産を徴収することをあらかじめ契約で約束することもあると説明した。そして，担保に設定される資産は，土地や建物など不動産が選ばれることが多い。銀行は，貸出先企業のデフォルトリスクによる損失を最小化するために，貸出先企業の信用状態に応じて，担保の提供を強くもとめるときがある。こうした現象は，株式市場が発達しているといわれる米英においても同様にみられる。

　日本では，特に土地神話を背景として，歴史的に土地が担保資産として非常に重宝された。土地を担保とする債務契約は，土地担保融資と呼ばれる。土地担保融資は，借り手企業に対して，借り手の保有不動産を担保にして設備投資の資金を融資するのがもともとは一般的なかたちであった。高度成長期には，土地担保融資は，工業用地を保有している製造業や小売業に属する企業に対して融資をするときに広範囲に利用された。この時期，土地担保融資が企業の資金調達において大きな役割を果たしたことは以下の文章から垣間みえる。

　　「これに関連して第一に考えねばならぬことは，日本の企業が，大小を問
　　わず，ほとんどすべてが借金で仕事をしているということである。自己資
　　本の三に対して，借り入れ資本が七とみられているが，その借り入れのう
　　ち公募される社債は比較的に少なく，大部分が銀行その他の金融機関から
　　の借入れである。その借金のうち，長期のものは，多くは土地建物を担保
　　としている。そしてまた，その土地建物を担保に入れていない企業なんか，
　　零細企業を除いては，ほとんどないと言ってよいくらいであろう。それを
　　考えると，ここ数年間の土地の値上がりが，この担保力を強化し，それに
　　応じて企業が金融機関から借り入れている金額が増大していることは，実
　　に想像に余るのである。」『"花見酒"の経済』（笠信太郎，朝日文庫，p.32,
　　1987（単行本は1962年刊））

　この話は，地価の高騰が，土地担保融資を通じて貸出の拡大を後押しし，経済を成長させるという仕組みが高度成長期にはあったことを物語っている。銀行は本来，預金の安全性を保証する立場から，リスク性の高い設備投資に融資することは望ましくない。しかし土地を担保に取っておけば，銀行はデフォル

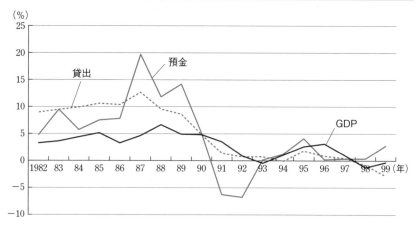

図 14-6　預金・貸出・GDP の成長率

出所：日本銀行「金融経済統計月報」

トリスクによる負担を最小限に抑えることができるので，リスク性の高い融資を実施できる。地価は決して下がることはないという土地神話に支えられて，土地担保融資は，企業の設備投資を促進し，ひいては経済成長を後押しした。つまり，高度成長期において，土地担保融資は，資金の貸し手と借り手の間にある情報の非対称性を解決する手段として有効に機能したのである。

● 14.3.3　地価と経済の関係の変容

　では，1980 年代になると，地価と経済の関係はどのように変化していったのであろうか。

　図 14-6 は，1980 年代を通じて，銀行貸出が GDP よりも速いペースで成長していることを示している。そして，バブルが崩壊した 1990 年代に，GDP の成長は低下し，同時に貸出の成長もまた低下した。このように，バブル期の前後において，銀行貸出の信用膨張と信用収縮を確認することができる。

　ここでは，1980 年代に一貫して銀行貸出は GDP よりも速いペースで成長しているという事実に注目したい。銀行貸出は 1982 年頃からすでに高い成長を続けていたのに，なぜバブルが起きたのは 1986 年頃なのだろうか。マクロ全体の動きだけではわからないので，業種別の貸出の動きをみていくことにしよ

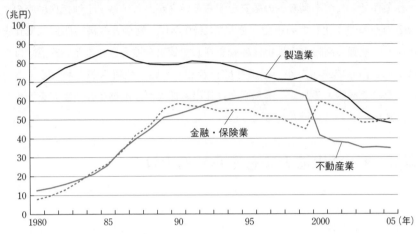

図 14-7　業種別貸出残高

（兆円）

出所：日本銀行「金融経済統計月報」

う。特に，製造業，不動産業，金融・保険業の3業種に焦点を当てる。

　図 14-7 は，製造業，不動産業，金融・保険業の3業種の貸出残高の推移を示している。1985 年あたりから貸出市場が変質し始める様子を表している。意外と思われるかもしれないが，製造業の貸出残高は 1985 年の 87 兆円をピークに頭打ちとなり，その後減少することになる。1985 年 9 月にプラザ合意があり，その後の円高が製造業への貸出を縮小させる要因となったことが伺われる[4]。一方で，増加が著しいのが不動産業と，不動産購入を積極的に手掛けた金融・保険業である。これらの合計を「不動産向け貸出」と定義すると，不動産向け貸出は 1985 年には 52 兆円であったが，ピーク時の 1990 年には 111 兆円へと大幅に伸びている。つまり，バブル期の銀行貸出の成長は，不動産向け貸出の急成長をともなうものであった。

　土地担保融資もまた，次第に不動産業を対象として，企業が保有している不動産を担保にして不動産の購入資金を融資するというかたちが増えていった。

4　1985 年 9 月，日米を含む主要 5 か国の首脳が，ニューヨークのプラザホテルに集まり，米国の経常収支赤字の是正策を議論した。プラザ合意とは，為替市場に対して協調介入を実施して，日本円とドイツマルクの対ドルの為替レートを高くすることを，これらの主要国が合意したことを指す。

さらにはバブル期になると，これから購入しようとする不動産を担保にするという条件で，この不動産への融資をするというかたちへと，土地担保融資の中身そのものが変化していった。そして1980年代，地価と経済の関係は変化を遂げる。地価の高騰が土地担保融資を通じて貸出を拡大させるという点ではこれまでと同じであったが，経済を成長させるという仕組みが失われるようになったのである。そして，不動産向け貸出の拡大が，不動産への需要を増やして，地価をさらに高騰させるようになった。

■ 14.4　貸出拡大をもたらすものは？

　では，不動産向け貸出の急成長をもたらした貸出の拡大はどのようにして起きたのであろうか。この節では，貸出市場の需要供給分析を利用して考えてみよう。

　歴史的にみて，バブル期の経済には2つの特徴があるといわれている。まずバブル期には景気が良いということである。そして，もう一つは利子率が低いということである。すると，まず思いつくのが，バブル期に好景気だったから貸出への需要が増加したという仮説である。つまり，「景気が良くて，GDPの成長率も高くなるのだから，貸出成長率もまた高くなるのは当然だろう」という見解であり，貸出の拡大はGDP成長の結果であると捉える。

　第2章で説明したように，利子率は市場の需要と供給が一致するところで決まる。預金市場では預金利子率が決まり，債券市場では債券利子率が決まるように，貸出市場では貸出利子率が決まる。資金需要曲線は右下がりで描かれ，貸出利子率が低下すれば，企業や家計による貸出への需要が増加する。一方，資金供給曲線は右上がりで描かれ，貸出利子率が上昇すれば，銀行は貸出の供給を増やそうとする。市場均衡点は，貸出の需要と供給が一致する点で決まる。

● 14.4.1　貸出需要の変化

　市場均衡点を出発点として好景気が貸出市場に及ぼす効果を考えてみよう。景気が良くなれば，企業は将来の収益の好転を期待して，たとえ貸出利子率が

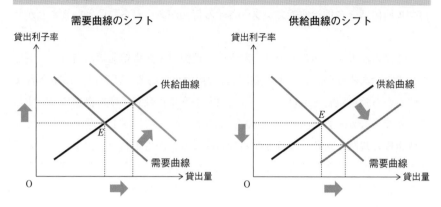

図 14-8　貸出拡大の原因

需要曲線のシフト

貸出利子率

供給曲線

E

需要曲線

0　　　　　　　　貸出量

供給曲線のシフト

貸出利子率

供給曲線

E

需要曲線

0　　　　　　　　貸出量

そのままであっても，これまで以上に貸出への需要を増やそうとするであろう。その様子は図 14-8 の左の図のように，資金需要曲線の右方のシフトで表すことができる。この図は，資金需要曲線が右方にシフトすると，貸出が増加する様子を表している。しかし，貸出利子率もまた上昇している。つまり好景気による貸出需要の増加は，貸出を増加させると同時に貸出利子率を上昇させるので，バブル期の特徴の一つである貸出の拡大を説明することはできるが，もう一つの特徴である貸出利子率の低下を説明することはできない。つまりバブル期の貸出市場の動きを資金需要曲線の変化だけでは説明できないということになる。

● 14.4.2　貸出供給の変化

　ここでもう一つの仮説を考えてみよう。貸出の需要ではなくて，供給を増やそうとする何らかのショックが生じ，その結果として貸出の拡大が生じたと考えてみよう。図 14-8 の右の図に表されているように，その様子は資金供給曲線が右にシフトするというかたちで描かれる。この図は，左の図と同じように，貸出は拡大する様子を表している。しかし先ほどと違って，貸出利子率は低下している。興味深いのは，同じように貸出は増加していても，シフトする曲線が異なれば，貸出利子率は上昇するときもあれば低下するときもあるということである。そして，資金供給曲線の右方へのシフトがバブル期の経済の 2 つの

特徴を見事に説明している。貸出市場の需要供給分析を利用して考えてみると，バブル期には資金供給曲線をシフトさせる何かがあったらしいということがわかる。

　ここからが大事である。では，どういう理由で資金供給曲線の右方シフトは生じるのであろうか。1つ目の理由は金融自由化である。銀行は，1970年代まで政府から強い規制を受けており，貸出利子率や預金利子率を自由に設定することができなかった。しかし1980年代になると，さまざまな理由によって，金融市場の規制を緩和しようとする世界的な流れが生まれた。預金市場で利子率の自由化が実施されると，銀行は預金獲得を巡って競争を繰り広げるようになり，結果として預金は増えることになる。預金の増加は，銀行にとっての貸出可能な資金の増加を意味することになり，資金供給曲線の右方のシフトをもたらすことになる。実際に，1980年代，金融自由化を実施した北欧諸国や英国，日本などで貸出は増加して，不動産価格の高騰が生じた。

　2つ目が金融技術の進歩である。新たな貸出の仕組みが開発されれば，これまでと同じ貸出利子率であっても，銀行はこれまで以上に貸出を増やすことができる余地が生まれる。証券化は，銀行から買い取った貸出債権の束を担保に新しい金融商品を組成する金融上の技術革新の一つであるが，銀行の立場からみれば，貸出債権を保有し続けることなく売却できるので，流動性の不足から解放され，債券の売却で得た資金で新たに貸出を増やすことができるようになった。この状況は，銀行にとっての貸出可能な資金の増加を意味することになり，資金供給曲線の右方シフトで表すことができる。2000年代のはじめ，米国では証券化が発達し，数多くの証券化商品が生まれた。同時に，銀行は貸出債権を売却して得た資金で住宅向け貸出を拡大し，住宅バブルを引き起こした。

　3つ目に海外からの資金流入を資金供給曲線のシフト要因として挙げることができる。海外の投資家が自国の資産市場に投資をすると，国内の資産市場が過熱してバブルが生じることはしばしば指摘されることである。

　このように，金融自由化や金融技術の進歩，海外からの資金流入が資金供給曲線のシフトをもたらすことが理解できたであろう。

■ 14.5 バブル期の利子率と成長率

　日本のバブルは，1980 年代の信用膨張が資産バブルの発生につながったとまとめることができる。まず，1985 年あたりから，預金市場の金利自由化によって預金が増加した。図 14-6 で示したように，1987 年あたりから預金の成長率が大きく上昇している様子がわかる。その成長率は，貸出の成長率を上回っている。豊富な預金を背景に，低い利子率で不動産向けの貸出を急成長させ，不動産市場の過熱を引き起こしたと考えられる。

　実際に利子率は低かったのだろうか。日本の GDP 成長率と利子率の動きをみていこう。ここでは 4 つの利子率を選んでいる。図 14-9 は，長期利子率として貸出利子率と長期国債利回り（10 年物）を，短期利子率として短期国債利回り（1 年物）とコールレートを表している[5]。利子率と GDP 成長率は，いずれも物価上昇率の影響を控除した実質値で表記している。

　まず，これらの利子率の関係について確認しておこう。利子率の系列をみると，貸出利子率と長期国債利回りが高く，短期国債利回りとコールレートが低いという傾向がみられ，長期の利子率が短期の利子率を上回るという利子率体系が確認できる。貸出利子率と長期国債利回りを比べると，貸出利子率の方が若干ながら高く，国家と企業の信用の違いから生じるリスクプレミアムの存在を反映しているようにみえる。

　利子率と GDP 成長率の関係をみると，1980 年代前半と 90 年代以降，おおむね利子率が GDP 成長率を上回っている[6]。しかし，バブルが全盛であった 1980 年代後半，利子率と成長率の関係が逆転しており，1988 年から 1990 年の

5　金融機関が日々の短期的な資金の過不足を調整するための取引を行う場をコール市場と呼び，コール市場で決まる利子率はコールレートと呼ばれる。コール市場での取引には，担保を必要としない無担保物と，国債などを担保とする有担保物があり，貸借の期間は，返済日が翌日（翌営業日）のもの（"翌日物"と呼ばれる）から 1 年後のものまである。日本銀行が政策金利としてコールレートを利用するのは 1995 年以降であり，それ以前は公定歩合が利用されている。公定歩合とは，日本銀行が市中の銀行へ貸出をするときの短期の利子率である。
6　1980 年に多くの利子率が成長率を下回っているのは，第 2 次オイルショックの影響によりインフレ率の高騰で実質利子率が下落したせいである。

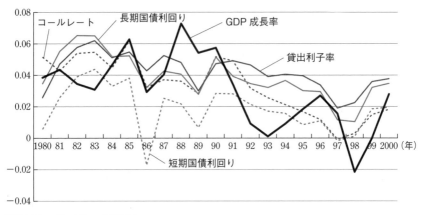

図 14-9　利子率と成長率

出所：International Financial Statistics

間，4つのすべての利子率が成長率を下回っている。バブル期には好景気のせ
いで貸出への資金需要は強く，利子率もまた高かったように思いがちであるが，
利子率はむしろ低下気味であり，バブル期には景気が良いけれども利子率が低
いという経験則と合致している。そして，第 13 章で学んだように，"利子率が
成長率を下回れば，バブルは発生する"という主張とも合致している。このよ
うに，日本のバブル期において，実際に利子率が成長率を下回っており，バブ
ル発生の条件を満たしていることを確認できる[7]。

　この低い利子率を支えたのが，前節で説明したように，資金供給曲線の右方
へのシフトである。1980 年代中頃から，預金市場で利子率の自由化が実施さ
れると，預金獲得を巡って銀行が競争を繰り広げるようになり，結果として預
金が増え，その預金の増加は不動産向け貸出の増加につながり，地価の上昇を
もたらしたと考えることで，現実に起きたことを説明できる。

7　実際には，利子率が成長率を下回ったのは 3 年間だけであったが，バブルが持続していた
間は，人々は極端に楽観的になって，利子率が成長率を下回る状況が長く続くと予測していた
と考えることは不自然ではないように思える。

■ 14.6　熱狂から崩壊へ

　ここまで，低い利子率と信用膨張がバブルにつながる物語を説明してきた。だが，実際のバブルが起きる過程では，この信用膨張と相携えるように膨れ上がった期待の役割もまた重要である。

　1980 年代，好調な日本経済を背景にして，投資家の期待を楽観的にする出来事がいくつかあった。一つは，この時期に日本が 1 人あたり GDP で欧州主要国を追い抜き，米国に迫りつつあったことである。日本は西洋よりも豊かであるという印象を人々は次第に持つようになり，日本経済の強さに自信を抱くようになった。また，社会学者のヴォーゲル（Ezra F. Vogel）が，1979 年に『ジャパン・アズ・ナンバーワン』を出版した。日本独特の社会・経済システムを讃える彼の物語に日本人は飛びつき，熱狂した。この本は，日本人のアイデンティティーを肯定した本であるとして日本人に大きな自信を与えた。

　さらに，プラザ合意をきっかけとして，1985 年 9 月には対ドル 250 円の為替レートが，1 年後には 150 円まで上昇したことで，人々は日本円の購買力が国際的に高まっていると認識するようになり，“ジャパンマネー”の強さを背景にした日本経済の強さに対して自信を深めるようになった。個人の間に海外旅行ブームが起き，企業が海外の不動産を買いあさるようになったのはこの時期からである。

　こうしたなか，地価の上昇に対して人々の警戒感は弱く，むしろ寛容であった。東京が国際金融センターになるとの思惑から東京のオフィスビルへの需要が高まっており，地価上昇の理由を本質的価値とバブルとに分けることは困難であった。また同時に，人々は，地価は決して下がらないという「土地神話」を信じていたため，行きすぎた地価上昇が反転する可能性にほとんど注意を払わなかった。むしろ，過去の地価上昇の経験から，地価の上昇は日本経済が強いことの表れと受け止められていた。このようないくつかの要因が重なって，人々の市場における期待形成はきわめて楽観的であった。キンドルバーガーは，バブル期に頻発する投資家の行きすぎた楽観主義を「熱狂」「陶酔」「自信過剰」と表現しているが，当時の資産市場における期待は，全くこ

のようなものであった。

　バブルは，投資家の楽観的な期待によって創り出される。そして，楽観的な期待から悲観的な期待へと期待が大きく変われば，資産価格は高騰から暴落へと一気に転じ，バブルは崩壊する。日本の場合，きっかけとなったのは，市場と期待が持つ内在的な不安定性そのものというよりも政府の対応であった。これ以上地価が高騰すれば，サラリーマンが東京でマンションを買えなくなるという不満から，「バブル潰し」の大合唱が社会全般を支配するようになり，地価抑制は政府にとって大きな政策課題となったのである。

　まず，資産価格の高騰を抑制しようとして，日本銀行が銀行に貸し出すときの利子率である公定歩合を 1989 年から引き上げた。すると，利子率体系は全体として上方にシフトするので貸出利子率もまた上昇する。銀行はこれまでのように低位の利子率で不動産業者に貸すことは難しくなる。この政策によって利子率が上昇に転じ，バブルの発生をもたらした条件は失われた[8]。

　しかし，利子率が成長率を上回るようになったとしても，投資家に楽観的な期待の連鎖がある限り，バブルが持続する。この期待の連鎖を断ち切る政策がさらに実施された。それは，当時の大蔵省が金融機関に対して通達を出して実施した，不動産向け融資の伸び率を総貸出の伸び率以下に抑えようとする「不動産関連融資の総量規制」の導入である。銀行による不動産向け貸出が地価の上昇を支えてきたという事実を投資家や市場関係者は共有していたので，この政策は，「地価がもっと上昇するに違いない」という期待の連鎖を断ち切ることにきわめて有効であった。1991 年頃から政策の効果は現れ始め，地価は下落を始める。バブルの崩壊の引き金を引いたのは，政府の対応であった。

8　利子率が上昇すると，第 13 章の式（2）（237 頁）に描かれるように，2 つの効果を通じて資産価格は下落する。まず第 1 項目の本質的価値の項は，割引率の上昇によって下落する。さらに，利子率の上昇が大きくなると，利子率が成長率を上回るようになることである。すると，第 2 項目もまたゼロになる。

■ 14.7　バブル崩壊のコスト

　バブルが崩壊すると，暴落した資産を保有する投資家は損失を被る。しかし，バブル崩壊の経済的コストはそれだけにとどまらない。そしてバブル崩壊が及ぼす追加的な被害は，不動産バブルと株式バブルとでは一般に異なっていることが知られている。ある研究によれば，不動産バブルと株式バブルの及ぼした影響を比較したとき，株式バブルに比べて不動産バブルのほうが GDP 損失で測ったバブル崩壊の経済的被害は大きい[9]。

　不動産バブルの背後には銀行の信用膨張があり，銀行による不動産業者への貸出が，不動産への需要を生み出し，不動産価格を高騰させる。バブルが崩壊すると，不動産向けの貸出は不良債権となり，銀行は多額の不良債権を抱えて，資産内容が悪化する。銀行の経営は悪化し，銀行の破綻を引き起こすかもしれない。銀行の破綻は，預金者に損失を与え，また，破綻した銀行から融資を受けていた企業は，銀行から資金を調達できなくなり，事業への投資が減少する。仮に，銀行の経営悪化が破綻につながらなかったとしても，貸出しの減少，つまり信用収縮が生じるというかたちで，銀行の金融仲介機能が低下する。銀行の貸出が縮小すると，銀行から資金を調達できなくなった企業は，やはり事業への投資を縮小させる。このように，バブル崩壊に端を発した信用収縮は，投資を低迷させ，不況を長期化させる。

　バブル崩壊が銀行の金融仲介機能の低下を引き起こすかどうかは，高騰した資産の購入に銀行貸出がどの程度深くかかわっていたかによる。対照的に，株式バブルの背後では，銀行による資金の貸出が投資家に対しての広範囲になされることはあまりなく，株式バブルの崩壊が，信用収縮を引き起こして不況を長期化させるといった現象はあまり観察されていない。さらに，株式で運用される資金は基本的に余裕資金が多く，バブル崩壊で損失を被るのは，余裕資金

9　ジョルダ（Òscar Jordà）を中心とするグループは，主要 17 か国の 140 年にわたる長期データを使って，不動産バブルと株式バブルの及ぼした影響を比較している。Jordà, Òscar, Moritz Schularick, and Alan M. Taylor, 2015, Leveraged Bubbles, *Journal of Monetary Economics* 76, Supplement, S1-S20.

のある富裕層に主に限定される。このように，不動産バブルと株式バブルは，バブル崩壊の経済的被害という観点からは区別される。

　そのため，不動産バブルと株式バブルは，一様に「バブル」と呼ばれるが，不動産バブル崩壊における経済コストは大きい。不動産バブルのはじけた日本は長期的な不況に陥ることになった。

◆ まとめ

　この章では，バブルがどのように発生してそして崩壊するのか，そのメカニズムを，1980年代の日本のバブルを例にとって説明した。あの巨大なバブルの発生には，さまざまな要因が複雑に折り重なっていたことを説明した。とりわけ，非合理的な期待と銀行貸出の拡大が大きな要因となったことを理解できたと思う[10]。

10　バブルについてさらに学びたい読者には『バブルの経済理論：低金利，長期停滞，金融劣化』（櫻川昌哉，日本経済新聞出版，2021）へ進むことをお勧めする。

第 15 章
資産形成と金融：
預金から株式へ

金融の重要な機能の一つは，金融の仕組みを通じて投資家の資産形成を促すことである。この章では，ここまで学んできた知識を使って，投資家の資産形成をどのように進めるべきかを考えていきたい。

■ 15.1 主要な収益率の関係

資産形成を考えるにあたって，いくつかの重要な収益率を押さえておこう。まず，投資家が銀行へ預金をすることによって稼ぐ収益率，つまり預金利子率である。次に，銀行が貸出先への融資から稼ぐ収益率，つまり貸出利子率である。企業にとって銀行からの借り入れは他人資本であり，貸出利子率は他人資本の収益率とみなすことができる。そして，株式など自己資本が稼ぐ収益率，つまり自己資本収益率（Return on Equity; ROE）である。

では，これらの金融資産の収益率はどこから生み出されるだろうか。金融資産の価値を支えるのは，実物的な収益を生み出す実物資本である。3 つの収益率，つまり，預金利子率，貸出利子率，ROE のいずれもが，実物資本の収益率である資本収益率と関係していることになる[1]。まず，実物資本の収益率で

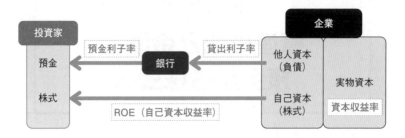

図 15-1　全体のイメージ

ある資本収益率を中心にすえて，ROE と利子率の位置づけを明らかにしていきたい。

● 15.1.1　資本が稼ぐ収益の分配

　株式保有者の資金供給の総額を W_t^E，銀行の資金供給の総額を W_t^I と表すとしよう。W_t^E は企業にとって自己資本，W_t^I は他人資本である。ここでは簡単化のために，他人資本はすべて銀行による貸出とする。両者の和が資本額 K_t に等しくなり，$W_t^E + W_t^I = K_t$ という関係が成り立つ。

　経済全体としての資本額 K_t は，資本収益率を A とすると，1 期間を経て AK_t の収益を生みだし，資本 K_t はそのまま受け継がれるので，元利合計で $(1+A)K_t$ の収益を生み出す。また，ROE を r^E とすると，株主に帰属する収益は $(1+r^E)W_t^E$ と表され，貸出利子率を r とすると，銀行に帰属する収益は $(1+r)W_t^I$ と表される。ここで単純化のために銀行の金融仲介のための費用をゼロであるとして話を進めると，貸出利子率は預金利子率と等しくなり，$(1+r)W_t^I$ はそのまま預金者に帰属する収益とみなすことができる。すると，次のような関係が成立する，

$$(1+r^E)W_t^E + (1+r)W_t^I = (1+A)K_t \tag{1}$$

つまり，株主に帰属する収益と預金者に帰属する収益を足し合わせると，その

1　資本収益率は，英語では Return on Asset と表現され，略して ROA と呼ばれる。企業の資産には実物資本だけでなく金融資産も含まれるが，ここでは簡単化のために，実物資本のみから成り立つとして話を進める。

合計がちょうど資本が稼ぐ収益に等しくなる。つまり，資本が稼ぐ収益は，株主と預金者に分配される。

この式から，ROE，預金利子率，資本収益率の関係を導き出すことができる。ROEと利子率を，それぞれ自己資本シェア $\left(= \dfrac{W_t^E}{W_t^E + W_t^I} \right)$ と他人資本シェア $\left(= \dfrac{W_t^I}{W_t^E + W_t^I} \right)$ で加重平均した値が，ちょうど資本収益率に等しくなると表現することができる，つまり

$$(1+r^E) \times 自己資本シェア + (1+r) \times 他人資本シェア = 1+A \qquad (2)$$

である。この式は，式（1）の両辺を $(W_t^E + W_t^I)$ で割れば，導き出すことができる[2]。資本収益率は，ROEと預金利子率という2つの収益率を，資産シェアでウェイト付けした加重平均となっていることがわかる。

● 15.1.2 収益率の違い

ここで，3つの収益率の関係をもっと詳しくみていこう。まず，金融市場が"完全な"，つまり金融市場に情報の非対称性やリスクが存在しない世界では，すべての投資家が平等な取り扱いを受けるので，ROEと預金利子率は等しい（なぜなら，$r^E = r$）。そして，金融市場が完全な世界では，ROE，預金利子率，資本収益率は等しくなる（つまり，$r^E = r = A$ の関係が成立する）[3]。

対照的に，金融市場が不完全な，つまり情報の非対称性やリスクが存在する世界では，すべての投資家が平等な取り扱いを受けることはない。一般には $r < r^E$ の関係が成立し，資本収益率を含めて考えると $r < A < r^E$ の関係が成立する。つまり，金融市場が不完全な世界では，預金利子率は資本収益率を下回り，ROEは資本収益率を上回る。

なぜ預金利子率とROEに収益率格差が生まれるのか。その理由は，株式はリスク性のある資産であるため，ROEを期待値で測った値であると考えると，ROEと預金利子率の差は，リスク回避的な投資家の行動を反映しているから

---

[2] ここで $W_t^E + W_t^I = K_t$ の関係を利用していることに気づかれたい。

[3] 金融についての記事を読んでいると，しばしば資本収益率と利子率の区別がはっきりしない文章に出くわすことがあるが，それは金融市場が完全な世界を念頭に置いていると考えれば一応の説明はつく。

である[4]。第7章で説明したように，リスク回避的な投資家は，リスク資産を保有するためには，リスク資産の期待値で測った収益率が安全資産の収益率を上回ることを要求する。そして，リスク資産の期待値で測った収益率と安全資産の収益率の差をリスクプレミアムとみなすことができる。預金利子率とROEの収益率格差はリスクプレミアムを反映しているのである[5]。

● 15.1.3　資産シェアと収益率

　これを数値例で確認してみよう。仮に，自己資本シェアと他人資本シェアがちょうど50％ずつであるとしよう。資本収益率を6％としたとき，ROE が10％であるならば，式 (2) の関係から，預金利子率は2％となる（表 15-1）。預金利子率は，資本収益率を下回り，ROE は資本収益率を上回っている。この例では，資本は6％を稼いでいるのに，他人資本を提供している預金者は2％しか稼いでいない。一方，自己資本を提供している株式保有者は10％と，資本収益率に比べてもかなり稼いでいる。

　さて，この収益率格差は，投資家のリスクへの態度を反映しているだけではなく，自己資本シェアと他人資本シェアの影響もまた受けている。この点を確かめるために，先ほどの例をもとに，これらのシェアを変化させてみよう。仮に，預金から株式へ資金シフトが生じて，自己資本のシェアが50％から75％に上昇し，他人資本のシェアが50％から25％に低下したとしよう。例えば，預金利子率の低さに不満を持った預金者の一部が預金を解約して株式を購入したと考えればよい。すると，もはや企業は株主に10％の ROE を保証すること

表 15-1　自己資本と他人資本のシェアが等しいときの収益率（数値例）

自己資本シェア	他人資本シェア	資本収益率 (A)	ROE (r^E)	預金利子率 (r)
50%	50%	6%	10%	2%

4　ROE を期待値で測るのは，個別企業の資本収益率の値に不確実性があるからである。一方，経済全体では大数の法則が働いて，全体としての平均的な資本収益率は A に等しくなる。さらに，銀行は大数の法則を利用できるので，預金利子率もまたある一定の値をとる。
5　ここでは，リスク回避的な投資家を念頭に置いて，リスク資産の"期待値で測った"収益率と安全資産の収益率との差をリスクプレミアムとみなしている。

図 15-2　株式市場と預金市場の資金シフト

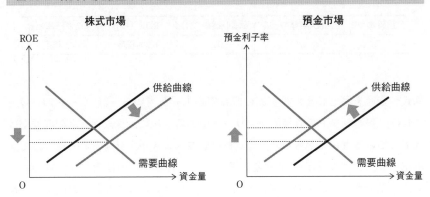

は難しい。ROE は低下し，同時に，預金利子率は上昇すると見込まれる。

　なぜそうなるのかは，図 15-2 を使って考えるとわかりやすい。左の図は株式市場における資金の需給均衡を表している。自己資本シェアの上昇の効果，つまり株主が増えたことの効果は，右上がりの資金供給曲線の右方シフトで表すことができる。すると，ROE の低下が生じていることがわかる。株式を購入したいという投資家が増えたので，企業の立場からいえば，以前ほど株主に高い配当を払わなくてもよいだろうと考えるようになったのである。

　右の図は預金市場における資金の需給均衡を表している。他人資本シェアの低下の効果，つまり預金の減少の効果は，右上がりの資金供給曲線の左方のシフトで表すことができる。すると預金利子率が上昇していることがわかる。預金が減少すると，銀行からの借り入れを減らしたくない企業は，これまでよりも高い貸出利子率を受け入れるようになる。ここでは貸出利子率と預金利子率は同じように動くと考えているので，預金利子率もまた高くなる。例えば，ROE は 6.7％ 程度に下落したとすると，預金利子率は 4％ 程度に上昇する[6]。そして，ROE と預金利子率の収益率格差は縮小する。以上の結果は表 15-2 にまとめられている。

　表 15-1 と表 15-2 を見比べてみると，預金から株式への資金シフトが生じることによって，大きく 4 つの効果が生まれることがわかる。まず，預金から

6　この数値例は，株主に帰属する収益 $(1+r^E)W_t^E$ と銀行に帰属する収益 $(1+r)W_t^I$ が変化しないと仮定して計算している。

表 15-2　自己資本シェアが上昇したときの収益率（数値例）

自己資本シェア	他人資本シェア	資本収益率（A）	ROE（r^E）	預金利子率（r）
75%	25%	6%	6.7%程度	4%程度

株式へ資産を移し替えた投資家の収益率が上昇している（2%から6.7%へ）。これは，資産シフトの直接的なメリットである。次に，株式保有者の収益率は低下している（10%から6.7%へ）。自己資本シェアが上昇することによって，ROE が低下しているからである。そして，注目したいのは次の3つ目の点である。預金利子率が上昇している（2%から4%へ）。つまり預金の減少は，預金者としてとどまった人たちの収益率を上昇させる。結果として最終的には，株式と預金の収益率格差が縮小している（8%から2.7%へ）。

　投資家の立場から資産の一部を預金から株式にシフトさせたときの効果をまとめよう。まず，収益率の低い預金を収益率の高い株式に移し替えることで，資産の収益率が上昇する。次に，預金のまま保有している資産も以前より収益率が高くなっている。これらの2つの効果を通じて，資産全体の収益率が上昇する。

■ 15.2　収益率と資産形成

● 15.2.1　収益率の重要性

　ここでは，資産形成における収益率の重要性について考えてみよう。第8章で説明したライフサイクル仮説によれば，人々は若いときには働いて，稼いだ所得の一部を消費に充て，残りを貯蓄に回して資産運用を行い，仕事から引退して高齢者になると，その蓄えた貯蓄を取り崩して老後の消費に充てる。長期にわたる人生設計をふまえて，人々は年齢に応じた消費・貯蓄パターンを選ぶという考え方である。

　資産形成と収益率の関係を，「老後 2000 万円問題」を例に考えてみよう[7]。老後 2000 万円問題とはざっくりいえば，次のように考えればよい[8]。65 歳か

ら年金を受給して，夫婦2人で1年あたり200万円の年金を受給するとする。夫婦2人で生活するためには1年あたり300万円（1か月あたり25万円）必要であるとしよう。すると年間100万円足りない。仮に，その後20年ぐらい生きることを考えると，仕事から引退する前に，確かに2000万円が必要であるということになる。

　では，老後のために必要な2000万円の資金を蓄えるために，若年期にどのくらい貯蓄をすればよいのであろうか。例えば，若年期に30年間働くとして，30年間で2000万円を蓄えるためには，1年あたりの収益率が0%の場合，毎月5.6万円を積み立てる必要がある。しかし，1年あたり収益率を3%で運用できるのであれば，毎月3.5万円を貯蓄に充てればよい。このように，収益率が高くなれば，若年期の所得のうちより多くの部分を消費に充てることができる。

　老後に2000万円が必要であるという見解も，収益率を軸に考えると，この問題の違った側面がみえてくる。実のところ，「老後2000万円問題」の背景には隠れた仮定がある。老後の資産運用の収益率をゼロで計算していることである。利子率がほぼゼロの銀行預金で資産を運用すれば，資産は一向に増えないので，2000万円を20年間で均等割りすれば，1年あたりちょうど100万円になり，85歳の時に資産額はゼロとなる。しかし，資産運用を工夫して収益率を毎年3%ずつ稼いだとしよう。すると，20年後には745万円の資産が残る計算となる。資産額がほぼゼロとなるのは，8年後の93歳である。逆に，85歳の時に資産額はゼロとなるためには，いくらあればよいのかを計算すれば，1575万円で済む。2000万円も必要ない。425万円の差は無視できない大きさである。賢い資産運用を前提とすれば，老後2000万円問題は，"老後1500万円強問題"となるのである。

　資産形成においては，若年期の資産運用はもちろん重要であるが，実は，老年期に稼ぐ金融資産の収益率もまた重要である。なお，30年間で1500万円を

7　「老後2000万円問題」とは，2019年に金融庁が公表した報告書「高齢社会における資産形成・管理」において指摘された問題を指す。

8　ここで取り上げる例は，政府の試算が扱った例とは若干異なる。ここでは，その本質をよりわかりやすく説明することを意図している。

貯めればよいということになれば，1年あたりの収益率が3%で運用するならば，若年期に月々2.6万円を積み立てればよいことになり，若年期の所得のうち，さらにより多くの部分を消費に充てることができる。

● 15.2.2　金融資産の収益率を測る

　この例から，資産形成における収益率の大事さを理解できたであろう。では，日本人の金融資産の収益率はどのくらいであろうか。実際のデータから，貸出利子率，資本収益率，ROEを計算してみると，2010-2019年の平均値では，貸出利子率は1.4%，資本収益率は4.0%，ROEは10.4%である（出所：法人企業統計調査，財務省）。

　これまで貸出利子率と預金利子率が等しいと仮定して話を進めてきたが，実際には，貸出利子率は預金利子率を上回っている。銀行は企業と預金者を仲介している主体であり，銀行は金融仲介のための取引費用を負担しており，その費用を賄うために，貸出利子率を預金利子率よりも高く設定しているからである。この取引費用を金利で換算して1%と想定して，預金利子率は貸出利子率から1%の金融仲介費用を差し引いて，0.4%程度とする。資本が稼いだ収益は，預金者にはほとんど還元されていないことがわかるだろう。

　もう一点，注意すべきことがある。これまで，自己資本が稼ぐ利益のすべてが配当として株主に支払われることを前提として話を進めてきたが，現実の企業は，自己資本が稼ぐ利益のすべてを配当として株主に分配するわけではない。企業は稼いだ利益の一部を内部留保として企業に蓄積する。自己資本が稼いだ利益のうちどれだけが配当として支払われたかを示す指標は配当性向（＝配当/利益）と呼ばれる。すると，株主が稼ぐ収益率，つまり株主の自己資本収益率は，

株主の自己資本収益率＝配当性向×ROE

と表される。日本の場合，配当性向はほぼ0.5である，つまり利益の半分程度が配当として投資家に分配される[9]。すると，株主への収益率はROEの

9　法人企業統計調査（財務省）によれば，2021年度の配当性向は，47.4%である。

10.4％の半分程度となり，5.2％（＝10.4％/2）となる。

　次に，日本人の金融資産の構成の特徴をみていこう。最も顕著な特徴は，現金・預金の割合が高く，株式の割合が低いことである。第9章で説明したように，日本銀行が公表している「資金循環の日米欧比較」（出所：日本銀行調査統計局，2023年）によれば，2023年の家計の金融資産構成に占める現金・預金の割合は54.2％と高く，株式の割合は11.0％と低く，投資信託の割合も4.4％と低い。

　これらの数字をもとに，平均的な家計の金融資産の収益率を計算してみよう。家計は，現金・預金，株式，投資信託以外に，保険や年金などを保有している。保険会社や年金基金がどのような運用をしているかはわからないが，家計とほぼ同じような資産運用をしていると仮定しよう。すると，家計が直接保有している分と，保険や年金を通じて間接的に保有している分を合わせると，現金・預金，株式，投資信託の割合は，それぞれ78％，16％，6％となる。議論を単純化するために，投資信託の収益率は資本収益率（4％）に等しいと仮定しよう。こうしたいくつかの仮定を置いたうえで，金融資産の平均的な収益率を計算すると，

$$0.78 \times 0.4\% + 0.16 \times 5.2\% + 0.06 \times 4\% \fallingdotseq 1.4\%$$

となる。前節の議論によれば，預金と株式，そして投資信託をバランスよく保有しており，かつ配当性向が1に近ければ，収益率は資本収益率の4％に近い数字になると予想されたが，こうしてデータをもとに計算してみると，かなり低い数字といえる。

● 15.2.3 「預金から株式へ」の必要性

　仮に，預金から株式，投資信託へと資産シフトをしたら収益率はどのように変化するだろうか[10]。まず，わずかばかり資産シフトが生じたとした場合を考えてみよう。現金預金，株式，投資信託の割合を，70％，20％，10％とする。すると，収益率は1.4％から1.7％へと上昇する。さらに，50％，30％，20％と

10　上記の計算では，資産シフトの変化があっても，それによって預金利子率やROEもまた変化するという効果を考慮していないことを留意しておく。

大きくシフトすると，収益率は2.6％へとさらに上昇する。

　家計の資産全体としての収益率を低くしている原因の一つは，収益率の低い現金・預金の割合が高いことにあることがわかるであろう。現金・預金の割合が高いポートフォリオでは，金融資産はあまり増えず，資産形成は進まない。全体としての収益率を高めるためには，現金・預金の割合を減らして，株式や投資信託の割合を増やす必要があるという意見が生まれるのは自然である。政府が提唱する「貯蓄から投資へ」のスローガンは，理にかなっていることがわかる。

　家計が株式を保有することのメリットは，株価の推移からも確認することができる。日経平均株価の過去20年間の動きをみてみると，20年前の2002年には日経平均株価は8000円程度であったが，2022年には約3万円へと上昇している[11]。この20年の間，株価は大きく変動し，一時的には大きく損失を被る局面もあったが，長期的には上昇トレンドであった。株式運用をしてきた人は，平均的にみると，複利で計算すると年率で約6.8％稼いできたことになる[12]。

　2002年の段階で，800万円の金融資産を保有していた個人を考えよう。この20年間，預金利子率は名目ではほぼゼロであった。この人が資産運用をもっぱら銀行預金でしてきたら，2022年の段階で金融資産は800万円のままである。一方，この人が株式で資産運用をしていたらどうなっていたであろうか。金融資産は，実際には個人間でバラツキがあるものの，平均して3000万円程度に増えているはずである。平均的にみると，なんと2200万円もの違いが生じている。

　では，預金から株式・投資信託への資金シフトを進めるためにはどうしたらよいのであろうか。まず考えられるのが，投資家のリスクに対する態度を変化させることである。投資家は，リスクとリターンのトレードオフのなかで最適なポートフォリオを組もうとする。選好の変化で，リスクに対して保守的で

11　日経平均株価は，2022年5月に3万円を突破して以来，月別平均で2023年12月に至るまで，3万円以上を維持している。

12　厳密な計算式は，$\left(\dfrac{30000}{8000}\right)^{\frac{1}{20}} - 1 \fallingdotseq 0.068$ となる。

あった投資家が積極的になると，預金を解約して株式を購入する。しかし，人々のリスクへの選好が急激に変化することを期待するのは難しいであろう。

　次に考えられるのが，株式市場や預金市場を取り巻く環境を変化させることである。これまで金融取引を阻害する要因をさまざまな観点から議論してきた。こうした点から，日本においてどういった変化が生じればよいのか，その問題点と対応策について次節以降で考えていきたい。

■ 15.3　銀行部門の資産規模の縮小

● 15.3.1　過剰な銀行預金

　銀行の本来の役割は，金融仲介を通じて預金を貸出に結び付けることである。では，銀行は集めた預金のうちどのくらい貸出に資金を向けているであろうか。

　表 15-3 は，銀行（国内銀行）の貸借対照表の一部を掲載している。左側の「資産」と右側の「負債および資本」は，ほぼ 1400 兆円でバランスしている。まず負債のほうからみると，預金は，譲渡性預金と合わせて 1000 兆円程度である。さらに借用金を合わせて，負債は総額で約 1120 兆円ということになる。資本は約 280 兆円である。さて，資産に目を転ずると，貸出金は約 600 兆円で，資産の 43％，預金の 62％である。実は，一般の人がイメージするほど，銀行

表 15-3　銀行の貸借対照表

単位：億円，（　）内構成比％

資産	14,016,571	負債および資本	14,016,571
その他とも合計	（100.0％）	その他とも合計	（100.0％）
現金	3,573,141	預金	9,683,690
	（25.5％）		（69.1％）
有価証券	2,396,598	うち普通預金	6,110,315
	（17.1％）	定期預金	2,249,822
うち国債	793,182	譲渡性預金	354,082
外国証券	655,927	借用金	1,196,235
貸出金	5,974,618	資本	2,782,564
	（42.6％）		（19.9％）

出所：日本銀行（2023 年 7 月時点）をもとに筆者作成。

は貸出をしていない。では，資産として何を保有しているかといえば，現金が約360兆円，有価証券が約240兆円である。ちょうど貸出と同じくらい，現金や証券を保有している。

　銀行は，預金者の引き出しに応じて，資産の一部を現金で保有しなければならないが，せいぜい数％程度で十分であろう。すると，360兆円の保有量は多すぎるということになる。また，貸出リスクを大数の法則を使っても十分に分散できないとき，資産の一部を安全資産で保有することは，銀行経営の健全性の立場から望ましいという考え方はある。しかし，銀行が保有する有価証券の多くは日本国債や米国国債であり，現金と債券など安全資産というかたちで貸出額に匹敵する約600兆円もの額を保有している。収益性と安全性のトレードオフのなかで銀行が最適な資産ポートフォリオを組んでいると考えるのは難しく，安全資産を持ちすぎであるといわざるを得ない。

　もし銀行が競争的な環境のなかで行動していたとしたら，貸出需要が多ければ，銀行に預金が集まり，貸出需要が少なければ，預金があまり集まらないはずである。預金が貸出に比べて多すぎるという事態が起きるとするなら，何かおかしなことが起きていると考えたほうがよい[13]。

　そもそも銀行が，健全性のために必要な額を超えて国債を保有することを正当化するのは難しい。銀行が担うべき機能は資産変換を通じた金融仲介であり，安全性のある預金で安全性のある国債を購入しても，何ら資産変換を果たしていない。第4章において，銀行について説明するとき，国債の話は一切出てこないのはそのせいである。銀行が仮に預金過剰に陥り，国債を大量に購入しているならば，銀行の資産規模が過大であることを意味している。

● 15.3.2　預金保護の弊害

　銀行の資産規模が過大である最大の理由は，政府による預金保険制度によって預金の元本が保障されているからである。現行の預金保険法では，金融機関が破綻したとき，決済性預金については全額，それ以外の預金については

13　預金利子率は，日本国債や米国国債の利回りより低いので，投資家が預金者として，銀行を通じて間接的に国債を購入するよりも，投資家が日本国債や米国国債を購入したほうがより高い収益率を稼ぐことができるはずである。

一金融機関ごとに預金者 1 人あたり元本 1000 万円までと，その利息などまでが保険の対象となっている。

　預金の保護は，第 4 章で説明したように，銀行が経営危機に陥ったとき，預金の取り付けによって金融仲介機能が麻痺しないようにするための事前の対応である。しかしながら，預金保険制度は，収益性よりも安全性を重視するリスク回避的な投資家の資産選択に影響を与える。投資家は，元本が保証されている安心感から資金の多くを銀行に預け，結果として，債券や株式，投資信託に流れるはずの資金は少なくなる。仮に，預金で集められた資金が収益性の高い事業に貸し出されているならば，預金保護がもたらす資産シフトは望ましいということになるが，銀行貸出の低迷が指摘されて久しい状況を考えると，貸出からの収益率は低く，政策的に預金を増やす意味はほとんどない。前節までの議論に従えば，手厚い預金保護による預金への資産シフトは，預金利子率を低下させ，金融資産の平均的な収益率を押し下げていることになる。

　つまり，手厚い預金保護のために，銀行の貸出能力を超えて預金が銀行に集まりすぎており，非効率な投資の温床となっている。そしてそのことが，きわめて低い預金利子率の原因の一つとなっている。貸出の規模に合わせて預金の規模を縮小するのが望ましい。そのためには，預金保険のカバレッジを縮小することが望ましい。すると，預金から株式への資産シフトが相当規模で起きると考えられる。

■ 15.4　リスク資産の供給不足の解消

　株式などのリスク資産への資金シフトが生じないのは，預金保護のせいだけではない。株式市場自身にも問題がある。つまり，株式への潜在的な需要はあるにもかかわらず，株式の供給が需要に応えきれていない可能性である。

● 15.4.1　株主の信頼を得る
　ここでは，株式の供給不足という問題について触れてみよう。第 11 章で説明したように，企業と投資家の間に情報の非対称性が存在するとき，企業が株

主との間に持分契約を結ぶのは難しい。もし両者の間に情報の格差が存在するならば，その格差を埋めるための努力，つまり情報開示への活動は企業側の義務となる。企業が情報開示を怠れば，投資家は企業を信頼せず，株式を買わないであろう。企業は資金を調達したくても，株式を容易に発行することはできない。つまり，株式の供給不足が生じる。

　情報開示は，第11章で示したように，それ自体が目的ではなく，投資家の信頼を獲得するための手段である。企業は，株式会社のあるべき姿をふまえたうえで，何のために情報開示が必要であるかを理解して，株主に向き合う姿勢がもとめられる。

　株主の信頼を得るためには，投資家の利益に合致した経営に努めていることを株主に賛同してもらうように努力しなければならない。基本的には，より高い成長とより高い資本収益率を目指す経営をすることであり，それによって生み出された利益を株主に還元する意思を持っていることを株主に説明することである。長期的な成長につながるような資本収益率の向上を目指すべきであり，必ずしも短期的な資本収益率の向上を目指す必要はない。長期的な資本収益率の向上を目指して，その経営理念に賛同する株主を増やす努力をすればよい。

　そして，利益のうちより多くを株主に還元する姿勢を明確にし，より高いROEにつながる道筋を株主に説明する必要がある。さらに，株価の安定にも配慮すべきである。自己資金に余裕のある企業は，株価が低迷しているとき，自社株買いをして株価を安定させる対策をも視野に入れることが考えられる[14]。つまり，経営者は株主の気持ちに寄り添った経営を心がけてはじめて，株式の供給不足は解消する。株式の供給が増加すれば，預金から株式への資産シフトが生じ，金融資産の平均的な収益率は上昇する。

● 15.4.2　内部留保の株主への還元

　ここで，企業の内部留保がもたらす問題についても述べておこう。内部留保とは，第4章で説明したように，稼いだ利益から配当への支払いを差し引いた

14　自社株買いとは，株式発行と全く逆の行為で，企業が自社の株式を市場から購入することである。自社株買いによって，市場で流通している株式発行数は減少するので，株価は上昇する。

残りを表し，本来は，将来へ向けた設備投資や他企業の買収のために留保しておいた資金である。しかし，日本企業には「設備投資もしなければ，株主に配当を十分に支払うこともせず，明確な目的もなしに内部留保をため込んでいる」という批判が少なくない。

　2000年から2021年にかけての過去22年間，家計の金融純資産（金融資産から負債を控除）は名目値で年率1.8％のペースで増えてきた（出所：国民経済計算年報，内閣府）。一方，企業の内部留保を表す利益剰余金は年率4.8％のペースで増えている（出所：法人企業統計調査，財務省）。この数字の意味することは，家計の資産を大きく超えるペースで内部留保を増やしてきたことになる。

　企業は，家計に利益を分配するための"道具"である。家計に利益をもたらすための道具が家計よりも純資産の成長率が高いというのは本来おかしな話なのである[15]。内部留保を将来の収益につながる投資に使わないのであれば，株主に配当というかたちで還元すべきであり，明確な理由もなく内部留保をため込んでいるのであれば，その企業は，株主の利益に沿った経営をしていないということになる[16]。

　この問題を是正するための正当な方法は，株主が声を上げることである。例えば，株主に外国人投資家が多い企業は配当性向が高い傾向にある。日本の投資家も声を上げていくべきである。ただし，それで十分でないのであれば，企業に内部留保をはき出させるように制度設計をするのが望ましい。市場に問題の解決をもとめるのであれば，例えば，証券取引所が上場維持基準の一つとして，内部留保に関する何らかのルールを設けるのが一つのやり方である。"企業が稼いだ利益は誰のものか"とは古くて新しい問題である。内部留保を株主に還元する意識が高くなれば，過剰な内部留保は減り，リスク資産の供給不足を

15　無形資本の比率が高い企業が増加傾向にあり，第12章で述べたように，その無形資本が銀行借り入れの際の担保に向かない為に銀行借り入れが難しいという状況があり，いざというときのために以前より多く内部留保を貯めているという可能性はありえる。

16　2012年から2021年までの10年間に，内部留保は305兆円から517兆円へと212兆円ほど増えている。同じ時期に，配当の1年あたり支払額は14兆円から30兆円へと16兆円ほど増えている。この時期，配当への支払いは増えているものの，内部留保の増加ペースを考えると，配当をさらに支払う余地はあるといえる。

解決する一助となる[17]。

■ 15.5　投資信託の改善

　第8章では，リスクマネジメントのメリットについて説明してきた。賢いリスクマネジメントの方法の一つは，リスクの分散をすることである。

　株式は，収益性は高いが安全性で劣る金融資産であり，リスク回避的な投資家は株式を保有しようとしない。第7章で説明したように，金融機関が複数の株式を組み合わせて，安全性と収益性を兼ね備えた投資信託商品を組成して売れば，株式リスクを分散させ，株式に対する需要が生まれる余地が生じる。家計がリスク性のある株式を直接的に保有するのではなく，投資信託商品の購入を通じて間接的に保有するのである。米国においては投資信託の人気が高く，投資信託商品の購入を通じて株式を間接的に保有する割合が高い。結果として，家計は見た目以上に株式を保有していることになるが，それは，米国人のリスク回避度が日本人に比べて低いことを必ずしも意味しない。たとえリスク回避度が高かったとしても，リスク分散を図る金融技術が発達することによって，社会全体における株式保有を高めることができる。

● 15.5.1　手数料をめぐるジレンマ

　日本では，株式運用を中心とする金融仲介機関の発達が遅れている。一般には，リスク回避的な日本の投資家は，リスク性のある投資信託を選択しないと考えられているが，理由はそれだけではない。先述したように，家計の金融資産構成に占める株式の割合は10.0％と低く，投資信託の割合は4.3％とさらに低い。投資信託は株式よりはリスク性が低いので，投資信託の人気のなさの理由は，リスク回避だけではない。投資信託にかかる手数料は3％前後と高いこ

17　企業の内部留保を減らすために，賃金上昇というかたちで雇用者に支払うという方法も考えられる。2012年から2021年までの10年間に，雇用者への賃金支払いは148兆円から157兆円へと9兆円しか増えていない。いずれにしろ，企業の内部留保の行きすぎた蓄積は，企業の過剰貯蓄を通じたマクロ経済全体における需要不足を生み出し，景気低迷の原因の一つとなるので，マクロ経済の観点からも望ましくない。

とがさらなる理由の一つと考えられる。

　投資信託が拡大している米国では，投資信託商品の間で競争が厳しく，手数料はおおむね1%以下である。手数料が高いと投資家は投資信託商品を買わない。かつて，日本の証券業界が手数料収入に頼った営業を繰り返して投資家の信頼を失った時期があった。手数料が割高だと，金融機関は短期的な手数料収入だけを目当てにしており，投資信託商品を長期的に育てる意識が乏しいのではないかと，投資家は不信感を抱くことになりかねない。投資家は投資信託商品を信用しなくなり，投資信託への需要は増えない。

　では，金融機関が高い手数料で暴利をむさぼっているかといえばそうとは限らない。高い手数料を設定しなければ，投資信託を運営するための費用を賄えない。なぜなら，投資信託商品1件あたりの規模が小さいからである。投資信託を組成して販売するために要する費用は固定費用の要素が大きく，規模が小さいと固定費用を回収するためには，手数料を高めに設定しなければならない。しかし，手数料が高いと不信感を抱いて，投資家は投資信託商品を買わないので，商品は売れないという悪循環に陥る。規模の大きな投資信託商品であれば，米国のように手数料を低くできるが，現行の投資信託をめぐる市場環境では，規模の大きな商品を生み出すことは難しい。

● 15.5.2　投資信託の拡大へ

　これは，経済理論の世界では「複数均衡」の問題として捉えることができる。規模が小さく信頼性の低い投資信託商品が乱立している"悪い均衡"と，規模が大きく信頼性の高い投資信託商品が存在する"良い均衡"の2つの均衡がありえる世界である。米国が良い均衡にあり，日本が悪い均衡に落ち込んでいると考えることができる。課題は，どうやって悪い均衡から良い均衡へ移行させるかである。金融機関が，手数料を引き下げれば，商品の信頼性が高まって需要が一気に拡大すれば，良い均衡へ移行できる。しかし，手数料を下げても，信頼の回復には時間がかかるだろうと考える金融機関は手数料の引き下げに踏み切れない。市場の完全競争に任せたとしても，自動的に良い均衡が実現するとは言い切れない。しかし，良い均衡へ移行するためには，投資信託商品の信頼の向上が不可欠である。

投資信託を社会に根付かせるためには，金融市場全体としての取り組みも必要である。米国では，エクイティーファンドやベンチャーキャピタルなど株式保有を主体とした金融仲介機関の成長が著しい。株式保有を中心とした金融機関が存在しているということは，個別企業の情報を分析できる高度な知識を持つ専門家が多数存在しており，これらの専門家が，決して完全とはいえない企業の情報開示の一部を代行しているということでもある。米国は，歴史的に，金融機関は投資家に高い運用利回りを保証することが強くもとめられる社会である。こうしたこともまた，年金基金や投資銀行が，株式の割合の高い投資信託を購入するインセンティブとなっている。

◆ まとめ

　この章では，投資家の資産形成をどのようにして促すことができるかを説明した。金融の仕組みを変えることによって，投資家の金融資産の収益率を向上させることができることを学んだ。預金から株式へ資産シフトが生じれば，投資家にとっての金融資産の平均的な収益率は上昇し，国民の資産形成を促すことができることを学んだ。

あとがき

　さて，この教科書を読み終えた感想はいかがであろうか。最後まで頑張った読者なら，金融を「考えながら学ぶ」ことの意味がわかったのではないだろうか。第10章までの基本編から第11章以降の応用編へ進んだとき，それを強く感じたことであろう。だとしたら，読んだ甲斐があったというものである。

　応用編は基本編のうえに積み上げられている。一般の教科書の場合，応用編になると金融の詳細な知識が山のように登場する傾向があるが，この教科書ではそうした手法はとっていない。応用編は，新たな知識をそれほど提供していない。しかしながら基本編の理解がしっかりしていれば，思った以上に高い山に登っていたという実感を覚えたのではなかろうか。実のところ，それがこの教科書の狙いなのである。

　第11章は，情報の非対称性を理解していれば，金融市場を"創る"ことの意味がわかるように書かれている。第12章は，リスク分散の利益を知っていれば，金融が経済成長に結びつく仕組みが理解できるように書かれている。第13章は，証券価格の決定の基本がわかっていれば，資産価格バブルの考え方についていけるように書かれている。すると，第14章のバブルの話は楽しく読めたはずである。そして最終章は，社会的に関心の高い資産形成の問題をどのような手順で考えたらよいのかわかるように書かれている。

　基本編をしっかり学んで，金融を考える頭脳を手に入れさえすれば，この程度のことはわかってしまうのである。では次の段階では，どこへ向かえばよいのであろうか。この段階に至ってはじめて金融の専門的な知識を身に付ける準備ができたといえる。次に進むのにふさわしい教科書をいくつか紹介しておく（版数，刊行年は省略する）。

　銀行を中心とした金融論を学びたい人にとっては『金融』（内田浩史，有斐閣）がお勧めである。金融とマクロ経済学をバランスよく学びたい人にとって

は『金融論』（福田慎一，有斐閣）がお勧めである。『入門テキスト　金融の基礎』（藤木裕，東洋経済新報社）は，金融の専門的な知識を学ぶことができる。市場中心の金融論を学びたい人にとっては『証券論』（大村敬一・俊野雅司，有斐閣）がお勧めである。『新エコノミクス　金融論』（村瀬英彰，日本評論社）は，株式市場の新しい展開を学ぶことができる。『金融政策　理論と実践』（白塚重典，慶應義塾大学出版会）は，金融政策についてしっかり学ぶことができる。『バブルの経済理論：低金利，長期停滞，金融劣化』（櫻川昌哉，日本経済新聞出版）は，バブルについてより深く学びたい人にお勧めである。

　しかしながら，金融や経済の具体的なイメージを持たないまま上級の教科書に進むと，学ぶことが無味乾燥になることがしばしばである。この問題を解決するコツは，金融事情や経済史をテーマとした本を読んで"物語"のストックを増やすことである。適当と思われる本をいくつか紹介しておく。

『「豊かさ」の誕生』（ウィリアム・バーンスタイン，徳川家広訳，日本経済新聞出版）

『マネーの進化史』（ニーアル・ファーガソン，仙名紀訳，早川書房）

『資本主義の歴史』（ユルゲン・コッカ，山井敏章訳，人文書院）

『帳簿の世界史』（ジェイコブ・ソール，村井章子訳，文藝春秋）

『貨幣進化論：「成長なき時代」の通貨システム』（岩村充，新潮社）

『市場を創る：バザールからネット取引まで』（ジョン・マクミラン，瀧澤弘和・木村友二訳，NTT出版）

『三井大坂両替店』（萬代悠，中公新書）

『世界を変えた8つの企業』（ウィリアム・マグヌソン，黒輪篤嗣訳，東洋経済新報社）

　金融を楽しみながら，ぜひ深く学んでほしい。

索 引

著者紹介

櫻川　昌哉 （さくらがわ　まさや）

1959 年生まれ。早稲田大学政治経済学部経済学科卒業，大阪大学大学院経済学研究科後期課程単位取得退学。経済学博士（大阪大学）。名古屋市立大学経済学部講師，助教授，教授を経て，現在，慶應義塾大学経済学部教授。専門は，金融，マクロ経済学。

主な著書

『金融危機の経済分析』（2002, 東京大学出版会），『金融立国試論』（2005, 光文社新書），『経済を動かす単純な論理』（2009, 光文社），『バブルの経済理論：低金利，長期停滞，金融劣化』（2021, 日本経済新聞出版，日経・経済図書文化賞受賞，読売・吉野作造賞受賞）など。

櫻川　幸恵 （さくらがわ　ゆきえ）

1971 年生まれ。名古屋市立大学経済学部経済学科卒業，名古屋市立大学大学院経済学研究科博士後期課程単位取得満期退学（博士（経済学）取得）。跡見学園女子大学マネジメント学部専任講師，同准教授を経て，現在，跡見学園女子大学マネジメント学部教授。専門は，金融，マクロ経済学。

主な著書

"Government fiscal projection and debt sustainability," *Japan and the World Economy*, 54, 2020, Article 101010.

"Absence of safe assets and fiscal crisis," *Journal of the Japanese and International Economies*, 40, 2016, 59-76.

"Land Price, Collateral, and Economic Growth," *The Japanese Economic Review*, 60(4), 2009, 473-489.

ライブラリ 今日の経済学 13

金融論

2024 年 6 月 25 日 ©　　　　　　　　初 版 発 行

著 者　櫻川昌哉　　　　　発行者　森平敏孝
　　　　櫻川幸恵　　　　　印刷者　小宮山恒敏

【発行】　　　　株式会社　新世社
〒151-0051　東京都渋谷区千駄ヶ谷1丁目3番25号
編集☎(03)5474-8818(代)　　サイエンスビル

【発売】　　　　株式会社　サイエンス社
〒151-0051　東京都渋谷区千駄ヶ谷1丁目3番25号
営業☎(03)5474-8500(代)　　振替　00170-7-2387
FAX☎(03)5474-8900

印刷・製本　小宮山印刷工業(株)
《検印省略》

ISBN978-4-88384-385-5
PRINTED IN JAPAN

サイエンス社・新世社のホームページのご案内
https://www.saiensu.co.jp
ご意見・ご要望は
shin@saiensu.co.jp　まで.

ライブラリ 現代経済学へのいざない　3

金融論
Theory&Practice

鎌田康一郎 著
A5判／344頁／本体2,900円（税抜き）

日本銀行において調査・研究・実務に携わってきた著者が，金融論の基礎理論と，実践的視点からの金融の諸問題についての分析を説き明かした新しいスタイルのテキスト。金融論に興味を持つ入門者から中級レベルまで，幅広い読者に有用な知見を提供する。読みやすい2色刷。

【主要目次】

発行　新世社　　発売　サイエンス社

テキスト
金融論
第2版

堀江康熙・有岡律子・森 祐司 共著
A5判／344頁／本体2,500円（税抜き）

多岐にわたる金融論の論点を的確に整理し，1節見開き2頁単位構成でまとめて類書にない理解しやすさを実現した好評テキストの最新版。初版刊行以降の日本経済と金融活動の大きな変化に対応させて大幅改訂。フィンテックの進展，非伝統的金融政策の進行，そしてコロナ禍の影響などを取り上げ，また金融工学や行動ファイナンスに関する解説を拡充した。学部生・大学院生だけでなく，金融実務に携わる社会人にとっても有益な知見を提供する。見やすい2色刷。

【主要目次】
金融の役割／金融機関の機能／通貨の役割／資金の決済／金融商品の価格／金融資産のリターンとリスク／金融取引と金融システム／市場取引型市場／債券市場の特徴　ほか

発行　新世社　　発売　サイエンス社

財 政 学

宮澤和俊・焼田 党 共著

A5判／264頁／本体2,500円（税抜き）

財政学を学ぶ際には，「市場の失敗」・「政府の失敗」をはかるバランス感覚が必要である。すなわち，市場メカニズムは経済理論の上で優位性があるものの，現実には実証面も含めて市場経済を吟味しなければならない。また，政府による税の徴収や公債の発行は，現役世代／将来世代への負担を冷静に検討する必要がある。さらに両者を判断するバランス感覚も個人によって異なるので，合意形成のしくみも理解しなければならない。本書では最新の研究成果をまじえてこれらのトピックを一つひとつ丁寧に説き明かし，公共部門の経済的役割を分析していく。章末には充実した練習問題を掲載。2色刷。

【主要目次】
財政の役割／マクロ経済政策／厚生経済学の定理／所得再分配／余剰分析／最適課税／公共財／外部性／国債／年金／公共投資／社会的選択／地方財政

発行　新世社　　発売　サイエンス社